認知発達を探る

問題解決者としての子ども

Exploring
Cognitive
Development
The Child as Problem Solver

A.F. ガートン 著
丸野俊一・加藤和生 監訳

北大路書房

EXPLORING COGNITIVE DEVELOPMENT: The Child As Problem Solver, First Edision by Alison F. Garton

Copyright © 2004 by Alison F. Gerton

This edition is published by arrangement with Blackwell Publishing Ltd., Oxford through The English Agency (Japan) Ltd.

Translated by Kitaohji Shobo from the original English language version. Responsibility of the accuracy of the translation rests solely with Kitaohji Shobo and is not the responsibility of Blackwell Publishing Ltd.

日本語版への序文

　本書が翻訳に値すると評価してくれた鋭い判断能力の高さに敬意を表するとともに，その翻訳の労を取って下さった丸野俊一博士，加藤和生博士に心から感謝します。
　今，こうして，私の著書の日本語訳への序文を書いていることを非常に嬉しく思っています。私は，本書を次の意図で書きました。それは，通常，社会現象と見なされてきたこと，すなわち子どもたちが一緒に取り組んだあるいは協同した後に学習がなぜ改善されるのかということについての説明を1つ見つけようとすることでした。これまでの研究からは，協同することで，能力の低い子どもは高い子どもとペアにされたときに学習成績が伸びることが示されています。しかし，時には，能力の高い子どもの方の成績が落ちるということもあります。ですから，一般的に報告されているような平均的な学習の向上というものは，すべての子どもに一様に起こっているわけではないのです。では，なぜそうなのでしょうか。
　私は，この問題を説明するには，子どもたちの学習の理論的な基盤だけでなく，協同に関わっている社会的過程も理解する必要があると考えました。さらに私の研究では，言語や社会的感受性など，子どもたちの学習に影響を与えている認知能力以外の潜在的要因をも検討してきました。私は認知や問題解決以外の領域での個人差が，協同の形態だけでなく，子どもの学習の仕方にどのように影響するかを研究しようとしてきました。この流れの研究は，次の点で実り多きものであることが明らかになりました。それは，学習に唯一影響するものとして子どもの認知能力だけを考えるという見方を超えた研究へと飛躍させてくれました。また，これらの他の能力が協同的問題解決にどのように影響しているかを明らかにしてくれました。
　本書が翻訳されるということは，アイデアや研究が，本書の英語版よりももっと多くの読者のもとに届くということを意味します。本書は，英語圏の研究者からはよい評価を得てきており，社会的文脈の中での子どもたちの学習を私たちがどのように説明することができるのかということについて，論争や議論を引き起こしています。子どもがどのように学習するのか，どのようにしたら学習を促進できるのかということに興味のある日本の心理学・教育学の研究者の方々ならば，本書を非常に刺激的で，新鮮で，示唆に富むものと思ってくれることでしょう。そして，これが，新しい研究をさらに生み出すきっかけとなることを望んでいます。

　　　　　　　　　　　　　　　Alison F. Garton（アリソン・F・ガートン）
　　　　　　　　　　　　　　　　　　　　　パースにて　2006年12月

はじめに

　本書では，子どもは問題解決者であるという比喩（メタファー）を用いながら，認知発達の様々な理論的問題を探っていきます。

　問題解決は子どもたちの学習の起こっている小宇宙ということができ，協同的問題解決は特に子どもの認知発達の世界を検討していく上で主要な手段だと言えます。協同的問題解決という領域を見ることで，子どもの思考や学習を説明することのできるいろいろな現代の理論をある一定の範囲内で探索することができます。

　本書で取り上げる研究には，多くのものがあり，また多岐にわたっています。また，身近なところでは，このテーマで研究をしている学生たちの熱意と強い興味に支えられてきました。彼らは，今まで行った実験の中で，いつも子どもたちの学習の姿を実証できるという意味で，実験がいつもうまく行くと言って驚いています。本書には，彼らの研究の多くも述べました。またこのテーマでは，リーヴ（メルボルン大学）やハーヴェイ（エディス・コーワン大学）と活気ある議論を交わし，楽しい時を過ごしてきました。最後に，エドワーズに，研究助手をしてくれたことに対して感謝したいと思います。

　本書は，心理学か教育のいずれかのプログラムで，子どもの認知発達や学習に関するクラスを履修する学部3，4年生から大学院生の人たちに向けて執筆しました。協同的文脈の中で学習することを記述したり説明したりする様々な理論の今日的な見方を学びたいと思う人には最適な本だと思います。しかし，本書は決してすべての研究をレビューしたものではありません。むしろ一つの研究パラダイムがいろいろな説明理論をどのように取り入れ，次にその理論にどのように貢献しているかを選択的に探索したものです。また本書は，人とのやりとりが問題解決スキルを誰もが伸ばすことができるためのキーになるという"個体論的見方"（personal view）から，子どものすでに持っている能力が協同や学習に直接的，間接的に影響を与えるものといった"個人差志向の見方"への旅立ちを描きだすものである。

アリソン・F・ガートン
2003年9月

目 次

日本語版への序文　i
はじめに　ii

第1章　はじめに ……………………………………………………… 1

問題解決　4
認知的変化に関する社会的説明　7
やりとりや協同を通して問題解決するという文脈の中での変化　10
領域固有の知識　12
子どもたちの持つ変化可能性　13
心の理論　15
でははじめよう　16

第2章　理論的概観 …………………………………………………… 17

ピアジェとウィゴツキー：両者の間に共通の土俵はあるのか　20
子ども同士のやりとり：様々な視点　26
ピアジェ学派とウィゴツキー学派の理論に対する示唆　38
協同に関する研究：人とのやりとりを越えて　39
社会文化的理論　41
ダイナミック・システムズ　46
解決されるべき問題の本質　47
問題解決を記述し説明する他の方法とは　49

第3章　問題解決における方略の利用と学習 ……………………… 50

領　域　51
認知発達を制約する領域とは　55
生得性と領域固有性　56
領域と社会的環境　59
方略の選択　61

新しい方略の学習　　75

第4章　他者との協同構成による問題解決 …… 79

　　　子ども同士のやりとりと問題解決：理論的な難問　　81
　　　授業の中での子ども同士のやりとり　　89
　　　子ども同士のやりとりと大人と子どものやりとり　　91
　　　心の理論と問題解決　　93
　　　問題解決における自己制御　　96
　　　問題解決における援助を求める行動　　100
　　　協同的問題解決における発話することの役割　　103
　　　結　論　　108

第5章　子どもは課題に取り組むときに何を持ち込むのか …… 110

　　　やりとりからよい影響を受けるためのレディネス　　111
　　　認知的柔軟性　　111
　　　仲のよさと社会性　　124
　　　協同に対する意欲　　136

第6章　要約と示唆 …… 141

　　　何がそしてどのように，再び問題にされるか　　143
　　　残された課題　　146
　　　示　唆　　148

用語の解説　　151
引用研究の説明　　154
引用文献　　161
人名索引　　169
事項索引　　172
訳者あとがき　　179

第1章

はじめに

　子どもたちはどのように思考することを学ぶのだろうか。思考，もっと一般的な言い方をすると認知を使ってどのように学習をするのだろうか。これはけっして新しい問いではない。これは，これまでにいろいろな形をとりながら，特に発達心理学者に突きつけられてきた問題であり，彼らは子どもの思考の発達を記述し説明しようとしてきた。認知発達は2つの中心的な問いに突き動かされている。第1は子どもが思考したり学習したりすることで何が発達するのか。第2は，それはどのように発達するのか。言い換えると，どのようなメカニズムが思考の発達を下支えているのか。

　シーグラー（Siegler, 1998）は，『児童心理学ハンドブック（第5版）』の第2巻（この巻は，認知，知覚，言語を扱ったもの）の「まえがき」で，子どもたちの認知発達を記述し説明するのに用いられたアプローチの多さに注意を喚起している。'認知発達' は一般に，知覚，言語，記憶，推論，問題解決，学習を含む包括的な表現と見なされている。シーグラーはまた，1983年の第4版以降に新しく理論化がなされている領域についてもコメントしているが，その中に認知を協同的過程（ロゴフ，Rogoff, 1998）として含めている。これは本書のテーマとの関係で重要なことと言える。というのは，問題解決がいったん定義されると，子どもたちの問題解決の主要な関心領域の1つとして協同的問題解決が取り上げられるようになるからだ。そして子どもたちの問題解決の社会的側面が強調されるようになるだろうし，社会的発達と子どもたちの思考・学習・知識獲得との関係が記述され説明されるようになるだろう。

　それに対して，理論化が行なわれているもう1つの主要な領域では，認知発達とは領域固有な現象であると見なしている。この考え方は，子どもたちの認知発達が制約やバイアスのせいで起こるとする考え方（1998年のウェルマン・ゲルマン（Wellman & Gelman），ゲルマン・ウィリアムズ（Gelman & Williams），ウッドワード・マークマン（Woodward & Markman）の章を参照）と結びつく。だから問題解決に関し

1

て言うなら,先の社会的な見方に代わるものは,子どもたちは生得的にもっているバイアスを働かせながら情報処理をしたり世界を知覚したりするということである。そしてこの生得的なバイアスが,発達する過程の中で利用できる選択肢を制約するのである。領域固有な知識・学習を議論する際,少なくとも次の2つの問題が起こってくる。第1の問題は,子どもを,大人の未完成版,不十分な存在,まだ十分に有能にはなっていない存在と見なすことだ。だがこの見方は,他の理論的立場から得られた知見(証拠)にもとづくならば,支持しにくい主張であるかもしれない。第2は,理論自体が広く適用できるというよりも,むしろ非常に何かに固有なものになってきているということだ。比較的一般性のある理論と固有性の非常に高い理論との間をこのように揺れ動くことが,認知発達研究の誕生以来の特徴といえよう。

　シーグラー(1998)は,先のハンドブックの中で,次の4点の特徴が共通して見られる大きな動向であるとしている。

- 学習を強調する傾向が高まってきていること――すなわち,発達しているものが学習を促すのであり,学習は認知発達の指標であるとする見方。
- 子どもたちの思考や学習の中に見られる変動性の程度と重要性――すなわち,子ども間の個人差を考慮に入れ,'平均的な'子どもを記述しようとする考えから離れようとすること。
- 認知的変化や認知発達のメカニズムを記述する正式なモデルの役割が増大してきたこと。
- 新しいメタファーや分析単位が今日の認知発達の理解の仕方を形作っていっていること。

　メタファーを用いて子どもたちや彼らの発達を特徴づけようとするこの最後に挙げた動向により,認知発達に対して様々な概念化の仕方が作り出されてきた。その結果,その概念化の仕方に沿った形で,それまでとは異なった研究の仕方がなされるようになったし,あるメタファーが正しいかどうかを決めるために必要な証拠も以前とは異なるようになった。さらには,子どもの研究をする人たちが好んで用いる分析単位が非常に異なるようになってきた――例えばある研究者は,知覚や言語などの関心領域の要請に従って分析単位を決定するし,他の研究者は検証しようとする理論から要請される分析単位に焦点を当てる。そして分析単位も,子ども,親子の2者関係,その活動自体といったように,いろいろな単位が分析対象として用いられるようになった。

　これまで継続的に議論されてきた点(これに関しては,偶然にも,概念的混乱だけでなく,表現上の混乱もあるといえるが)は,認知的変化の測定と認知発達の測定との違いである。本書は,理論的には子どもたちの認知発達を記述し説明することを目

的としている——特に知識の発達と，子どもたちが様々に異なった状況下でどのように学習をしているのかということについてだ。しかしながら，一般に子どもを使った実験，特にこの場合，子どもたち2人がペアになってやりとりをしながら問題解決をするという実験では，一方の子どもの認知的変化しか立証できない。そのため，一般的にそのような変化は見ている範囲が限られており，時には'学習'という枠組みに入れられてしまう。認知的変化をこのような形で実験的に実証することは，それが短期的なものであれ長期的なものであれ，認知発達や学習が起こっていることを証明する証拠として見なせる。これが，'真に科学的'（すなわち，ある特定の結果を出すことで，検証しようとする理論的立場を支持すること，そして，その後の追試や推測上の反駁や更なる確証がその結果を支持すること）と見なされるかもしれない。だがこれは，一般的に学習がどのように起こったかを実際に立証しているわけではない。もちろん，そういう試みが全くなされてきていないというのではない。ペレ-クレモン（Perret-Clermont）ら（1980）の初期の研究でさえも，伝統的なピアジェ学派のアプローチを用い，子どもたちが新奇ではあるが注意深く推論した一貫性のある理由づけをしながら，自分たちで新たに見出した解決法を支持していくことを示している。

　関心事が認知的変化なのか認知的発達なのかという議論の争点の1つは，研究の中心的な関心事項がどこにあるのかということと関係している。認知発達は個人主義的な見方から研究されることが多かった。そして，発達の方向や速度やその過程（道程）は同じであるという仮定のもとに，年齢に固有の（発達）傾向や発達を予想する仕方を見つけようとしてきた。認知発達は，子どもたちに対する様々な社会的要請や期待（これらの多くは，文化によって異なるのだが）を考慮に入れていないことがしばしばである。心というものは知識の泉（あるいはるつぼ）であると見なされている。そして，知識を獲得するための基本（なぜ，子どもはそれを知る必要があるのか）やその知識の性質や使用を変えるかもしれない経験の種類には，注意を（あったとしても）ほんの少ししか向けてきていない。それゆえ，認知発達とは個人の前進であり，予測可能であり，正確に記述することができるものである。認知的変化は認知的発達の一部である。というのは，年齢に関連した変化——通常，改善が認められる——は，例えば，コンピテンスにおける変化のように，実験を繰り返すことで測定することができる。しかし認知的変化は社会文化的および社会的な影響をより受けやすい。なぜならば，認知的変化は，まさに問題にしている個人の変化や学習を記述することだからだ。

　それに対して，認知発達は，子どもを問題解決者と見なして探索することのできる広い領域であると見なすべきである。本書では，'問題解決者としての子ども'を1つの小宇宙と見なすことで見えてくる認知発達の理論的諸問題を検討しようと考えて

いる。シーグラー（1998, 2000）が取り上げたテーマのいくつかは，おそらく少し異なった言い方になったり，異なった文脈で出てきたりするだろう。この章では，後の章でよりもっと具体的にとりあげるテーマや問題をまず明らかにする。私は本書で包括的な文献レビューをするのではなく，むしろ問題解決者としての子どもが示す様々な側面を扱っているよい研究例を取り上げて議論していくつもりだ。以下のページでは，後の章がどのようなものになるかの感触を得てもらいたい。

問題解決

　問題解決とは，子どもたちの思考・学習一般，あるいは子どもに解決することが強く求められている特定の課題だと定義されている（ガートン，Garton, 1993）。より狭義により包括的に，デゥローチ・ミラー・ピエールツァコス（DeLoache, Miller, & Pierroutsakos, 1998）は，問題解決を次のように特徴づけている。すなわち問題解決とは，'次のものからなっている。①目標が1つ，②障害物が1つあるいは1つ以上（それは，目標を達成することがすぐにはできない程度のもの），③その問題を解決するために利用することのできる方略が1つあるいは通常は1つ以上，④どの方略を使うかに影響する可能性のある他の資源（知識や他の人など），⑤問題解決過程の結果の評価'（p.826）である。この点でデゥローチらは問題解決と推論を区別していない。というのは，どちらも適応的であり目標志向的であるからだ。しかし，問題解決の定義（問題解決とは子どもの思考・学習一般をさす）は推論よりも広い。そのため，言語のような特定の領域はそれ自体が解決を必要とする問題として含まれてしまうことになる。とはいいながらも，例えば，子どもが言語や数の獲得をすることを，もしそうすることが望ましいと考えられるなら，促進する目標，障害（物），方略，そして他の資源を特定化することも可能であろう。そうだとすると，今出してきた広義の定義と狭義の定義とは相容れない訳ではないだろう。であるとすると，問題解決と推論には，何らかの区別があるのだろうか。私は，次のように主張したい。上に述べてきたこととこの本で用いることにした定義を，そして問題解決が活動であると同時に課題であることを意味することができるならば，問題解決は推論と区別することができると考えられる。そして推論は，通常，認知的活動あるいは子どもが解決するように要求されている特定の課題だけを意味する。

　子どもたちは問題解決者だという比喩を使って研究する際，問題とは解決を必要とする認知的課題であると見なすことができる。普通，問題は，現在の状態や状況と望

ましい状態，解決あるいは目標との間の不一致の状態という特徴をもっている。問題が存在するかどうかは，そこにそのような不一致の状態が存在すると見なす人（大人あるいは子ども）の専門性（熟達度）や知識によっている。子どもの発達の場合では大人（親かもしれないし，興味津々の発達心理学研究者かもしれない）がその子どもにとって今何が問題解決課題なのかを特定化するのが普通だ。その課題とは，言語それ自体かもしれないし，ジグソーパズルかもしれないし，テレタビーズ（Teletubbies，商標名で，宇宙人風の人形4人組を意味する）の話の筋を理解することであるかもしれない。また，あるものを課題と見なすときには，子どもの年齢，その時の学習や発達の水準（個人的知識によるか，事前テストを実施するかにより査定する），そして研究対象としての特定領域などを考慮しながら行なう必要がある。だから親たちが，ある活動が自分の子どもにとって'問題'と見なせるかどうかを決定することになる。そして，その領域での子どもの能力（capabilities）についての親たちの知識を用いて，子どもの知識やスキルを拡張したりあるいは制約したりするのだ。よく言われることは，親側に感受性が要求されるということだ。しかし，この感受性がどのように'獲得される'のかあるいは'発達する'のかに関する説明（理論）は存在しない。実験心理学者たちは，子どもの行なっている活動や課題に'問題'というラベルを付けるかどうかを，自分たちの理論的な知識にもとづいて行なうと同時に，類似した課題でその子どもに前テストを実施したり，類似した能力を測定する検査を実施したりすることで決定する。現在の知識・スキルと潜在的（に習得可能な）知識・スキルとの間に見られるズレ（不一致）が子どもたちを問題解決へと導くのである。それは通常，もっともよい学習であると見なされている。

　問題解決を推論よりも学習により近いものと見なすことで，時にはむしろ狭義に定義されうるものをより広く概念化することができる。だが，このことが，デゥローチら（1998）が描いた問題解決の特徴のいくつかが適用できなくなることを意味しているわけではない。それらは適用可能である。それらについてここでもう一度繰り返しておくとよいだろう。

> 子どもたちの問題解決の特徴は，年少時からのその柔軟性と場当たり性（行き当たりばったりなこと）である。だが，子どもたちのパフォーマンスは，彼らがそのとき利用できる方略，問題解決に用いられる資源，問題解決をする過程を制御する能力，そして問題が提示されそれらを克服するその社会的文脈などにより制限されている。

　この'克服する'という言葉を除くと（というのは，この言葉は「もうどうしようもないという決定的さ」の否定的なニュアンスを与えるので），この文章は，私が本

書の中で'取り出してお見せしたい'と思っていることをうまく要約してくれている。しかしこれは，問題解決（という捉え方）を用いることではじめて，子どもたちの学習，認知発達，知識獲得を支援し促進する方略，資源，活動，そして社会的文脈などを探索することができるのである。

協同的問題解決とは，1人以上の子どもたちが取り組む問題解決である。認知における発達的変化を記述し説明するために，焦点を，ひとりの子ども個人にだけ（排他的に）集中させることから，むしろ2人1組や集団（どのように定義してもよいが，社会‐歴史‐文化的文脈によるだろうし，それを含むもの），そして活動や問題それ自体へと移してきている。また，子ども同士の協同を，子ども同士の教え合い（peer tutoring）や相互に教え合うこと（reciprocal teaching）から区別することも重要である。これら後者2つは協同学習の種類に入るものと考えられている（例えば，キング，King, 2002；パリンサー・ヘレンコール，Palinscar & Herrenkohl, 2002）が，子ども同士の教え合いの場合には，より能力があり知識がある子どもが未習熟であまり知識をもっていない子どもに教えることが期待されている。そこには，役割や責任の平等性，協応操作（co-operation），相互性が存在しない。まさに一方向のプロセスという表現が似つかわしいだろう。相互に教え合うことは，通常は大人の教師が行なう教授のもとに，子ども同士が一緒になって協応操作をすることを言う。つまり，これは教室での教授方略の1つである。教師は，一方でいくらかの直接的な指示を出しながら，子ども同士が一緒になって学習をしていくための足場作りをしてやる。それゆえ暗黙の内に子どもたちの協応操作的な学習を支えているのである。協同的問題解決は，本書で考えているように，ある1つの問題を相互に理解し合うようにしたり解決したりするために一緒に作業するためのペア（二人組）が協同で努力をすることを意味している——確かに，このペアにいる子どもたちの能力水準を意図的に異ならせる場合もあるが，多くの場合は，未習熟者や熟達者といった予め決めておく役割をどちらかに振り分けることはしない。

問題解決を協同と考えることにより，子どもたちの認知発達を，ある特定年齢の子どもたちに'平均的な'こととは何かあるいは期待できることは何かという観点から記述すること（当然のことながらそれが普遍的となることが望ましいのだが）から離れて，子どもはある社会的文脈の中にあるものとして考えること（あるいはそのように考えるために必要なことすべて）へと移行していくことができるのだ。子どもをある社会的文脈の中にいる個人として見ることにより，私たち研究者は認知発達に対して個人主義的なアプローチをとることが可能になる。そうすることで，最終的に子どもたちの学習のプロフィール（輪郭）を描くことができ，子ども間の比較だけでなく

年齢間の比較にも利用できるようになるのだ。プロフィールにより発達パターンを同定し，子どもたちの認知発達が広い文脈だけでなく特定の文脈の中でも考えることができるようになる。

　私は，時として，'人とのやりとり（社会的相互作用）'という用語を使う。というのは，その表現の方が，'協同的問題解決'よりももっと包括的な表現であり，1人以上の人が関わるときに起こる促進的過程を描くには，時にはより正確な記述語であると思うからだ。さらに，人とのやりとりあるいは協同的問題解決の過程では，知識のより少ない参加者の方が利益を得ることが多いことが仮定されている。そして実際にこのことは，学習（パフォーマンス）が伸びたり知識が増加するということの中に見ることができる。それゆえ，やりとりや協同というものは子どもの認知発達にとって有益で促進的な効果があるとよく主張されている。この仮説は，認知発達の社会－歴史－文化的説明から持ってきたものである。だが，この仮説は，必ずしも，生得的な制約やバイアスを重視する理論的説明や，問題解決の失敗だけでなく成功もが認知的変化・学習・知識獲得にとっての触媒（促進剤）となると考えるアプローチを重視する理論的説明と矛盾するものではない。

認知的変化に関する社会的説明

　認知的変化についての社会的説明は，これまで多くの形でなされてきた。主な社会的説明理論を以下に要約しておいた。なお，より詳細な説明は，後の章で行なう。

　ピアジェは，子どもたちがやりとりをしている間に生じる認知的変化は認知的葛藤の結果生じると書いている。もっとも，彼は基本的に，行為の内在化された協調（coordination）として概念化されている心的操作の発達に関心をもっていた。これらの操作により，子どもたちは加齢に伴い，思考の柔軟性がより増加する。子どもたちの思考は，感覚－運動的なものから前操作的思考を通って，十分な操作的思考へと進んでいく。操作的思考では，可逆性（逆の行為をすることで，元の物理的・心的状態を引き起こすことができることを理解する能力）のような抽象的な心的操作を，ある一定の範囲の事象については利用できる。認知発達とは，思考の質的変化，すなわち既存の認知構造を新しい課題や状況に適応させた結果生じる変化であると特徴づけることができる。そして子どもは，自分の知識の能動的な構成者であると考えられてきた。変化は不可避であり，不可逆であり，生物学的に規定されている。だが変化に必要な時間は個人個人で異なるし，環境から得られる刺激の水準の違いにも影響を受

ける。ピアジェは，変化の方向を決めるうえでは，環境がほとんど大した影響力をもたず，あるとしてもどのくらい変化が持続するかについてのみ影響すると信じていた。そして，環境が，特定の経験をもたらすのではなくて，一般的な方向づけをするだけであり，その結果，認知的変化に影響すると信じていた。

ピアジェ（Piaget, 1932）は，やりとり，特に子ども同士の間でのやりとりを論じるとき，それが子どもたちの発達途上にある道徳性の理解に促進的効果があると仮定していた。ピアジェは，子どもたちの道徳上の葛藤（ジレンマ）への解決それ自体よりも，むしろ彼らがどのように解決にたどり着くかに興味があった。道徳上の葛藤（ジレンマ）について子どもたちに質問をしていくことで生み出されたディスカッションの内容を見てみると，子どもたちは，7歳以下では行動が他者によって規定されているという無道徳的な考え方をしていた段階から，7歳以上になると道徳的規則への気づきの段階へと移行していることを示していた。これらの規則は，最初は子どもにとって外的なものであるが，最終的にはその規則が双方向的に作用するものであるという気づきとして内在化されるようになる。'自律的道徳性' を達成するためには，ピアジェは，子ども同士のやりとりをさせることにより，異なった視点を経験させることが不可欠であると提案している。すなわち，異なった視点を経験することで，子どもたちは道徳的規則を考えるようになり，自分自身の正義についての体系（正しいとはどういうことかの考えの体系）を発達させるようになる。特に，人との関係の中での協応操作や公正さが強調されている。

ピアジェ学派や新ピアジェ学派の理論（例えば，ドワーズ，Doise, 1978；ペレ-クレモン，Perret-Clemont, 1980）が言うように，もし葛藤が認知発達の主要なメカニズムであると見なすなら，協同（協同構成，collaboration）はヴィゴツキー（Vygotsky）が提案する認知的変化のメカニズムをよりうまく特徴づけるものと言えるだろう。ヴィゴツキーの発達理論（1978年訳の彼の著書はこの点をもっともうまく論じている）は，認知発達が単独で起こるのではないことを仮定している。認知発達は，言語発達，社会的発達，そして身体的発達とすら一緒に生起するものであり，これらの発達は一つの社会的・文化的文脈の中で起こるのである。この全体論的なアプローチは，個人の発達のすべての側面を考慮に入れることの重要性に注目している。ここで言うすべての側面とは，より広い社会的-歴史的-文化的要因，さらには経済的要因であり，個人の認知的コンピテンスに寄与しているものである。子どもの発達はまさにそれが起こっている社会的・文化的文脈の中にあると言うことに加えて，ヴィゴツキーの理論は，認知的・言語的発達がこれらの文脈との関連でのみ説明でき，理解できると主張する。すなわち，認知的成長の過程は社会的文脈とその影響によっており，それを

不可欠なものとして理解し認めている。

　学習にとっての中心的なメカニズムとは，協同構成する中でのやりとりにおいて，相互に受け入れた目標や解決を達成する責任を，熟達者やより熟達した人から未習熟者やあまりよくわかっていない人へと移行することである。そして責任をもつというのは，うまく成功させるための方略をプランしたりモニターしたりすること，もっとも役に立ち効率的で効果的な方略を使用可能にすること，そして課題のすべての側面を習得してみせることなどが要求される。このように責任を移行することで，成功すなわち望んでいる目標をも達成することができるのだ。

　この目標に向けて，ヴィゴツキーは，最近接発達領域（ZPD, zone of proximal development）の存在を仮定した。彼はこの領域を，ある子どもが'大人やより能力のある子ども'とやりとりをしながら問題解決をするときに見られる「子どもの実際の発達水準と発達する可能性のある水準との間の距離」と定義した（ヴィゴツキー，Vygotsky, 1978, p.86）。最近接発達領域は，学習の潜在能力の1つの測度であり，認知発達が起こる領域を示している。人とのやりとりをしている参加者は，相互にある程度の協同をしていることを意味しており，そのやりとりの中でそれぞれが目標に向かってある貢献をしていく。これらの参加者たちは，もともとの出発点が異なっているかもしれない。また，これらの参加者たちは，問題の定義についても問題の解決手段についても，同意していないかもしれない。

　最近接発達領域の課題の1つは間主観性や課題の定義を共有しあうことである。**間主観性**というのは，2人の参加者が同じ課題や状況の定義を共有し，一方の人は他方の人が自分と同じ定義を共有していることを知っているときに起こる。それは，'複数の心の出会い（meeting of minds）'と定義することができる。それゆえ，子どもは解決を達成するように導かれ支えられているだけでなく，課題達成に役に立つ相互性と間主観性をどのように達成するかをも学習するのである。

　間主観性が達成できるかどうかは，部分的にはやりとりに関わるそれぞれの参加者の貢献によっている。役割をしっかり分けておくことで，両参加者にとっての学習はおそらく促進されるようになる。未習熟のあるいは能力の低い参加者の方が，始める段階でのスキルや熟達度の水準を決めたり，教授（教えてもらうこと）や学習のスピード（ペース）を設定したりする。一方，より経験のある参加者の方は，どのくらいのスキルをすでにもっているのか，どの程度教える必要があるかを考えたり，課題や問題を対処できるくらいの要素に分割するという役割をとる。大人やより能力のある方の子どもは，課題の管理，そして子どもや能力の低い方の子どもの課題のとらえ方などを変えていくことに責任をもつ。

最近接発達領域という概念を，ブルーナーら（ウッド・ブルーナー・ロス，Wood, Bruner, & Ross, 1976）が提案した足場作りという概念から区別しておくのは有益であろう。足場作りとは，子どもが習得できそうだと（大人や教師が）感じられる問題を子どもに習得させるために，大人が支持や支援を与える過程を指している。ここでいう問題とは認知的な問題かもしれないし，言語それ自体かもしれない。そして足場作りとは，子どもがもっているかもしれない能力を感じ分ける大人の感受性を意味する。最近接発達領域は，理論的構成概念であり，まさにその持っている可能性のある能力，すなわち助けを受けていないとき認められる能力（competence）と助けを受けているときに見られる能力との差異を記述する概念である。足場作りは，支援（助け）の要素を指し，その際特にうまく学習ができるように適切な支援を与えることに重点がおかれている。ゴーヴェイン（Gauvain, 2001b）は，親（通常は母親）の側において足場作りや随伴的応答性が，子どもたちが発達し異なった課題を習得し異なった問題を解決するにつれて，どのように変わっていくかを，時を追って記述している。彼女は次のように結論づけている。

　　子どもたちは，日常生活の非常に大きな部分を，より経験のある人と一緒に過ごす。そしてこれらの経験はしばしば問題解決を含んでいる……これらのやりとりの過程で，大人は子どもの問題解決に不可欠な多くのスキルの発達や運用を助けるのである……研究は子どもたちが発達し問題解決スキルを精緻化していくその年月の間，まさに大人たちとのやりとりが子どもたちにとっての重要なインプットの源となっていることを示唆している（ゴーヴェイン, Gauvain, 2001b, p.155）。

やりとりや協同を通して問題解決するという文脈の中での変化

　やりとりをしている間に起こる認知的変化を説明するために，問題解決場面の諸側面を見ていくアプローチに代わるものとして，子どもの諸側面に注目するアプローチがある。やりとりをしながら問題解決をしている間やその後に，能力の低い方の子どもが改善を示したとする。そのとき，この子どもの中では，この改善はどのように起こりえたのか。社会的文脈の中での子ども個人というものを見るとき，次のような問いを出すことができる。すなわち，子どもは課題に何を持ち込んだのか。先にも述べたように，ヴィゴツキーは，協同で問題解決をしている子どもたちあるいは参加者が，開始の段階から，それぞれ異なった水準でやりとりする（かかわる）としている。そ

れゆえ，それぞれの子どもがすでにもっている能力（ability）あるいは可能性（capacity）の水準，言い換えると，課題に取り組みはじめる時点での彼らのコンピテンスを測定することができる。別の言い方をすると，問題解決するときのやりとりの中で，それぞれの子どもの変化のしやすさや変化する可能性を測定することができる。

例えば，ボニーノ・キャテリーノ（Bonino & Cattelino, 1999）は，子どもたちの認知的能力と社会的能力の関係を調べた。その際特に，思考の柔軟性と，課題を一緒にしている子どもたちとの社会的葛藤の解決の仕方との間の関係を調べた。彼らは研究目的に照らして，柔軟性を'応答的柔軟性'と定義した。これは，子どもが外的な手がかりとの関係で自分の反応をシフトしていかなければならないことを意味する。この研究では，この研究者たちは，ウィスコンシン・カード分類課題（Wisconsin Card Sorting Task）という課題を用いた。ここでは，新しい分類の仕方に到達するために，最初は賞がもらえていた反応を，次の段階ではその反応ではなく新たな分類の仕方に変えていかなければならない。この課題を選んだ理由は，やりとりを通して，子どもたちが課題や相手の要請に応えながら自分の行為をシフトさせていくことができるような課題であるからだ。

それゆえ，この研究の根底にある考えは，柔軟性が，競争や協力（協応操作，cooperation）のようなやりとり行動や問題解決や目標達成に，大きな役割を果たしているということだ。具体的な仮説は次のようなものであった。すなわち，事前テストで測定したように，思考の柔軟性の高い子どもたちは社会的葛藤においてもより協力的（協応操作的）であまり競争的ではなく，一方，柔軟性の低い子どもたちはより攻撃的であまり協力的（協応操作的）ではないというものであった。7歳児を対象に検討したところ，この仮説は支持された。だがもっと一般的に言うと，その子どもたちが本来持っていた人格特性——この場合，認知的柔軟性の水準——がペアを作っている子どもたちの間のやりとりの仕方に影響を与えていることを示している。

さらにまた，協同的問題解決を促進する特性を高めている対人関係能力も探索し測定することができよう。例えば，ダ-シルヴァ・ウィニーカーメン（Da Silva & Winnykamen, 1998）は，個人特性が後の問題解決で成功することにどのような役割を果たしているかを検討した。子どもたちの社会性の水準は，友人からの推薦と評定にもとづいて測定した。次に，ある問題解決課題のパフォーマンスにもとづき，同年齢の他の子どもとペアにさせた。異なった組み合わせの仕方による子どもたちのペアの結果についてそれぞれの仮説が設定された。その結果，6歳児では，社会性は個人の事前テストから事後テストまでの学習パフォーマンスに影響を及ぼしていることが示された。だが，パフォーマンスの向上は，能力のより高い子どもと組んだ能力の低

い方の子どもか，あるいは同じ程度の能力をもった者同士を組ませた子どもたちにおいて見られた。予想されたとおり，社会性のある子どもは，相手のニーズや情報交換に上手く合わせていくことのできるコミュニケーション能力だけでなく協応操作的（協力的）行動をより高い水準で示していた。よって，社会性のある子どもは，一般的にやりとりにおいて相手に対して感受性があり，これにより後の学習がより促進されると結論できる。

領域固有の知識

　子どもたちの向上する能力を概念化する方法の1つは，言語，数，心理学，生物学などを含む特定の知識領域の枠の中で認知発達を見ることである。推論，基本的な知覚や認知過程，あるいはカテゴリー表象のような特定の認知過程は，領域に固有なものではなく，発達のより一般的な社会文化的メカニズムを制約するものと見なすことができる。つまり，子どもたちの問題解決のより一般的な説明は，領域固有の知識の文脈の中でしか解釈できない。このように，認知発達は，特定の知識領域の枠の中での理解の成長に影響するように働く制約を記述することにより，説明可能なのである。しかし，これは社会文化的説明を無視するということを意味しているのではない。確かにこれらの説明は，知識領域だけでなく，文化や意味の記号論を考慮するような説明（理論）の中に組み込まれうるだろう。

　領域固有の見方をとることで，研究対象とする'問題'の性質が重要になってくる。さらにまた，そのように焦点化することにより，知識の性質や，例えば協同することの関数として起こるその知識内でのいかなる変化も特定化することが可能になる。その結果，認知的な成長，変化，発達が，非常に正確に特定化できるようになる。これとは対照的に，一般的変化は，認知的変化をより全体的に説明しようとするときに使われるものである。そのためこの立場の人は，後の問題解決が改善されることに関する変化のメカニズムは，次の理由で，これまで解釈がほとんどできないままであったと主張してきた。すなわち，次の通りである。

- やりとりに入る段階（開始）の能力が不明であること。
- 発達系列が不明であること。
- 理論的に予測される変化の結果が，通常明確に述べられていないこと。
- おそらくもっとも重要なことであるが，質的・量的変化の性質が不明なこと。

第1章　はじめに

子どもたちの持つ変化可能性

　子どもたちの変化への潜在能力を検討するためには，認知的変化を知識獲得として再定義することが有効である。問題解決の文脈を用いた知識獲得に関する研究は，以前から子どもたちの方略の発達や使用に焦点をおいてきた。言い換えると，子どもたちの方略使用に関する研究は，認知的変化よりもむしろ，知識獲得それ自体に焦点を置く傾向があった。もっとも，これは単に強調する点や用語の使い方を変えていたということを示しているだけかもしれない。

　子どもたちの思考や方略における変化を検討してきた研究がその根底にもっている仮説とは，子どもたちはどのような問題に対しても複数の異なった考え方をもっているというものである。ピアジェ学派の研究が始められた初期の頃からでさえ，子どもたちが文脈によって異なった思考法を示したり異なった方略を用いたりすることができることが認識されていた。もっと最近の研究では，これらの複数の異なった思考法がどのように現れ，子どもたちはそれらからどのように選択するのかということが検討されている。

　認知的変化・知識獲得が起こる文脈を検討する際，クーン・ガーシア-ミラ・ゾハー・アンダーセン (Kuhn, Garcia-Mila, Zohar, & Andersen, 1995) は次のような問いを設定した。すなわち，子どもたちは，ある問題に対する自分たちの解決法を決定する際の根拠を選ぶときに，どのくらいの自由（度）をもっているのかというものだ。子どもたちの問題解決を研究する際によく用いられている実験課題でのこの問いへの答えは，'それほど多くない' というものであった。子どもたちにとっての問題を定義したり選択したりすることを通して，子どもたちが利用できる選択肢を制限することで，われわれ大人の実験者が重要だと思うパラメータ（媒介変数）の中で，子どもたちがどのように方略を選択し使用するかを研究することができる。方法論的には，クーンらは，子どもたちの方略の使用を複数の課題で繰り返し測定することで，この問題（困難さ）を克服することができたと主張している。しかしより一般的には，既有の知識が新しい知識の獲得だけでなく，現在の方略の効果的な利用をも制約するからである。そこで，この問いを敷衍する更なる問いは，新しい課題で成功したあるいは失敗したと解釈できるような新しい証拠が，どのようにまたいつ，思考における変化を引き起こすのかということである。この場合，何が '新しい証拠' となりうるのか。クーンらは，変化はゆっくりと起こると主張している。すなわち，古い方略が単に新しいものと置き換わるのではない。それよりもむしろ，それらの方略すべてが，

問題や文脈により，使用されたり適用されたりしようと競合しているのだというのだ。ゆえに，何がまさに変化しているのかというと，それは一群の方略の中からどの方略をどう使用するのかの使用傾向（分布）である。というのは，それぞれの方略は特定の問題への適合性（十全さ）が異なるからである。転移は単純な単一の操作ではない。むしろ推論や表象のような領域固有の知識を必要としている。

シーグラーら（Siegler and colleagues）は，異なった複数の方略から子どもたちがどのように選択するのかという問題をより深く探索してきた。その中で，彼らは方略選択モデル――適応的方略選択モデル（ASCM, Adaptive Strategy Choice Model, Siegler, 1996）を構築してきた。このASCMが構築される過程で，クーンらやフレーベル（Flavell，例えば，1999）が仮定するようなメタ認知モデルは不十分であるとして排除された。メタ認知モデルは論理的に導きだされたものであり，人の自分自身の認知や認知過程に関する顕在的・意識的な知識に注意を向けたものである。だがシーグラーは，これらのモデルの最大の価値は，最近の研究に対して子どもたちの自己や他者への気づきや理解の発達について情報を提供してきたことであると信じている。それゆえ，メタ認知モデルは，子どもたちがある問題に遭遇したときに方略の選択肢の中からどれを選ぶかについてより多くの知見を得ることには貢献してこなかった。だが，それを子どもたちの「心の理論」研究へと繋げていった。シーグラーは，その間，子どもたちはある問題について複数の方法で思考するのが普通であること，そしてまた子どもの思考法には大きな変動性と多次元性が存在するのが一般的であることを実証してきた。

カーミロフ-スミス（Karmiloff-Smith, 1992）の発達理論は，表象の変化が'成功に駆動されている'のに対して，行動の変化は'失敗に駆動されている'ことがより多いということにもとづいている。方略の変化の循環する次の3つの位相は，広義での問題に遭遇し解決するすべての領域の中で認められる。第1の手続き的位相では，すべての問題が他のすべての問題と区別されており，解決はデータにもとづいてなされる。成功することが目標であり，子どもたちは，問題解決をするために必要な全体的に統合された方略をもっていない。自動性は成功経験が増加することでのみ高まる。第2のメタ手続き的位相では，初期の個々の手続きの表象としての書き直しがなされる。そして適切な表象に従って，問題解決はなされる。しかし逆説的には，こうすることで，子どもたちは表象された方略を有効に使用することに集中するために，問題をうまく解決することが明らかにできなくなってしまうことが多い。最後の概念的位相では，問題解決方略を使用するときの柔軟性がより大きくなる。この柔軟性は，さらに失敗することよりもむしろ成功することによって，正しい解へ到達することに拍

車をかける。カーミロフ-スミスの提案したこの3位相から成るモデルは，言語，数学，絵画，音楽を含むすべての問題解決領域に一般化されている。

心の理論

　やりとりの中で人とのコミュニケーションや人への気づきに関する研究や問題解決における方略選択の研究を一つにまとめ上げてくれるメカニズムの可能性の1つが，発達する子どもの心の理論である。方略選択は，意識的な気づきや思考内容の内省の結果であるのかもしれない（クーンら，Kuhn et al., 1995）。もっとも，シーグラー（1996）はそうではないといっているが。（確かにシーグラーは，方略選択が'心のない（mindless）'過程にもとづいているとまで言っている。）クーンらの主張する流れに従って，もし協同的問題解決場面に参加する2人の人が問題について共通のとらえ方を共有し，どのようにそれを解決するかをも共有しているならば，そのときは，その課題を2人がうまく遂行できる程度が高まるであろう。そのような共有された課題のとらえ方は，参加者が相互に話し合うことにより達成することができる。同様に，子ども同士の間での明らかな葛藤や暗々裏の葛藤は，コミュニケーションを通して解決できる。課題をプランし遂行することだけでなく，コミュニケーションを通して役割の分担や配分についてみんなでともに制御していくことは，問題解決を促進してくれるだけでなく，両参加者にとっても有益となりえる（ガートン，Garton, 1992, 1993；ティーズリー，Teasley, 1995）。

　最近の多くの研究は，子どもたちが知識について内省することができることが重要であることを実証してきた。そして，そういった研究からある理論的説明が導き出されている。子どもたちの'心の理論'の発達は，知識の性質の理解の発達に関わっている。他者はその人なりに物事を知っており，信念をもち，ある知識（間違っているかもしれないし正しいかもしれない知識）にもとづいて考えることができるというように，他者の心を理解する子どもたちの能力を意味する。このような理解にとってきわめて重要な手段の1つが，協同的問題解決において証明されているように，コミュニケーションという手段を通してなのである。だがコミュニケーションは，やりとりする相手が方略に関してどのような知識をもっているかを知っておくことが重要であるということを子どもが気づいている場合にのみ，うまくいく。

　チャップマン（Chapman, 1991）は，認識的三項関係（epistemic triangle）という考え（構成概念）を提案している。この考えでは，具体的操作課題で子どもたちが

推論をする際に，子ども同士が相手とやりとりをすることを前提にしている。この構成概念は，発達する子どもが環境とのやりとりをすることの役割に焦点をおくピアジェ学派の考えと，子ども同士のやりとりを最重視するヴィゴツキー学派の考えとを統合したものである。認識的三項関係では，環境の中の対象と人間同士のやりとりのもつコミュニケーション的及び社会的性質との両方を重視している。社会的理解の発達は，物理的世界の知識を子どもが構築していくに伴って生じてくる。カーペンデイル・ルイス（Carpendale & Lewis, 2004）は，この考えを，子どもの発達していく心の理解の説明へと敷衍している。これらの研究者によると，子どもたちは，やりとりの中でのコミュニケーションを通して，自分や他の人がどのように知識を獲得しているかについての理解を作り上げている。

でははじめよう

冒頭で説明したように，私のねらいは，子どもは問題解決者であるというメタファーが，認知発達への理論的アプローチにおいて現在の諸問題を論じていくうえで利用できる顕微鏡として，どのように使うことができるかを探索することである。特に私は，子どもを孤独で寂しそうでさえある個人としてではなく，社会的文脈の中にある存在として見なしたいと思っている。私がいつも強く思ってきたことは，子どもが学習するためには社会的支援が必要であるということであり，問題解決場面は明らかに社会的なものであるということだ。もし私たちが，子どもたち，あるいは子どもたちと大人たちが一緒になって作業し，ある社会的文脈を作り出し，ある結果を出すためにあるいはある問題を解決するために役割や責任を共有しなければならないという制約を認めるのであれば，問題解決場面を協同的と見なすことの方がもっとおもしろくなるだろう。これから論じようとする理論のすべてが，協同的問題解決から発展してきたわけではない。それよりもむしろ，これから取り上げる研究は，何らかの形で問題解決パラダイムを用いながら，ある特定の理論的枠組みの中で参加者，課題，文脈のいろいろな側面を論じている。すなわち，私たちには，やりとりの性質やタイプが結果にどのように影響を及ぼすかを見る理論があり，参加者の性別や方略あるいは解決法を生み出せる能力などのような参加者の特徴を見る理論があり，そして学習すべては生得的であると主張する理論がある。これらの理論を念頭に置きながら，私の探求は始まる。

第2章

理論的概観

　子どもの認知発達を記述し説明してきた理論は数多くあるが，その中には様々な領域にわたって適用できるものもあれば，説明力に欠けるものもある。ヴァルシナー（Valsiner, 1998）は，発達心理学が帰納的なアプローチで'科学的方法'と統計的分析に頼ってきたために，われわれの知識は'ますます断片化'（p.190）してきていると注意を喚起している。この方法論を様々な年齢，能力，人種の子どもたちに適用してきたため，発達の性質についての理論，原理，推測を，1つのあるいは多領域にまたがって数多く生み出してきた。ヴァルシナー（Valsiner）は，方法論に焦点を当てることが，かえって発達それ自体に焦点を当てることを妨げてきたという警鐘を鳴らしているようだ。

　ヴァルシナー（Valsiner, 1998）は，発達心理学で一貫した理論的視点をもち続けることを困難にしている次の3つの制約をあげている。

1. 発達の非可逆的性質。
2. 発達することの構造的な複雑さ（それが，個人や社会的集団や他の何であっても）。
3. その発達が起こる環境の複雑さ（ブロンフェンブレナー，Bronfenbrenner, 1979）と発達的構造や環境の複数の水準。

　本書は子どもの問題解決の研究に関するものであるが，いくつかの実証的・理論的問題を検討するために書かれたものであると捉えてもらいたい。問題解決の場合，研究の関心は，学習として特徴づけられる発達がどのようにして起こるか，そして，人とのやりとりとして特徴づけられる子どもの内的要因と環境要因がどのように子どもの認知発達に影響を及ぼすか，というところにある。焦点を絞るのは，単に子どもの発達のすべてを詳細に観察することが不可能だからではなく，ヴァルシナーが議論したように，その複雑さのために他ならない。

第1章でも注目したことであるが，2つの主要な理論家として紹介し簡単に説明したピアジェ（Piaget）とヴィゴツキー（Vygotsky）は，発達心理学の様々な理論的立場において重要な役割を果たしている。2人の理論は，理論としての拡張的・持続的な影響力をもつと同様に，最も広くまた深く発達を捉えている。両者は協同的問題解決に関しても貢献しており，その多くはすでにレヴューされている（例えば，ガートン，Garton，1992；ソーントン，Thornton，1995；タッジ・ロゴフ，Tudge & Rogoff，1989を参照）。ピアジェのモデルは，時に均衡化モデルと見なされ，主流の心理学よりも生物学や哲学と緊密に連携している（ヴァルシナー，Valsiner，1998）。ピアジェの構成主義的モデルでは，新しい経験が既存のシェマもしくは心的表象に統合されていく同化と，新しい表象が経験にもとづいて修正される調節の間のバランスをとることから均衡化は生まれ，力動的な状態として捉えられている（ガートン，Garton，2003）。ヴァルシナー（Valsiner，1998）は，ヴィゴツキーの理論を，教授学習のモデルのように，発達途上の子どもに対して他者の存在を必要とするモデルとして位置づけた。第1章ではそれぞれの理論について簡潔に述べ，それが社会的な説明理論の一つであることを論じた。このことは，明らかに次のことを重視することである。すなわちそこでは，認知的変化が人とのやりとりの後に生まれることを認めるとするならば，子どものスキルが人とのやりとりに及ぼす影響や逆にやりとりから受ける影響を認めながらも，やはり，やりとりのプロセスそのものが重要であるとすることだ。これらからヴィゴツキーの理論は，発達には他者の存在が必要であるとする認識から，よくピアジェの理論に対抗するものとして見なされているが，厳密に言うとそうではない。私はこのことを議論の出発点として押さえ，ピアジェとヴィゴツキーの理論を比較し考察していく。

　ピアジェとヴィゴツキーは，社会的環境が認知的変化を引き起こすのに必要な刺激を与えると見なしているが，どんな手段であるいはどのようなプロセスを経て与えるかについては，両者の間で見解は異なっている。それに加えて，社会的環境の実際の形態についても，微妙だが重要な点で異なっていた。ピアジェ（そして，その後に，ピアジェ学派の説明概念を用いた，ドワーズ・ミュニー，Doise & Mugny，1984；クルーガー，Kruger，1992；ペレ-クレモン，Perret-Clermont，1980といった研究者ら）によって実施され，引用された研究の多くは，子ども同士のやりとりについて検討してきた。子ども同士のやりとりは，2人のペアもしくはそれ以上の集団の中でのやりとりであり，そこに参加したのは，同性，同年齢，同じレベルの子どもたちである。これらの子どもたちは，最初は異なる意見を1つの共通した意見にまとめながら，1つの知識表象を協同で作り上げていく。それとは対照的に，ヴィゴツキーの観察や

実験では，教授・学習という協同構成的な環境において，そこに参加する教師役の大人やできる子どもと学習者役の子どもとの間で，どのようなプロセスが展開しているのか，その本質を明らかにすることを重視している。両者が，検討し明らかにしようとしている'問題'の本質は異なっていることを考慮しなければならない。このことについては，子どもの問題解決において検証ないしは探究すべき理論的立場の違いに応じて，どの課題を選択することが適切かという問題と合わせて本章の後半で詳しく考察していく。これらの領域の差異は，子どもの認知発達を促進し，助長し，よい影響をもたらす社会的役割について考察するうえで重要である。

シーグラーは，発達のメカニズムの説明に関する問題に対して注意を喚起しながら，現在の認知発達理論の限界について考察している。彼は，ほとんどの発達研究者は折衷主義的であること，すなわち，特定のアプローチをとりたがらずに，いろいろな考え方を受け入れる幅広い心のもち主と自覚している多くの心理学者（特に臨床家）に共通した特性を備えていることを指摘している。子どもの問題解決という1つの単純なパラダイムを多くの理論から説明できたり，反対にそのパラダイムからあらゆる種類の現象を説明する具体例や研究の提示ができたりする限りにおいて，おそらく本書も折衷主義的であることを認めることになる。発達心理学者への主な不満は，年齢に関連した平均値の記述が多すぎて，変化についての説明が欠如していることである。議論の中には混乱から生まれてくるものがあり，第1章で考察したように，研究の対象やその方法について適用可能な専門用語を厳格に使っていないこと，'変化' '学習' '発達'といった言葉を意味なく軽率に使用していることに端を発している。

ラーナー（Lerner, 1998）は，先行研究のレヴューの章の最初に1970年のマッセン（Mussen）のコメントの意味を省察しながら，認知的変化と認知発達の差異について，高次の抽象（理論）レベルで検討を行なっている。マッセンは，これまでの発達理論が，心理的変化を構造や機能よりもプロセスから説明することにとどめてきたと述べている。この洞察的なコメントについてこれ以上論争する理由は見当たらない。ラーナー（Lerner, 1980）が述べているように，心理的発達に関する現代の見方は，特定の領域に結びつけられてもいないし，"プロセスをどう概念化するかということ(p.1)"だけに多かれ少なかれ限定されている。そこで本書では，子どもの認知的変化をいろいろな観点から説明するプロセスに焦点を当てるために，再び特定の領域すなわち問題解決の領域を利用しよう。

ピアジェとヴィゴツキー：
両者の間に共通の土俵はあるのか

　認知発達における協同的問題解決の役割と機能を説明する際に，解説者たちはごく最近になって，ヴィゴツキーとピアジェの理論を相反する異なる説明と捉えずに，両者に共通の理論的土俵やテーマがあるのではないかと探し出そうとしてきた。私は，これらの共通性がもしあるとするならば，協同的な問題解決研究にそれらがどのように関係するかを考察していこうと思う。共通性の議論は，より広く認識論的問題や個体発生的問題に焦点化されてきている。そして，この議論が'社会的（人と人との）'という役割にとってどんな意味をもち，子ども同士の協同的問題解決を定義する際にどんな意味をもつか，そして究極的には認知発達を説明する際にどんな意味をもつのか，という問題を解明することが，たいへん重要である。

　いくぶん単純化して見ると，ピアジェの理論はしばしば'内から外に向かう'理論として特徴づけられているのに対して，ヴィゴツキーの理論は，'外から内に向かう'理論として特徴づけられている。このことは，ピアジェが一般に子どもの認知を周りの環境や社会的影響から独立して発達していくものとして解釈していたことを意味している。発達の方向は遺伝的にあらかじめ定められており，子どもは知識を自分自身で構築していかなければならない。発達の速度は様々な内的・外的要因次第で変わりうる。つまり，発達の方向はあらかじめ決定されている。一方，ヴィゴツキーは，認知発達を子どもの社会・歴史・文化的背景を反映したものと捉えている。子どもの発達していく知識は，子どもをとり囲む特定の社会的文脈から生み出される。さらに，特定の専門家が教える中で支援や方向づけのための'差し伸べる手'が，素人の子どもの学びによい影響をもたらす。

　しかしながら，分析を進めていくにつれて，2人の理論家の発達の見方はそれほど明らかに異なっているわけではないことがわかってきた。ウォズニアック（Wozniak）は，社会的環境の側面についてピアジェとヴィゴツキーの考えが互いに類似している点をまとめている。第1に，ウォズニアックは，一見するとピアジェが社会的世界を無視しているように見えても，実はそうではなく，ピアジェもヴィゴツキーも人とのやりとりを強調し，'能動的・体制的な原理としての心が，思考から物へあるいは物から思考へ，思考の働きを柔軟に変容させながら'，環境と協同している（p.14）ことを強調した点を見いだした。このように記述することで，"ピアジェ学派の同化の原理"と，ヴィゴツキー学派の環境的相対性の原理（効果的な環境は子どもの発達水

準を援助する）と包括できる。それゆえに，社会的要素を意味する相互作用（人との
やりとり）についての共通の定義が見いだされ得る。

　第2に，それぞれの理論家が採択した発達の弁証法的概念は，発達は対立（葛藤）
から生まれ，その対立（葛藤）が構造的な変化と統合を可能にしながら超越していく
ことであると捉えている点で類似している。言い換えると，彼らはそれぞれ，機能か
ら構造を切り離すことができると信じていた。そして彼ら（ピアジェとヴィゴツキー）
は，構造が組織化されていくためには，低次の水準の構造が高次の水準の構造へと取
り込まれることが必要だと考えた。このように，発達は体系的で階層的なものとして
記述された。このこともまた共通性のもう1つの側面を表している。

　第3に，ウォズニアック（Wozniak, 1996）は，ピアジェとヴィゴツキーはそれぞ
れの理論化を可能にするうえで，臨床法による観察を行なっていることを指摘してい
る。特に，両者は質的な技法を用いており，その技法は実験者と参加者との間の共同
構成的な知識の形成を促進した。これは理論を構成する際，科学に求められる客観性
を重視した一般的な方法論と比べて，かなり異質なものである。実際にピアジェの理
論に対して向けられた初期の批判には，主に理論の頑強さの欠如に関するものもあり，
1960年代から1970年代にかけての研究の多くは，科学的な方法の長所を，もしくはピ
アジェの実験的方法と理論の短所を示すために実施された（もう1つの優れた要約に
ついては，ドナルドソン（Donaldson, 1978）を参照）。

　これらの3つは '突き詰めると類似関係にある' にもかかわらず，ウォズニアック
（Wozniak, 1996, p.14）は，両者の間で多様に拡散しているいくつかの側面に焦点
を当てている。主要な差異は2つあり，これらの差異は，子どもの心の発達において
社会や歴史の役割についての重要さを説いたヴィゴツキーの社会－歴史－文化的理
論の視点にのみ由来していると，ウォズニアックは考えている。この考え方に従うな
らば，子どもの知識は，特別な意味システムが文化化（社会化）されることによって，
発達もしくは変容する。そしてそのシステムによって個人はそれぞれの経験の意味を
理解する。これらの意味づけは，子どもたちが発達していく社会を能動的に形成，そ
して反映するものであり，その文化を受容した結果である。ヴィゴツキーの不運な死
により彼の理論の十分な発展や精緻化の可能性の道は閉ざされたが，その理論は，意
味的発達，読解，問題解決など限定された領域だけでなく，認知や言語，知覚を含め
たあらゆる領域の発達について説明する力をもっている。

　しかしながら，ウォズニアックによれば，ヴィゴツキーの理論には2つの根本的な
批判点があるという。第1点は，標準的な発達がどういうものかという問題を取り上
げていないことである。すなわち，発達とは何か，発達はどのようにして起こりうる

かといった，発達の標準的な側面に関する問いに答えられない点である。そのため，例えば発達的な意味において子どもの知識と大人の知識とが，何がどう違うのかを区別することができない。変化は説明できるが，発達についてはできないようだ。第2の点は，生物学的（一次的）機能システムと社会的（二次的）機能システムの間の非連続性を明らかに誇張していることである。すなわち子どもの原初的な心や実践的知能と，文化に適応した大人の心や反省的知能とを区別している。

　これらの批判をする際に，ウォズニアックはピアジェの理論を引用し，彼の異なる見方を通してヴィゴツキー理論の弱さを示している。発達についての標準的な基準に関連して，大人の心が子どもの心よりもいかによく発達しているかを示すために，2つのアプローチの仕方をとることができる。第1に，ピアジェの普遍主義的な視点では，発達は領域固有な規準を明記することによって説明できる。均衡化のメカニズムは領域から独立した発達の規準と見なされる。そうすることで，発達は低次の認知構造が変化し，より高次の認知的構造での均衡化に至るものとして考えることができる。

　第2の視点，すなわち歴史的アプローチは，ヴィゴツキーの理論と大部分が一致しており，発達は時間的な順序性に従って開花していくと考えられている。個体発生は系統発生を繰り返すという考えを思い起こさせるようなパターンでは，高次に進化した種に見られる発達（人間の生活年齢に沿った発達も含む）は，低次の進化に留まる種の発達よりも優れていると見なされている。大人における心理学的発達は，子ども（あるいは類人猿）の低次の知能よりも高度に発達していると見なされている。ウォズニアック（Wozniak, 1996）は，このような立場が抱える問題を議論する中で，社会政治的特色を除いても，その立場には後退するという考えが許されていないこと，そしてヴィゴツキー自身も後退する可能性についての自分の理論的立場を明確にしなかったことを指摘している。歴史的アプローチに対するその他の批判は，人種間や歴史間の差異を単純に比較し，その関係を発達心理学に結びつけていることに対して向けられている。

　行為と思考あるいは実践的知能と反省的知能の間の連続性／非連続性に関して，ピアジェの理論では思考は行為から生まれる（とりわけ感覚－運動期においては）という連続性の立場を支持していると論じられている。ヴィゴツキーは，道具の使用の内在化が発達を特徴づけるという発達の考え方を展開しているが，その理論が不完全なものであるがゆえに，連続性と非連続性のうちいずれを支持するかは‘定まっていない’（ウォズニアック，Wozniak, 1996, p.19）。このことは，発達のプロセスをどのように見るかによって，発達の非連続性を支持しているとも支持していないとも言えるのである。

第 2 章　理論的概観

　ピアジェの理論とヴィゴツキーの理論の差異性や類似性について考えることは有益である。現代の発達心理学者や教育心理学者が，子どもたちの協同的問題解決について考察しようとするとき，認知発達に必要な社会的環境の理論的関連性に関するピアジェとヴィゴツキーの見解にどの程度の共通性が見られるかに，相当な関心をもっていることは，注目に値する。というのも，まさにこれら 2 人の理論の違いを初期の頃に単純化しすぎたために，その後ピアジェの理論の中に潜む社会的な側面を探そうとしたり，それとの関わりでヴィゴツキーの理論との比較がなされたりするようになったのである。

　トリフォン・ヴォネシュ（Tryphon & Vonèche, 1996）の編著では，卓越した心理学者による章が多数盛り込まれている。その中で，彼らは，ピアジェとヴィゴツキーの関係について，特に 2 人とも1896年に生まれて同時代に活躍しているので，互いにとっての影響について検討している。これまで議論が続いている難問の 1 つは，ピアジェとヴィゴツキーがどの程度意見を交換していたか，そして両者の有意義な対話を妨げていた状況は何かという問いである。ピアジェの自己中心的発話の見方に対するヴィゴツキーのコメント（思考と言語（1986）の第 2 章に加えられている）に対して，ピアジェが返答しなかった理由について思いをめぐらせることは可能であるが，歴史は後戻りできない。それゆえ答は永遠の謎に包まれたままである。このことはヴィゴツキーの早すぎる死とあいまって，両者は互いの仕事について意識はしていたけれども，決して対話や討論に加わることはなかったことを意味している。彼らはたしかに会うことはなかった。両者の哲学，イデオロギー，目的，アプローチについての類似点と差異点について明らかにされるか否かは，最近の専門家たちの間でのディスカッションの成果にかかっている。両者について様々なレベルでの議論を通して比較した研究は，1980年代以降，心理学関係の文献に掲載されてきた（初期に両者を比較した研究については，ワーチWertsch, 1985を，1990年代初期までの比較については，ガートン, Garton, 1992を参照されたい）。また，非常に多くの研究成果が 2 人の理論家の生誕100年祭を祝って1996年に出版された（例えば，トリフォン・ヴォネシュ, Tryphon & Vonèche, 1996；『人間発達』, *Human Development*誌, 1996, vol. 31特集）。

　ロゴフ（Rogoff, 1998）は，ピアジェとヴィゴツキーの理論の類似性・差異性について考察している。両者の考え方には異なる部分もあるが，すでにお気づきのように，協同プロセスを認知と見なす彼らの見方（ロゴフの担当している章のタイトル）には，興味深い共通性がある。その中で重要な共通性とは，協同を通して思考を共有させることである。問題を解決しようとして一緒に作業する際，子どもたちはそれぞれ独自

の視点で関わるため，必ずしも共有されていない土俵のうえで作業を行なうことになる。注意の矛先を共有することで，相互に同意または間主観的に関わり合いながら，共通の土俵を築くことが可能になる。問題に関して共通な表象を一緒に構成するという間主観性は，人同士のコミュニケーションによって達成される（ガートン，Garton, 1992, 1993；ロゴフ，Rogoff, 1998）。協同のプロセスへ参加する者がこの相互的な関係を作るには，他者の視点を理解するために自分自身の見方を修正しなければならない。そして，これらの変化が，問題解決でのパフォーマンスから測定される認知的変化と認知発達の基礎を形成する。コミュニケーションによって思考が共有されていくという考えは，両理論の中に共通して見られる（その役割の捉え方は異なっているが）。ピアジェにとっては，葛藤と不一致が共有された理解を構築するうえで重要である。それに対して，ヴィゴツキーの考えでは，主に最近接発達領域における協応操作と協同によって，共有された理解が構築されていく。

　ロゴフ（Rogoff, 1998）は，ピアジェとヴィゴツキーの考え方がどのように発展してきたのか，その理解を助ける歴史的視点を提案している。ロゴフは，ヴィゴツキー理論の起源と主張点について取り上げた後に，ヴィゴツキー（Vygotsky, 1986）が，人間の発達を個人単位で細かく捉えるのではなく，個人を含んだ全体システムのすべての基本的特徴をもちながら，それらの力動的な意味システムを示す単位の分析方法を提案したと述べている。この単位は，社会，歴史，文化を含んだより大きなシステムの機能を統合しており，様々な分析単位について議論し採択してきた現代の理論家たちにも影響を及ぼしている。彼らが特に注目しているのは，より大きなシステムの機能の重要性についてである。最近の社会文化的アプローチや理論（例えば，シュウェーダーら，Shweder, Goodnow, Hatano, Levine, Markus, & Miller, 1998）は，変化に対するダイナミック・システムズ・アプローチ（セーレン・スミス，Thelen & Smith, 1994）と同様に，この考え方を引き継いでいる。

　ピアジェの理論に関してロゴフ（Rogoff, 1998）がわれわれに想い起こさせることは，彼の初期の研究では，互いに異なる視点から生じる認知的葛藤を解決する際の協応操作の役割について考察していたことである。前述のように，ピアジェはその考えを子どもの道徳性の発達に関する研究で展開していた。しかしながら，ピアジェは社会的世界の意味を対人的世界として単純に限定しており，子どもが育っていくであろう，より広い社会的（あるいは文化的）文脈については十分に考察していない。ピアジェにとって，成長や発達は個人のレベルで起きるものであった。それとは対照的にヴィゴツキーは，発達や学習は相互に関係をもち，身近な環境とより広がりをもった社会的環境の産物であり，特定の場所と時間において参加者の間で協同により構成さ

れたものとして見なした。このことはピアジェとヴィゴツキーの理論の重要な違いを生み出している。つまり，ピアジェにとって個人は，自他の考えや行為にもとづいて自分ひとりで（独立して）思考を働かせる。それに対して，ヴィゴツキーにとって，個々人は，一緒に参加し合う協同（体）やパートナーとして思考を働かせる。そこに含まれている社会的構成要素やその機能に関する両者の定義の根本的な違いは，子どもの協同的問題解決に関する研究を実施する際や，研究結果を解釈する際に大きな意味をもつ。特に変化を統制する場（ロゴフ，Rogoff, 1998, p.684）が，個人にあるか，それとも他者とのやりとりにあるかについても異なる。ロゴフによれば，ピアジェ学派の枠組みでは，子ども同士の協応操作がコミュニケーションや相互のやりとり，意見の矛盾の認識といったプロセスを通して，個々の子どもの中に均衡化をもたらし得るという。またピアジェは，具体的操作の発達に伴って自己中心性が克服される児童期中期に至るまで，人とのやりとりは効果的ではないと信じていることも指摘されている。自己中心性は，相互性や他者の視点を考慮する能力に対してネガティブな影響を与える。子ども同士の間で，考えを純粋に交換することは，他の視点を考えたり，必要に応じて自分自身の見方に固執したりあるいは変更したり，またその根拠や妥当性について相手に説明できるようになるまでは，不可能である。

　さらに，人とのやりとりの状況は，異なる考えや視点や見方をもった子どもたちがディスカッションに参加し，意見を交換し，他の考えや視点や見方を求めるよき機会であるといえる。人とのやりとりそのものが思考の共有を可能にするというヴィゴツキー学派の考え方とは異なり，ピアジェ学派の枠組みの中では，子どもたちの視点は独立したものとして見なされている。これらの視点は，人とのやりとりや情報の比較を通して共有される（よって，他者の視点を私の中に取り入れ共有したとしても，それは私が個人的にその考えを認め取り入れたものである）。このピアジェ学派の視点は，ヴィゴツキー学派の次のような視点，すなわち人とのやりとりを通して達成された間主観性から単一の見解や立場が生まれるような共同構成的な協同とは同じではない。このように，2つの理論的立場は，人とのやりとりの役割や機能について全く異なる捉え方をしている。ピアジェ学派の理論は認知的変化について説明し予測できるため，認知的葛藤の結果生まれる認知的変化が認知発達となることを主張できる。反対に，間主観性や協同の結果生まれた認知的変化は，学習が成立（顕在化）したことまでは言えても，認知発達に至ったとまではまったく言えないのである。

　しかしながらロゴフ（Rogoff, 1998）は，ピアジェ学派の理論が社会文化的理論に対して'新たな考え'を付け加えたとコメントしている。子ども同士の間の認知的葛藤の役割に関する研究は，認知発達が生まれる社会的文脈とはどのような特性が

望ましいかについて考察するに至った。そこでの議論の中心は，同じ能力レベルの子どもとペアを組まされた方が，対等な関係にあるがゆえに他者からの異なる視点を容易に受け入れることができ，利益を得ることができるというものだ。というのも，子どもにとっては専門家や大人の意見は批判せず受け入れなければならないと考えてしまいがちなので，それよりもむしろ，仲間の意見を聞く方が容易と感じやすいからである。

子ども同士のやりとり：様々な視点

　認的的葛藤が認知的変化をもたらすというピアジェの仮説について実際に検証した例として，クルーガー（Kruger）らの研究をあげることができる。彼女は，研究結果をヴィゴツキーの枠組みに当てはめ，同じ実験デザインとデータ（中には事後的に再分析されたデータも含まれていたが）を用いて，理論的な立場を直接比較しようとした。クルーガー（Kruger, 1992, 1993）は，子ども同士の相反する視点がもたらす促進効果を議論する中で，子ども同士の協同における葛藤と協応操作との区別について考察している。彼女は，同年齢の子ども同士の互いの考えや意見を絡み合わせる（transactive）ディスカッションと，子どもと大人（母親）のそれとを比較検討している。クルーガーは，子ども同士のやりとりの中に生じる葛藤によって，子どもは自分の視点以外にも道理のかなった視点が存在することに気づくことができるので，道徳的推論の発達は，大人とのやりとりよりも子どもとのやりとりに大きく支えられているのではないか，とピアジェの観点から主張している。すなわち，対等な関係において，子どもは，自分のパートナーがディスカッションに貢献する知識をもっていることを理解しているのである。さらに小さい子どもたちのほとんどは，子ども同士の間では互いに社会的な優劣もないと考えているので，一緒に作業をしながら自分たちの意見をもっともらしく対等に主張し合うのである。ピアジェの視点では，このような対等なやりとりが力を発揮して，子どもたちは互いに異なる視点を統合して共通の解決策を得るようになる。したがって，道徳的ジレンマ（推論課題）を解決するために大人とやりとりをした後よりも，子ども同士でやりとりをした後のほうが，子どもたちはより洗練された道徳的推論を発揮したとクルーガーは報告している。
　人とのやりとりを通じて相互の子どもの思考の発達を引き起こす社会的プロセスとは，参加者が互いの考えや意見を絡み合わせながらディスカッションや推論をし合うことである。考えや意見を絡み合わせるディスカッションとは，「自分の推論がパー

トナーの推論に影響を与えたり，自分自身の考えをもっと明確にしたりする場」として定義されている（クルーガー・トマッセロ，Kruger & Tomasello, 1986, p.681）。子ども同士のディスカッションに対して，4種類の相互に絡み合うやりとりがコード化され，適用された。

1．やりとりを絡み合わせる意見（他者に向けた）。
2．やりとりを絡み合わせる意見（自己に向けた）。
3．やりとりを絡み合わせる質問。
4．やりとりを絡み合わせる応答。

結果は，子どもたち同士が行なうディスカッションは，子どもが大人と行なうディスカッションに比べて，質的に異なるであろうという仮説を裏づけていた。子ども同士のやりとりにおいては，全体的に相互に絡み合うやりとりが多く行なわれていたが，なかでもやりとりを絡み合わせる意見（他者に向けた）とやりとりを絡み合わせる質問が数多く見られた。それに対して，子どもと大人のやりとりにおいては，やりとりを絡み合わせる応答（大人からの質問に対する子どもの反応）が有意に多く見られた。クルーガー（Kruger, 1992）は，これらの知見にもとづき，対称的な子ども同士の関係が最終的に高次の道徳的推論を引き起こすような発言を促したと結論づけている。

クルーガー（Kruger, 1993）は，認知発達が起きるメカニズムについて考察する中で，この研究の理論的側面をさらに展開している。結果的に成功に至るような，すなわちより高次な思考や問題解決に至るような人とのやりとりとはどのようなものであるのか。クルーガーが再度議論に踏み込んだのは，'葛藤' 対 '協応操作（協調）' という問題についてである。言い換えると，それは，ピアジェ学派の説明とヴィゴツキー学派の説明のうち，どちらが適切なのかという問題である。クルーガー（Kruger, 1993）は，意見や考えを絡み合わせるやりとりや推論にもとづく対話は，見かけはかけ離れているように見える2つの説明（ピアジェとヴィゴツキー）を理解するのに役立つと主張している。クルーガー（Kruger, 1993）は，両者の説明が，子どもが1つ以上のものの見方に自ずと出合えるか否かに依存していること，そして，その状況を葛藤と見るかそれとも協応操作と見るかは「実体（substance）よりも意味論（semantics）」に負うところが大きいと主張している。このことは不幸にも，実体の類似性（その状況を葛藤と見るか，協応操作と見るか）よりもヴィゴツキー学派の理論の誤解によるところが大きい。というのは，本章の前半でも議論したことだが，協同や協応操作の特徴である間主観性は，1人ひとりの思考を束ねて（共同構成）そこから1つの新しいものの見方を創り出すことではないからだ。むしろ間主観性には，

それぞれが人とのやりとりや社会活動への参加を形作り，またそれを変化させてゆくことが伴う。

それにもかかわらずクルーガー（Kruger，1993）は，1992年の研究データを再分析したものを用いて，1つ以上の視点に取り組むことが葛藤や協応操作（協調）を裏づけているという考えを検討している。道徳的ジレンマ（推論課題）において，意見や考えの絡み合うやりとりのタイプと最終的に合意された（あるいは却下された）解決策との間の関係について探索的に検討した結果，クルーガーの予想に反して，結果的に却下された解決策についてのディスカッションだけが，むしろその後の結果と関連していることが示された。道徳的ジレンマ（推論課題）では，子どもたちはともに協力し合って解決策を導き，そして最終的に子どもたちが合意した解決策に関するディスカッションが，その後の結果や事後テストの成績と正の相関関係にあるだろうと予想されていた。しかしこのような結果は認められなかった。より具体的に言えば，2人の関係のあり様やディスカッション・スタイルが，実験の中のターゲット（分析対象）の子どもたち（子どもとのやりとりに参加した子どもと，大人とのやりとりに参加した子どもの両方）の事後テストでの個人得点に関係していた。クルーガーは，事後的に分類した2つのディスカッション・スタイルについて説明している。その1つは平等主義的スタイルであり，そこでは参加者2人の間で他者に向けた意見が相互に絡み合いながらやりとりが行なわれている。もう1つは説得的スタイルであり，それは，却下された解決策に関してパートナーがもっている情報と，却下された解決策に関してターゲットの子どもが発した意見や考え（他者に向けた），ならびに合意した解決策に対する参加者2人の同意から成り立っている。却下された解決策についての平等主義的スタイルでのディスカッションは，子ども同士のやりとりで多く見られたが，これは子どもと大人のやりとりやすべてのサンプルのやりとりにも見られたものであった。説得的スタイルのディスカッションは，子ども同士条件においてまたすべてのサンプルにおいてターゲットの子どもの事後テストのスコアを予測するものであったが，大人と子ども条件にはあてはまらなかった。これら2つのディスカッション・スタイルは図式的に示すことができる。しかしながら，これら2つのケースにおいて，他者に向けて互いの考えや意見を絡み合わせるスタイルが重要であった。平等主義的スタイルでは，パートナーである大人からのやりとりが，その後の子どもの結果に大きく影響している。また説得的スタイルでも，子ども同士のやりとりが，その後の子どもの結果に影響している。それゆえに，いずれのケースにおいても，ターゲットの子どもたちのそれぞれに合わせて会話の文脈は作られたが，結果はどちらも同じであった。

第 2 章　理論的概観

　要約すると、やりとりに参加する 2 人の関係のあり様を葛藤的なものあるいは協応操作的なものと特徴づけるのではなく、参加者 2 人の視点から可能性のある解決策を 1 つ以上を、ディスカッションを通して導き出すのであるから、このようなやりとりは協同的なものと見なしたほうがよいとクルーガーは主張している。そのような協同は、やりとりのプロセスについて、そしてそこから得られる解決策について深い理解をもたらす。しかしながら、事後テストにおいて改善された結果は、最終的に合意された解決策についてのディスカッションではなく、結果として却下された解決策についてのディスカッションによってもたらされている。回顧的（事後的）に同定（分類）された 2 つのディスカッション・スタイルからはともに、却下された解決策に関するディスカッションの優位性を予想していた。やりとりのプロセスは、その中で出てくる意見の矛盾や相違を支持し、個人の問題解決を成功に導く手段になりうるものとして解釈できるが、クルーガーは別の解釈を行なっている。彼女は、ともに作り出すこと（共同構成 co-construction）の中には、1 つの解決策を 2 人で協力して見つけ出すだけではなく、一人ひとりの考えにもとづくディスカッションによって、解決策についてより高次のレベルの理解がもたらされ、その解決策に一緒に到達できることも含まれると述べている。解決策を拒否することは、解決策を一緒に構築し、納得のいくものにすることにつながる変数だったが、それは言い換えると、個人の成績（パフォーマンス）という点において、ターゲットの子どもたちにとってプラスになった。

　前述の通り、ともに作り上げていく（共同構成）行為を成り立たせているものは、ヴィゴツキーが解釈したかもしれない間主観性ではないというのが私の考えである。というのは、とりわけクルーガーの研究において焦点を当てられているのが、個人としての子どもであるからである。彼女は研究の焦点をやりとりに当てようと試みたが、実際は伝統的な社会的影響に関する研究に陥っていた。この研究においては、その多くがヴィゴツキー学派もしくはピアジェ学派の視点、あるいは両方の視点から解釈がなされ、分析の焦点は個人であり続け、やりとりは個人に影響を与えるものとして捉えられた。これまで述べてきた例と同様に、やりとりのパートナーは独立変数であり、ターゲットの子どもの結果は従属変数である。両方の理論的立場に貢献できるような理論はなんら生み出されていないけれども、この種の研究は、問題解決に関する研究の大半に見られる。アプローチの仕方は社会的影響に関する研究のうちの 1 つであり、クルーガーの研究はその 1 つの例に過ぎない。他の研究例としては、タッジ（Tudge, 1992）、ティーズリー（Teasley, 1995）、そしてガートン・プラット（Garton & Pratt, 2001）によるものがあげられる。分析単位は依然として、双方のやりとりではなく個人のままであったため、ヴィゴツキー学派の理論に照らした解釈は不十分で

あるに違いない。しかしながら，ヴィゴツキー学派の理論では，認知発達を予測したり説明したりすることができないので，実験デザインによって示された認知的変化を説明したり，あまり成績のよくない子どもにおいて常にとまではいかなくても頻繁に生起している学習の事例を示すだけで十分である。

　社会的影響の視点は，社会的環境がいかにして個人のパフォーマンスや発達に影響を及ぼすか，そして，新たに獲得されたスキルや知識がいかにして般化し得るかを問題にする。それに対して社会文化的な視点は，個人の役割や理解水準が人とのやりとりに参加した結果どのように変化するか，また，1つの活動に他者と参加することがその他の参加や活動にどのように関連しているかを問題にする。協同的問題解決の観点から，この2つの見方（社会的影響と社会文化的）は，研究目的，吟味検討の性質，収集されるデータ，理論的解釈を適用できる範囲に影響を与えている。個人を他者から分離することは，個人のもつ知識やスキルの測定を可能にし，それゆえに，認知的変化や学習，そしておそらくは認知発達についてまでもその筋道を描く。それに対して，活動についての研究はより複雑である。そのため，共有された活動ややりとりへの共同参加など，観察したり記録したりすることが方法論的には可能な範囲であっても，研究する方向は個人に向きやすい。

　ヴィゴツキー学派の理論的枠組みの中で実施されてきた研究の具体例は，タッジらの研究である。ここでもわれわれは，比較しながら分析していくことのメリットを，解釈レベルまでいかなくとも少なくとも記述レベルで，受けている。クルーガーの研究と同様に，タッジの行なった研究の多くは，1990年代はじめに行なわれ，ピアジェ学派の伝統に従って行なわれてきた社会・認知的葛藤研究の成果（遺産）を認めている。タッジ（Tudge, 1992）は，ピアジェ学派に啓発された研究が，保存課題や空間的視点取得課題のような伝統的なものを用いており，子どもたちをペアにして課題に取り組ませ，解決策について互いに同意するように求めていることを指摘している。事後に行なわれた個人テストでは，認知的機能の新たに獲得された水準についてその安定性や揺るぎなさの評価が可能であった。それとは対照的に，ヴィゴツキー学派に啓発された研究では，大人と子どもが一緒に問題を解決していく際のやりとりに注目し，協同や間主観性を強調している。タッジはまた，もし一緒に作業を行なうパートナー同士がすでに同水準の理解レベルであるならば，どちらのパートナーにとっても協同することによる効果は生まれず，どちらもひとりで作業をしているのと同じであると述べている。しかしながら，理解水準に違いがあるだけでは不十分である。間主観性に変化が現れたり，課題が達成されるような潜在的な可能性が間主観性によって生まれることが必要である。このことは，参加者のひとりがもうひとりのパートナー

第 2 章　理論的概観

に単純に同意するだけでは生まれない。同様の結果は，もし両者の理解水準があまりにもかけ離れている場合にも予想されるだろう。このことは，分析の対象（experimental interest）となる参加児のスキルや知識水準の測定，ペアの作り方，協同的問題解決に使用する課題選択についても同様にあてはまることを示している。

　タッジは，協同で作業すると能力の低い子どもやパートナーのほうが一般的に成績は改善するが，これは当然の結果ではないという事実に，最初に注目した研究者のひとりである。客観的に見て，子どもたちの事前テストの成績（パフォーマンス）が実験者を満足させる基準からかけ離れていたとしても，この差異はペアを組むパートナー同士の間では自明ではないかもしれない。そしてその差異は，一般的に参加者に対して確たる証拠をもって明らかにされたり，言葉で明確に説明されるわけでもない。さらに，能力のより低い子どもの見方や考え方が，相手とのやりとりで優位になるかもしれない。すなわち，たとえ間主観性が達成されていたとしても，導き出される解決策は誤っているかもしれない。それゆえに相手とのやりとりは，参加している子どもの一方もしくは両方にとってよい影響を与える場合もあれば，悪い影響を与える場合もあるのだ。

　とは言うものの，タッジ自身は，子ども同士でも能力の異なる（高 – 低の）ペアが協同で解決する場合と，同程度のペアが協同で解決する場合と，ひとりで解決する場合を設定し，2種類の協同と個人による問題解決の結果を比較した。タッジは，シーグラーのルール評価アプローチ（子どものルールにもとづく思考）研究で用いられた天秤課題を使用した。その課題では，天秤の竿がどちらに傾くか，その動きを予想するために子どもたちが使用しているルールにもとづいて，子どもたちを段階的に分類することができた。その際，子どもたちがより高次のルールを適用するためには，以前よりも洗練された推論を働かせることが必要であった。その研究では，問題の難易度にもとづいて7つのルールが利用された。実験に参加したペアは，能力の異なる子ども同士で，同性同士で，なおかつ同じ学校のクラスの子ども同士で作られた。子どもたち（n=153）の年齢は，5歳児から9歳児までであった。分析では，能力の高い子どもと低い子どもの各ペアから1名ずつを抽出し，結果的に独立したグループ（出来る子ども群と出来ない子ども群）が生まれた。ペアの組み方によって，事後テストの成績に有意な差異が見られ，できない子どものグループが，唯一，事前テストから事後テストにかけて有意に成績が向上した。興味深いことに，できる子どものグループの成績は，能力の同じレベルでペアを組んだ子どもやひとりで課題を行なった子どもに比べて，有意に成績が低下した。

　タッジは，できる子どもの成績が下がったことについて，実験デザインによって偶

発的に作られた後退であると考察している。よくできる子どもは，前もってできない子どものルールを使って課題を進めていたため，後退が起きても驚くべきことではないかもしれない。それはまた後退が絶対的なもの（適用され理解されたルールの水準へ低下する）か相対的なもの（やりとりへ参加する者同士の水準の差異によって変動する）かにもよる。タッジは，ピアジェ学派よりもヴィゴツキー学派の枠組みにのせて結果の解釈を示しながら，成績の低下を説明するにはどちらの選択肢がより妥当かについて考察している。彼は，前者（絶対的な後退）のほうがデータをよりよく理解できることを見いだした。最近接発達領域（ZPD）は，人と人とのやりとりのプロセスについての検討を可能にする理論的構成概念である。この研究は，それ（最近接発達領域）が現実の認知的機能と未来に開かれた潜在的な認知的機能との間に作業領域が常に作り出されると主張するのではない。現在の水準の背後に将来の水準はあり，その水準への移行は，パートナーによって提供される情報とそれを支持する推論が（本人自身に）できそうか否かにかかっていることをこの研究は明らかにしている。タッジは，できる子どもの後退と，できない子どもの向上は，これらの子どもたちがパートナーの推論によってうまく説得された場合に生じていることに注目した。間主観性の成立は，認知発達を後退にも向上にもどちらにも到達させ得るものである。タッジは，それゆえ心理的機能の適応をもたらすヴィゴツキーの理論を拡張して，発達は後退も向上もあり得ると解釈している。

　タッジは，（以前の水準より向上していようが後退していようが）達成された推論の水準の安定性と持続性（それらが現在の水準より向上していようが後退していようが）について検証を行ない，やりとりを通して達成された共通理解は保持されることを見いだした。実際に彼は，ヴィゴツキーが主張したように，子どものパートナーが"見えない状態で目の前に存在し続けていた"かのようであると述べている（タッジ，Tudge，1992，p.1376）。この注意を喚起するような提言は有益である。すなわち，実験者は常に社会的環境における第3者的立場である。そして，そうであるがゆえに，たとえ彼／彼女の役割が問題解決の場面設定をするだけであっても，無意識のうちに結果に影響を与えているかもしれない。特に，大人の実験者がずっと沈黙を守っていた場合，答えが正解であると受け取られていたかもしれない。また，その後の問題に対して同じ答えに固執し続ける行為も，実験者からの手がかり情報を誤解していることにもとづくのかもしれない。

　タッジは，ピアジェとヴィゴツキーの両学派の理論と歩調を合わせて，人とのやりとり，特に協同的問題解決は，子どもの思考を促進し，よい影響を与える可能性があることが研究で示されたと結論づけている。他方，成績の低下は，両理論においては

予測されていないことである。この知見を矛盾なく受け入れる（調節する）ためには，両理論に修正を施す必要がある。それにもかかわらず，タッジにとってヴィゴツキーの理論は，先に述べたように，たとえそれが後退について一般的に説明していなくても魅力的なものに見えるようだ。後退について説明するということは，タッジの提案した解釈を採用することを意味している。そしてこのことは，ヴィゴツキー理論の哲学的基礎と調和するものではないかもしれない。タッジは，ピアジェ学派の理論は後退について説明することができないと主張している。と言うのも彼が主張するには，ある特定の視点をもった子どもは，自分自身の信念に対してより自信をもつからである。この能力と自信とを混同してしまったことで，協同のもたらすよい影響についての解釈が過度に楽観主義的になってしまったのかもしれないとタッジは主張している。

タッジ（Tudge, 1992）が実施した研究とそのデータを理論的に解釈をしようとした研究に関して，われわれはピアジェ学派とヴィゴツキー学派の理論について興味深い比較を行ない，それぞれがどのように解釈されるかについて検討した。どちらの理論も，一般的に記述された形態では，十分ではない。なぜならば，ピアジェ学派の理論では，能力と自信を混乱させたまま認知的能力の向上を解釈するに至ったかもしれないし，一方，ヴィゴツキー学派の理論では，人とのやりとりの後に起こる認知的能力の低下について説明するためには，最近接発達領域（ZPD）の理論に修正を施す必要があるからだ。

タッジら（Tudge & Winterhoff, 1993；Tudge, Winterhoff, & Hogan, 1996）のその後の研究では，協同で問題を解決する場面で認知的結果によい影響をもたらすフィードバックの役割を検討している。タッジ・ウィンターホフ（Tudge & Winterhoff, 1993）は，5，6歳児を対象に，ペアでの協同について検討を行なった。そのペアは，事前テストにおいてターゲットとパートナーの子どもがともに同じルールをもつペア，パートナーのほうが優れたルールをもつペア，およびひとりで作業を行なう子どもらの3つの条件であった。ペアを組んだ子どもは，同性で同じクラスであった。実験に参加した子どもたちは，通常この協同的問題解決研究に参加する子どもよりも年少であったが，タッジ・ウィンターホフは，6，7歳よりも小さい子どもたちが協同からよい影響を受ける条件は何かを発見することに非常に興味をもっていた。ピアジェ学派の理論によれば，この年齢は，子どもたちが具体的操作の段階に達して，相互のやりとりからよい影響を受けられると予想された発達段階にあたる。

タッジ・ウィンターホフ（Tudge & Winterhoff, 1993）が検討した主要な要因はフィードバックである。彼らは，ヴィゴツキーとピアジェがともにフィードバックが

発達に及ぼす重要性について認めていることを主張している。ピアジェは身体的なフィードバックの有効性を認めており，視点の葛藤の解決を，子どもによい影響を及ぼすフィードバック形態の1つとして含めている。他方，ヴィゴツキーはフィードバックそれ自体については考察していないが，人とのやりとりが与えるよい影響に関する考察の中で，間主観性を形成し維持する要素としてフィードバックを捉えていることは明白である。彼らは，フィードバックが協同の結果に対して与える役割について詳細に検討する必要があると主張している。そこで，タッジ・ウィンターホフ (Tudge & Winterhoff) は，課題材料からのフィードバック情報が，その後の認知的能力に与える効果について検討する研究計画を立てた。ここでのフィードバックは，彼らの予想した解答が正解か否かについて知らせるという形式をとった。彼らはまた縦断的要素も取り入れ，子どもたちが協同で作業できるようにした。アズミティア (Azmitia, 1988) は，子どもたちに1回以上協同で作業をさせることは，安定した'作業スタイル（協同での解決スタイル）'の発達を可能にし，それによって認知的によい影響がもたらされる可能性があることを主張している。この議論の流れは，仲のよい子ども同士にペアを組ませることがもたらす利点もしくは欠点について考えることと関連してくる。というのは，仲のよい友だち同士は，そうでない友だち同士よりもラポートを築きやすく，互いに意見や考えを交えながら課題に参加することが素早くでき，それらの要因が，その後の認知的能力を促すかもしれないからである。この点については，第5章でさらに考察する。

　この研究における最後の要因は，ターゲットの子どもの知的能力の水準と，協同で作業させる問題の水準をどう対応づけて設定するかというものである。すなわち解決する問題は，事前テストでターゲットの子どもが解決した課題のレベルと同じレベルにするか，少し難易度を高くするかということでもある。また，ターゲットとなる子どもは，自分と同じレベルか，自分よりもレベルの高いパートナー（すなわち事前テストでのルールがより洗練されていた）と一緒に取り組んだ。

　綿密な実験デザインと分析結果についての詳細は省くが，この研究では5，6歳の子どもは，ある特定の条件のもとでのみ，協同で問題を解決することからよい影響を得られることを示した。フィードバックは受けないで，自分よりもできるパートナーと協同で作業を行なったターゲットの子どもは，他の群のターゲットの子どもに比べて成績が非常に向上した。自分よりもできるパートナーとペアを組んだ子どもは全体的に成績が向上したけれども，最も顕著に向上したのは，フィードバックを与えられなかった条件においてであった。協同によるよい影響が与えられないことに関しては，セッションの回数という観点から注目した。すなわち，子どもたちは最初のセッショ

ンからすぐによい影響を受けており，成績の向上は直後のみならずその後も持続的に安定したものであった。この急激な成績の向上は，実はピアジェとヴィゴツキーの両学派の理論からも予想され得るものである。すなわち，前者の理論に立てば，調節の作用を通してということになり，後者の理論に立てば，最初の協同セッションの際に最近接発達領域における可能性の上限のレベルに到達することによってということになる。

しかしながら，タッジ・ウィンターホフ（Tudge & Winterhoff, 1993）は，安定した作業スタイル，子どもの年齢，学校経験の各要因が混ざり合って影響していると主張した。例えば，学校経験の豊富な子ども（しかし年長児と限らない）は，事前の個人セッションにおいて洗練されたルールを使用し，事後の個人セッションにおいても大きく向上した。同様に，学校経験（子ども同士や先生と一緒に協同構成をすることが必要な場面である）の豊富な子どもは，フィードバックのよい影響をより多く受けていた。このことは，ヴィゴツキーの理論と結びつく。というのは，学校教育は，文化の影響を受けやすい形態だからだ。学校教育は子どもたちの思考の形成に影響し，そしておそらく演繹的推論やメタ認知的方略の使用にも影響を及ぼすと推察される。これらすべてのことが，タッジ・ウィンターホフの研究において使用された推論課題での成績に影響を及ぼしたのであろう。さらに，安定した作業スタイルへの適応に関して見れば，学校教育は，特定の思考の仕方や知識の利用の仕方に関する理解の発達に比べると，協同の機会とはさほど相関関係がないのかもしれない。このこともまた，ヴィゴツキーの理論を用いて，ある特定の環境のもとでの認知的能力の向上を説明しようとする際の証拠となる。

非常に多くの研究者が，子ども同士の協同が認知能力に及ぼす影響や効果について相反する結果を報告しているが，タッジら（Tudge, Winterhoff, & Hogan, 1996）の研究では，それらのいくつかに答えようとする試みが行なわれている。それぞれの研究結果の間で食違いが生じる理由としては，以下の3点があげられている。

1．フィードバックの役割。
2．ペアリングの仕方（タイプ）。
3．人とのやりとりのプロセスの特質。

この研究は多くの点において，6歳児から9歳児までの年長児を対象にしたうえでの，これまで議論してきた過去の研究の追試であった。ここでも天秤課題が用いられ，子どもたちは事前テストの結果をふまえて，能力レベルや使用したルールの水準に割り当てられた。個人条件とペア条件が組まれ，ペア条件では，事前テストにおいて自分と同じレベルのルールを使った子どもと一緒になるか，自分よりもよくできた子ど

もと一緒になるか，自分よりもできなかった子どもと一緒になるかで，ペアが作られた。ペアは，同性で同クラスの子ども同士であった。

　子どもたちは協同で解決しているあいだ，重りの数と支点からの距離を様々に組み合わせた条件の下で，天秤の動き（どちら側に傾くか）について順番に予想するように求められた。それぞれが個々の問題について予想した後で，自分たちの予想が正しいか否か判断を求められた。互いの予想がぶつかり合った（葛藤状態の）際には，子どもたちは意見が一致するまで話し合うように求められた。実験者は，子どもたちが話し合っているあいだ部屋を離れ，実験者が子どもたちの目に触れることで人為的に発生する影響を除去し，子どもたちの意見が一致したら部屋に戻ってきた。各群ともに約2／3の子どもたちが，フィードバックを与えられる条件に無作為に割り振られた。その条件では，子どもたちは，実験者から，自分たちの決定した解決策が正しいか否かについて助言を受けた。

　ここでもまたわれわれは，方法，子どもたちの分類，判断のコード化，分析についての詳細には触れないでおく。複雑かつ綿密な分析結果を単純化してしまうかもしれないが，興味深い結果についてのみ報告することにする。全体的には，過去の先行研究の結果と同様に，そして仮説通りに，フィードバックを受けた子どもたちは，受けなかった子どもたちよりも有意に成績が向上した。そしてまたパートナーと一緒に解決した子どもは，1人で解決した子どもよりも成績が向上した。しかしながら，それはフィードバックを与えられなかった条件に限ってのことである。フィードバックを受けた条件の子どもに関しては，予想に反してペア条件よりもひとり条件のほうが成績が大きく向上した。そして，たぶん驚くべきことであろうが，仮説に反して，自分よりもできる子どもとパートナーを組んだ子どもは，同じレベルあるいは自分よりもできない子どもとパートナーを組んだ子どもに比べて成績はそれほど伸びなかった。最終的に，パートナーがより高次の推論をしているのを観察した子どもや，フィードバックがあっても協同で自分たちの推論の正しさを支持するパートナーと組んだ子どもや，協同で自分たちが出した結論を取り入れた子どもたちは，認知的成長を示す傾向にあった。フィードバックは理解の共有を強く促したようだが，フィードバックのないときにおいても理解の共有は自発的に起きていた。そのような子どもたちは事後セッションでも個人の成績が改善する傾向にあった。この成績の向上は，次のような仮説にもとづいていた。やりとりセッションの課題をターゲットの子どもに合わせ，事前テストで使用されていたルールより1つ上位のルールをもし用いるならば，たとえ困難な課題であっても，解決できるだろう。そのため，もし，ペアにとっての問題が，その一人ひとりに合わせて設定され，議論の幅も制限されるならば，それぞれの

ペアでの問題は異なるものとなった。タッジら（Tudge, et al., 1996）は，葛藤を引き起こしたり，認知的な最近接領域にもとづいて子どもの潜在能力を引き起こしたりできる状況を利用することを，ピアジェとヴィゴツキーの理論は支持するだろうと主張した。子どもたちは，自分たちの今の能力よりも一歩進んだ難しい問題に取り組むことによって，よい影響を受けるのである。

これまで述べてきた通り，2つの要因，すなわちフィードバックと2人の間の能力の関係が重要である。だが両者の関係は直接的なものではなく，フィードバックの役割に媒介された間接的なものかもしれない。さらにパートナーと一緒に問題を解決することと協同するということは，同じことではないかもしれない。この問題は本章の前半部分で考察したが，タッジら（Tudge, et al.）は，協同とは普通，異なる視点を持った者同士が参加し合い共通の理解を作っていくことと解釈されることに注目し，おそらくやりとりの中の他の何かが影響しているのだろうと示唆している。多少大胆な解釈になるかもしれないが，ペアを組んでいるパートナー同士が，実は問題を解決するように取り組んでいたとしても，別の方向に注意を逸らしていたかもしれない。このことはペア条件と比較したとき，個人条件のほうが成績が向上していたことの説明になるかもしれない。しかしながら，確かにそれが強力な説明であるとは言い難く，理論的な根拠もない。そしてもう1つの，タッジら（Tudge, et al., 1996）によって再度考察された論点は，（子どもの）能力と自信とが入り混ざったことによって，様々なパターンの成績の向上や後退がみられたのかもしれない。

タッジら（Tudge, et al, 1996）は，この研究には限界があることを認めたうえで，協同で問題を解決することがその後の結果に向上と後退という矛盾をもたらし，このプロセスがおこったメカニズムを一貫して説明できないのは，実験計画や結果の解釈の際に利用した理論的視点のためであると結論づけている。彼らは，理論と応用のレベルで幅広くなされた論点に関連づけて，次の3つの結論を出した。

1．異なる視点をもつ子どもたち同士を単純にペアにしたり，異なるルールを使用しながら一緒に問題を解決させるだけでは，成績の向上は保証されない。それゆえ，能力のレベルは認知的側面に現れる成績を予測できない。
2．子どもたちが解決できそうな問題や子ども同士間のズレを最適にするような問題を与えることは，発達にとって必要条件ではあるが十分条件ではない。協同で問題を解決しながら共通の理解あるいは間主観性を築いた子どもたちは，ひとりで取り組むようになったときでも成績の向上を維持しやすい。
3．教師は，教授活動の道具として子ども同士の協同がもたらすよい影響と限界について意識しておく必要がある。とりわけ，作業のフィードバックを与える場合には，子

どもがひとりで問題に取り組んでいても効果的である。教育学的には，この２つの方略には賛否両論がある。タッジの研究プログラムで検討された要因を考慮するならば，他者と一緒に問題に取り組むことが効果的である状況と個人で問題に取り組むことが効果的な状況とについて，教師は意識する必要がある。

ピアジェ学派とヴィゴツキー学派の理論に対する示唆

クルーガーらやタッジらの研究は，そのほとんどが1990年代に出版されているが，子どもの問題解決，とりわけ協同的問題解決の研究が直面していた理論と実験の間の様々なジレンマを鋭く浮き彫りにした。深く掘り下げて検討された個々の研究は問題点をいくらか描いてはいるが，全体を網羅するほど包括的ではない。しかし私は，彼らの研究が，これまで議論されてきた２つの理論のどちらがより説明力をもつかという重要な問題に光を当てていると信じている。認知的変化，そしてさらに重要な認知発達，これらは知識の発達を予測するものであるが，この問題を考えていくうえで彼らの研究がどういう意味をもっているかを精査する必要がある。

子どもの問題解決に関して出版されたほとんどの研究は，類似点と差異点を合わせもつが，理論的にはピアジェの立場や，ケイス（Case, 1985, 1992）に支持されている最近の新ピアジェ（post-Piaget）派の立場，もしくはヴィゴツキー学派の考え方に啓発された立場をとろうとしている。なぜ最近の研究は，これら主要な理論を子どもの発達的変化や発達プロセスについて説明するための基本理論として利用しているにもかかわらず，それらの違いや類似性を明確に述べることなく，盲目的に引用するのだろうか。人とのやりとりはプロセスである。そうであるがゆえに，プロセスの説明は，少なくとも学習を支援するやりとりや発達的変化を促すやりとりについて必ず光を当てることができなければならない。２つの理論はそれぞれに説得力をもっている。しかし，協同的問題解決がよい影響をもたらすプロセスを純粋に説明することから離れて，問題解決者としての子どもの側面のみを検討するならば，ピアジェ学派とヴィゴツキー学派の説明ではもはや不十分である。それにもかかわらず，やりとりの本質について焦点を当てた研究は，ピアジェ学派やヴィゴツキー学派の理論的説明に頼り，情報を得ようとしている。たいていは，どちらの理論からもほどよく情報が得られるのであるが，両者の研究の進め方には，哲学的・方法論的に重大な違いがある。そのような差異は，ある理論的立場を採用するきっかけとなった原因とそれを採用したことによる結果との間の差異であると言えよう。真の科学的方法は，ある立場を採

用することから始まり，その立場はその後健全にコントロールされた実験を通して検証される。実際に，多くの協同的問題解決課題において，ピアジェ学派もしくはヴィゴツキー学派の立場は，実験結果を説明している。あなたは，どちらの立場に立つか明確にしなさい！ ほとんどの研究者は，ヴィゴツキー学派の理論がより説得的であることに気づいている。というのも，採用した方法，選んだ課題，そして結果によってもたらされる内容は，最近接発達領域（ZPD；それ自体は，実は漠然とした抽象的概念であるが）を具現化する中で生まれた概念に頼ることで説明できるからである。

協同に関する研究：人とのやりとりを越えて

ロゴフ（例えば，Rogoff（1998）の章）の研究ではこの議論をさらに展開している。というのは，この章の最初でも示したように，彼女は2つの理論の類似点と差異点を丹念に調べて明らかにしようとしているだけではなく，協同的問題解決に関する研究に欠落している大事な点についても指摘しているからである。欠落した点は，それぞれの理論的立場から実施された研究に見られる。彼女は，協同の中の社会文化的要因に注意が向けられていないことに注目した。しかしながら，伝統的に行なわれてきた協同的問題解決研究から視野を周辺に拡大してみると，社会文化的理論によって説明できる研究と近似している研究例を見いだすことができる。

研究では，大人は，子どもの学習を支援し足場を作り援助し懇切丁寧に教える（実際の動詞の使い方と関連はしていないかもしれないが）熟達者であるという前提に立っている。このことは，人とのやりとりから注意をそらせ，協同のもつより大きな社会・文化的側面を無視し，それゆえに（熟達者が初心者に影響を及ぼすという）社会的影響に関する視点が研究デザインを支配する理由になったのかもしれない。ロゴフは，この段落の最初の文章の中で用いた動詞をどれも使用しないで，「誘導による参加 guided participation（1990）」という語句を新たに造り，人とのやりとりを通した知識の具現化，とりわけ熟達者である大人と学習者である子どもとの教授的コミュニケーションを特徴づけようとした。ヴィゴツキー学派の理論と同様に，教授（instruction）という用語は，教えることと学ぶことの両方の意味を指している。そうであるがゆえに，誘導による参加は，初心者あるいは子どもが協同の中に参加しているのか協同に貢献しているのかを識別する。このように，問題解決のやりとりに参加している両方の役割を考慮するように視点を変えていく必要がある。役割が相互に関係をもつようになってはじめて，学習の機会は産み出される。学習の機会は，やり

とりに参加しているパートナー同士が，自分たちの役割と責任を相手の理解のレベルに合わせて調節できるようになることと，相手の理解の変化に貢献できるようになることを求めている。理解を共有した学びに対して参加者が参加する程度は，社会的・文化的な違いによって規準や制度が違うのと同様に異なっている。学校はしばしば，教師は熟達者として，学び手の子どもは初心者として，制度化された役割がある場の例としてあげられる。

　熟達者あるいは大人の役割は，適切な学習機会を得られるように学習活動を適切に選択し（実際の発達研究においては，実験者によって選択されることが多い。その場合は，十分な感受性をもっていてほしいのだが），そのうえで環境が学習に貢献できるように整えられていることを確かめることである。初心者あるいは子どもの役割もまた，活動を選択することである。これらの活動はおそらく必然的あるいは意図的に最大限の学習機会を提供するようにはなっていない。しかしそれらは，本質的に初心者が興味をもてる，あるいは同等にある程度のレベルまで習得される活動であるかもしれない。しかしそのような環境においては，しばしば大人は子どものパフォーマンス（成績）に関して期待を高く抱くことができる。子どもは学習機会の利用の仕方を選択する。そのためには，参加者の間で役割と責任を決めて，熟達者からの手がかりを利用したりモニターしたりすることができるようになり，一緒に作業をするのに最もよい相手も自分で決めて選べるようになることも必要である。

　ロゴフは，大人がリーダシップの役割をとり，子どもの参加を促していた具体例として，言語獲得の例を取り上げている（ブルーナー，Bruner，1983参照）。一方，乳幼児が自分から視線や笑いでコンタクトをとりながら自らの学習をコントロールしていく能力は，初心者が主導的役割を担う例であり，それは間主観性の起源であるかもしれないと彼女は推察している。これら2つの例からわれわれが想起するのは，参加者双方が一緒に作業しながら正解を導き出し子どもたちが学び合うとき，やりとりの参加者と社会文化的環境を理論的に説明するには，間主観性とは何か，それがどのように形成され，人とのやりとりの中でどう変化していくかを明らかにすることが不可欠であるということだ。

　子ども同士の支え合いは，子どもたちが互いに関わり合い，相手の学習に貢献するプロセスを記述している。研究は例によって，同じ能力，同性，同年齢，同レベルの社会—経済的家庭環境に育っている子どもたちを対象にして，親密な関係にない子ども同士や同じクラスの子ども同士でペアを組ませて実施してきた。しかし，ロゴフは，子どもの中には，兄弟や隣近所の仲間集団も含まれることを指摘している。研究もまた狭い範囲に焦点化され，子ども同士の遊び，子ども同士の世話，協同学習や授業の

中の学びにおけるコミュニケーションといったものに限定されてきた。ロゴフは、そのことをよく説明している研究として、先行研究では注目されてこなかった研究を取り上げ、子ども同士が学習のプロセスにおいて支え合う場を検討している。彼女は、異文化間研究や認知的葛藤研究（これについては、すでにアズミティア（Azmitia, 1988）やガートン（Garton, 1992）によって考察されレヴューされてきている）、授業場面や家庭や教授活動における「学習者コミュニティ」のモデル、そして授業場面における協応操作的学習に関する研究などを取り上げている。

　ロゴフ（Rogoff, 1998）は、'協同を通しての社会文化的視点は……研究対象の子どもともうひとりの人を一緒にさせるという単純な"社会的影響"についての検討をはるかに越えるものとなる'（p.722）ということをなんとか示そうとしている。彼女は、協同に関する研究が社会的影響モデルに少なくとも研究デザインの点で合致していることを繰り返し述べている。しかしながら、協同の要素を含む社会的プロセスには、これらの視点に限定されずにそれらを越えたものも含まれる。社会文化的視点はヴィゴツキー学派の理論と一致しているのみならず、人とのやりとりそのものについて検討する研究も生み出している。すなわち、参加者の間での関係がいかに築き上げられて維持されるか、個人が共通の問題を解決する際に異なる視点からいかに貢献したり、1つの活動に共同参加しているか、そしてこれらの人とのやりとりが、いかに'社会の中での実践や制度によって形作られてくるか、あるいはその反対に社会的実践や制度を形成しているのか'（p.722）などに関する研究である。ロゴフは、主に非西欧社会で行なわれてきた数々の研究を取り上げながら、個人の貢献をより広い社会的・文化的文脈と結びつけようとする研究についての記述で結論づけている。それは、この本が主に焦点化しようとする問題と直接的には関係しない。しかしそれは、協同に関する文化的・歴史的側面について注意を向けさせるのに十分であり、認知は他の発達の側面から切り離されるべきではないことをわれわれに想い起こさせる。認知発達は人とのやりとりを通して生まれ、関連した文化的活動に参加することで変容していくのである。

社会文化的理論

　現代の社会文化的理論は、発達心理学、とりわけ子どもの認知発達に適用され始めている（ベアリソン・ドーヴァル、Bearison & Dorval, 2002；ゴーヴェイン、Gauvain, 2001b；ハタノ・ワーチ、Hatano & Wertsch, 2001；ロゴフ、Rogoff,

1998；シュウェーダーら，Shweder et al., 1998)。社会文化的理論は，個人を社会文化的活動の中心にしっかりと置き，他者とのやりとりや'文化的道具'を認知発達に欠くことのできないものとしてみなしている（ハタノ・ワーチ，Hatano & Wertsch, 2001)。文化的道具は，特定の文化・特定の時間において創造され，認知的活動を支える人工物である。西欧化された文化的道具には，時計，道路標識，洋服の型紙，建築プラン，料理のレシピなどがある（ゴーヴェイン，Gauvain, 2001a)。文化の道具にはまた，読み書きシステム，様々な形態の表象活動などがあり，それらは文化によって決定され（普通は社会的手段を経由して）形作られるものである。子どもたちは，大人がこれらの文化的道具を利用してゴールを達成したり，学習したりするところを観察する。そしてそれらの道具は，次第に子どもの能力の一部を形成するようになる。

当初，社会文化的理論における分析単位は，個人ではなく，人と人とのやりとりそのものであることが注目された。しかしながら，他の研究領域では，民族モデル，活動，状況に埋め込まれた認知などが検討されており，これらがみな共通の分析単位の下に見なされるか否かについては，議論の余地がある（シュウェーダーら，Shweder, et al., 1998)。実際，シュウェーダーらは，'分析単位の問題'についてふれており（p.872)，複合的慣習（custom complex）という考え方に頼ることで問題を解決しようとしている（Shweder et al., 1998の中で引用されたWhiting & Child, 1953による)。複合的慣習は，ある文化的コミュニティにおける心性と象徴的・行動的実践とを結びつける。すなわち，活動と実践を心的活動と結合させている。本質的には，文化的アプローチあるいは社会文化的アプローチとそれらの理論は，人が生活し発達するより広い文脈について説明し，そしてそれらを心や認知の発達と結びつけようとする。ロゴフ（Rogoff, 1998）によれば，'発達と学習は，社会文化的な活動における個人の**参加**のあり方を変容させること（太字はロゴフによるもの）を要求する（p.687)'。このように，あらゆる活動において個人がとる役割は，活動それ自体から切り離されていないのである。

社会文化的視点から見た発達と学習には，5つの特徴がある（Rogoff, 1998)。

1. 個人プロセス，対人間プロセス，コミュニティ・プロセスは，相互に依存している。つまりそれらは互いを構成し合う。
2. 学習とは，活動への参加における変化が個人の変化に至ることと見なされる。そのような参加は能動的かつ創造的であり，このような見方をもっと強力に推し進めると，個人は活動に応じて理解と役割を変えることができ，社会・文化的な文脈においても，理解と対人関係を変えながら様々な役割をとれる人間になることができる。社会文化

第2章 理論的概観

的活動への参加は，柔軟であり，力動的であり，創造的である。
3．ロゴフ（Rogoff, 1998）は，知識が散在している場や状況について分析し考察している。社会文化的視点において，知識の発達は，共有された活動に参加することに由来する。そのため，知識は固定的なものではなく，人とのやりとりを通して認知的変容が生じた結果，生まれてくるものである。理解や知識の成長や知識の有効利用は力動的であり，他の人と共同で参加したり仲間に入ったりして変化が生じた場合に，その人とのやりとりの中で生まれるものである。
4．能力（コンピテンス）と成績（パフォーマンス）の違いは社会文化的理論と無関連であると彼女はコメントしている。というのは，研究における視点が，例えばある実験場面あるいは自然場面などで，子どもたちが何かを考えたり行なったりできる（行為ができる）という視点から，何かを考えたり行なったりする能力がある（行為をする能力がある）という視点に変わってきているからである。個人の能力の獲得に焦点化して捉えようとした発達的変化，もしくはロゴフ（Rogoff）が呼ぶところの移行は，特定の社会文化的活動における個人の役割に焦点化した捉え方に代わろうとしている。変化は質的なものであり，文化的価値や対人的欲求，特定の状況に応じて多様である。しかしながら先にも述べたように，発達それ自体について説明することは困難である。
5．異なる活動への参加は，般化や転移（知識が蓄積されるという意味において）によるものではない。それよりもむしろ，社会文化的アプローチとは，人間の活動の構造の中に立ち現れてくる規則性を見いだそうとするものである。

　グッドナウ（Goodnow, 2001）は，『人間発達』（*Human Development*誌）における一連の論文におけるコメントの中で，上記の1から5の指摘は，心における文化の形成の問題についての考察であることを強調している。言い換えると，それらはすべて社会文化的理論や分析の側面に焦点を当てている。彼女は，研究方針の4つの転換，すなわち伝統的な認知発達の視点から離れて，文化的アプローチと緊密に連携しようとした転換が，社会文化的アプローチの中で説明されている研究の基礎を築いたことに注目している。興味深いことに，彼女は，科学的研究や理論的発展に行き渡る問題，すなわち'1つの一面的なアプローチを他の一面的アプローチと取り換えるという危険性（p.161）'に注意を促している。社会文化的アプローチを採用することは，われわれを決定論者のとるべき道へ，つまり自分自身の発達に対して個人のとるべき責任性をなくし，積極的に関与することもなくなるように導くかもしれない。それに加えて，社会的視点を受け入れるということは，肯定的であると同様に否定的でもある。これらは，社会文化的アプローチに対するだけでなく，他のあらゆる研究パラダイムや理論への転換に対しても有益な警告である。実際に本書の目的の1つは，数多

くの理論的立場が子どもがいかにして問題を解決するか，また成長や発達や変化がどのように記述され説明され予測され得るかについて，説明する。しかし，これこそが唯一の説明できるパラダイムや理論であるというものは1つもないことを示すことである。

　研究方針の4つの転換は，問題解決研究にもあてはまる。それらは以下の通りである。

1. 個人内の発達に焦点を当てることから，他者がどのように個人の発達に貢献するかに焦点を移行する。移行の仕方は，能力（コンピテンス）が求められる問題解決場面を構築し，そして，社会的・文化的道具の有用性とその実際の運用（使用）について子どもたちに教え，さらには発達を判定できる評価基準を導入することである。
2. 認知的能力を，抽象レベル（領域普遍）から具体的な個別の問題解決場面（領域固有・対象固有）で把握することへ移行する。このことにより，状況についての分析や，特定の活動や問題についての分析が促進される。
3. 能力を分析する際には，価値やその人らしさを加えることで，認知的能力と他の領域の発達との統合が可能になる。
4. 個人の能力の変化を他者との関係における変化と見なす。

　上記4つの転換は認知発達のこれまでの伝統的な説明から離脱するもので，社会文化的アプローチの特徴を反映したものである。社会文化的アプローチのさらなる利点は，孤立した個人や，心や発達の普遍的説明から離れることにある。いくぶん誤解を招くかもしれないが，このアプローチによって平均値や普遍的なパフォーマンス（レベル）や能力を説明することから離れ，個人間の差異や行為間の差異，さらには状況間の差異や文化間の差異を認める説明が可能になり，たとえ社会的な枠組みであっても個人差の研究が可能になる。

　ゴーヴェイン（Gauvain, 2001b）は，社会的文脈が間接的に学習に影響を及ぼすという限りにおいて，認知を社会的に媒介されたプロセスであるとする考え方を推奨している。心にあることや学習されることを，それを支えている社会文化的プロセスから切り離すことはできない。ゴーヴェインは，社会的変化をもたらすエージェント（媒介者）として，家族，仲間，そして（彼女の言わんとする）発達を支える社会的コミュニティの3つがあることを示唆している。両親と仲間同士についてはこれまで幅広く議論がなされてきたが，ゴーヴェインは，社会的コミュニティとして特に学校教育を取り上げ，学校教育が提供する文化的・制度的枠組みとその中での子どもたちの学びに関する研究例を紹介している。また，子どもにとっての認知的機会の他の例として，日々の日課，活動の場の設定，社会的仲間などがあり，それらは社会的問題

第 2 章　理論的概観

解決への縦断的なアプローチの例として紹介されている。

　ベアリソン・ドーヴァル（Bearison & Dorval, 2002）は，社会文化的な視点から問題解決における子どものコミュニケーションを分析する際に，協同参加としての認知について議論している。彼らは，会話的談話プロセスにおける交渉を分析単位としている。これは，子ども個人ではなく，社会的文脈や協同のプロセスを分析単位として用いた非常に数少ない研究の1つである。さらにその研究では，課題の結果や子どもの事後テストでの学習成績ではなく，子どもたちが協同的な課題をしているときに彼らが思ったり考えたりしたことについて検討した。興味深いデータは，彼らが複雑な課題，すなわちルールにもとづくボード・ゲームを協同構成していく際に現れる交渉や会話上のやりとりであった。その論文には，使用されたコード化システム，測度，結果が詳細に書かれている。

　その研究では，とりわけ同年齢で同性の子どもたちの会話を深く観察することが目的であったため，自由に取り組ませる課題を用いた社会文化的アプローチが適切であると考えられた。このアプローチは結果についてではなく，'正解'のないインフォーマルな課題に対して協同で取り組む必要性から生まれてくるコミュニケーションに焦点を当てている。生まれてくる会話は，子どもたちが協同で課題に取り組む中で，何を考え，何を行い，何を学んでいるかを反映したものであると考えられている。交渉は様々な次元からコード化された。そして，異なる種類の会話上のやりとりが異なる種類の交渉と関係し，それらはまた，進展するゲームの複雑かつ多様な形と関係があることが示唆された。4種類の交渉（すなわち，未解決，黙認，受容，発展）が記録された。これらは次第に相手とのやりとりが噛み合っていく程度を表わしていると仮定されていた。その結果，協同構成された交渉の水準の上昇は，ゲームの複雑さが高まることと関連していた。例えば，発展的な交渉が最も高次に発達したものであるという。その理由は以下の通りである。

　　それら（発展的な交渉）には，(1)ゲームをともに作っていくプランニングの位相においてより多く現れる傾向が見られ，(2)会話の各ターン（やりとり）の長さの平均がより長くなり，(3)精緻な会話のターン（やりとり）の割合がより増加し，……そして，(6)結果として，他の種類の交渉に比べて，ゲームの複雑さを高めるようなゲームの構成方法を生み出す傾向にあった（ベアリソン・ドーヴァル，Bearison & Dorval, 2002, pp.108-9）。

　全体として，この研究は社会文化的アプローチをとり，そのアプローチを実際に用いて子ども同士の会話を発展させ，交渉の形成に影響を与え，最終的に到達したボー

ド・ゲームの複雑さに影響を与えた数少ない研究の1つである。たとえ異年齢の子どもたちが参加したとしても，年齢は，条件付ルールや制約ルールの数のようなゲームの複雑さの測度に影響する1つの要因に過ぎなかった。

ベアリソン・ドーヴァル（Bearison & Dorval, 2002）は，子どもの認知発達研究に対するこのようなタイプのアプローチの利点を称賛して結論づけている。彼らは，葛藤と不同意（不賛成）に関する研究と対比させ，それらが個人の結果へ与える影響についても比較している。それに対して彼らが与えた文脈は，子どもたちに相互性（mutuality）と互恵性（reciprocity）を生じさせ，そのことが互いに学び合うことを可能にさせたと主張した。さらに彼らは，自分たちのアプローチをピアジェの社会的均衡化モデルやヴィゴツキー学派の間主観性の考え方と結びつけ，2つの理論がもつ説明概念としての価値を見いだした。「ボード・ゲームを協同で構成する場面において，子ども同士が協力し合って課題に参加している際の会話のやりとりの様子をコード化することで，協同的認知が単純なものから複雑になっていく一連の発達的変化を表わすような談話パターンを定義することが可能になった（ベアリソン・ドーヴァル, Bearison & Dorval, 2002, p.120）」。このことは，分析単位を転換させたのみならず，一見異なるように見える2つの理論的立場と調和し，同時に，協同を通して生まれる学習についての説明を可能にした。

ダイナミック・システムズ

セーレン・スミス（Thelen & Smith, 1994）は，構造とパターンに変化をもたらす非線形型ダイナミック・システムズの発達的原理について，異なる分析レベルで考察している。根本的な問題は，「有機体や環境のどのような要因が，複雑な世界で発達している人間に変化をもたらすのか」というものである。発達は，初期の状態から，文脈に固有の'乱雑な'プロセスを経由して，成熟した状態へと至る道筋を記述する。ダイナミック・システムズ理論は，多様かつ柔軟に，そして非同期的に開花していく共通の発達的要素について説明を試みている。セーレン・スミス（Thelen & Smith）は，そのような周辺的変動性が発達的変化を生み出すプロセスであると主張している。その理論は生物学的に一貫性をもつが，還元論的ではないと言われている。

しかしながら，社会文化的視点と共通して，子どもは知覚し行為する存在ではあるが，1つのダイナミック・システムの中に埋め込まれていると見なされている。何かに手を伸ばしてつかもうとしたり，どこかへ移動するといった目標志向的な行動は，

認知発達の基礎となる。人間は全体として1つのダイナミック・システムとしてみなされる。経験は複数の感覚様式から構成されているものと見なされ（セーレン，Thelen, 2000），今後の研究では，動作が問題解決のような物事とどのように結びついていくかについて検討する必要がある。例えば，子どもがジグソーパズルを組み立てるときには，材料（ピース）を扱うことや，そのほか学習の基本要素と見なされる行動をとることが求められる。対象概念の発達における探索行動のエラー A - not B エラーのようなピアジェ学派の課題を用いた研究からも実証されているように，具現化された認知は，動作プロセスと認知プロセスとの結びつきが実際に現れることから生まれると主張している。セーレン・スミス（Thelen & Smith, 1994）が同定する具現化された認知という'解明困難な問い'は，将来的に，認知プロセスへ至るための基盤となる動作発達を解明しようとする具体的研究（セーレン，Thelen, 2000）へと'翻訳'され始めている。われわれの目的を達成するために，この理論的研究は，非常に重要である。というのは，全体として発達する子どもや物理的・社会的・認知的プロセスの統合を強調しているからだ。

解決されるべき問題の本質

　子どもを対象にした問題解決研究を行なっていくには，一般的に以下のことが必要である。

- 達成可能な結果や目標，あるいは解決法を含む課題や問題。
- 目標を達成したり解決に導くために，特定の方略やスキルや知識を使うこと。
- 解決策の発見を支えたり妨害したりするその他の資源。それらの資源には，そばに実際にいてくれる他者，注ぎ込む知識やスキルとしての他者，既有の知識やスキルのレベル，そして問題解決課題へ参加してよい影響を得る能力などが含まれる。

　それに加えて，問題解決研究において設定される課題のタイプは，結果やその結果の出し方に影響を与える。協同的問題解決という標題のついた研究のほとんどは，4タイプの課題のうちの1つを使用している。その4タイプとは，ジグソーパズルをモデル通りに組み立てる課題（ワーチら，Wertsch, et al., 1980），レゴブロックを使ったモデル構成課題（アズミティア，Azmitia, 1988），天秤課題（タッジ，Tudge, 1992；タッジ・ウィンターホフ，Tudge & Winterhoff, 1993；タッジら，Tudge et al., 1996），分類課題（ガートン・プラット，Garton & Pratt, 2001；ガートン・ハ

ーヴェイ・プラット，Garton, Harvey & Pratt，投稿中；ティーズリー，Teasley, 1995）である。それらの課題に共通していることは，課題が子どもの年齢差や能力差に合わせて利用できるように，課題の複雑さ（難易度）を説明可能なレベルで多様に変更できる点である。異なる点は，課題の提示の仕方（すなわち，言葉のみで提示する（クルーガー，Kruger, 1992；1993），①具体的に操作できる物を提示する，割合を推論させる課題のように紙と鉛筆で提示する（タッジ・ウィンターホフTudge & Winterhoff, 1993；リーヴ・ガートン・オコナー，Reeve, Garton & O'Connor, 2002））および②課題の書式や材料に対する子どもの慣れ親しみの程度（例えば，ジグソーパズルを完成させることは子どもにとって身近なものである）である。後者の違いは重要である。というのは，子どもたちがやりとりの最中に，課題について話すときの話しやすさ（難易度）に影響を及ぼすからである。

　ほとんどの協同的な問題解決研究は，子ども同士のペアの組み合わせ方，課題材料や課題の提示方法について多様に変えているのみならず（これらのすべてが，研究間の結果を直接に比較することを困難にさせ，メタ分析することを不可能にさせている），"事前テスト／協同もしくは人とのやりとり／事後テスト"というパラダイムを採用する傾向がある。このことは問題を含んでいる。というのは，研究者たちは，たいてい協同の3つの位相（事前，最中，事後）での子どもの思考の本質について特定していないからである（シーグラー，Siegler, 1996）。思考の本質は，1人であれ他の子どもたちと一緒であれ，問題を解決しているときの方略的・認知的能力を指している。この思考の本質を特定できていない困難さは，ペアリング，課題材料，その他研究デザインや方法論的問題などの問題とも絡み合っている。例えば，使用された課題の多くは概念的に誤って定義されているため，事前テストから事後テストにかけて何を獲得（その獲得は学習であると主張しているのだが）したのかについて正確に測定し記述することは困難である。保存課題のように概念的に正しく定義された課題が使用されている場合には，能力（保存反応）が現れたか現れなかったかについて押さえることができるが，方略の使用については測定が困難である。タッジ（Tudge, 1992）の研究のようにいくつかのケースでは，天秤課題を用いることで学習の程度を測定することが可能になったが，それらの研究は事後テストの結果のみを検討し，協同の最中に起きていることについては検討していない。最後に，このことは第5章でも取り上げることだが，事前テストでの能力の測定は別として，子どもの持っているその他の属性について，とりわけ，彼らが人とのやりとりから学び取ったり，協同を利用する傾向（能力）について検討することは重要であろう。結局のところ，他者と一緒に作業するための意欲や能力や傾向というものは，子どもたちがみな同じ程度に

もっているわけではないのだ。

問題解決を記述し説明する他の方法とは

　問題解決者としての子どもに関する研究のほとんどは，社会的影響に関する研究の枠組みにおいて実施され，ピアジェ学派やヴィゴツキー学派の理論あるいはそれに代わりうる理論によって説明されてきている。その一方で，問題解決には，必ずしも社会的プロセスの説明を必要としない見方もある。先に述べた説明や社会文化的理論への拡張はすべて，人とのやりとりを通して子ども個人に何が起きているのかということと関連させて，協同的問題解決について記述し，説明し，予測している。しかしながら，人とのやりとりの後に認められる成績の向上を，学習，認知的成長，あるいは認知発達のうちのいずれかとして説明できるような他の理論もある。領域普遍のあるいは一般的に適用可能なピアジェやヴィゴツキーの理論のように，広く深く説明できる力をもち合わせた理論はない。しかし，それらは問題解決者としての子どもにうまく適用できるのである。以下の章では，これらの問題に取り組み，今までと異なるが測定可能な方法で子どもたちを概念化することにどの程度説明力があるか，そして，子どもたちが解決することを求められている問題の特質を再吟味することにどの程度説明力があるかについて検討を行なう。

第3章

問題解決における方略の利用と学習

　問題解決は2つのやり方で理解することができる（ガートン，Garton，1993）。1つは，学習や発達をも問題解決の1つの領域と見なす方法，2つ目は，本書のように，特定の問題に対する解を苦心して導き出す子どもの能力に焦点を当てる方法である。この2つの区別は重要である。学習と発達に関する研究は，通常，子どもがもっている徐々に洗練されてゆく方略に目を向ける。あるいは，言語や音楽，歩行のような特定の問題の解決に成功したり失敗したりすることで獲得される方略に目を向けている。問題解決場面では，目標があって，その目標に到達し解に至るために単数または複数の方略を必要とする課題が子どもに与えられる。この後者のアプローチによって，問題解決方略の発達に関して提案されてきた理論をいくつか検討することができる。

　デゥローチら（DeLoache, Miller, & Pierroutsakos, 1998）は，子どもをブリコルール（bricoleur）*というアナロジーで捉えている。ブリコラージュ（bricolage）とは"器用仕事（pottering）"と訳されるが，そうするとこの見方によれば，子どもとは，日常生活の中で出会う雑多な状況や問題について推論するための特別な手段をもたない"なんでも屋"と見なされる。その代わり子どもたちは，特定の問題の解決に直接関係するものに限定されない，様々な手段を備えている。この見方によると，子どもは，不十分なまたは不完全な問題解決スキルや知識しかもっていない存在というよりも，大人よりも能動的に考え文脈的な情報や既有知識を考慮に入れながらもっと多種多様な推論をする能力をもった存在と見なされることになる。このアナロジーは，問題解決者としての子どもを様々な理論と関係づけながら検討していく本章の議論において有用であろう。

　明らかに子どもが解決するよう求められる問題の性質も，発達とともに変化する。

訳者注

* "ブリコルール"（bricoleur）とは，「ブリコラージュ（bricolage）する人」という意味である。

その際，問題数が増えて問題が複雑になるというだけでは十分でない。なぜなら，たとえ問題の範囲が拡大することはあり得るとしても，いつでもそうだというわけではないからである。とはいえ，第1章でも述べたように，デゥローチら（DeLoache et al., 1998）によれば，子どもの初期の問題解決を特徴づけるのは楽観主義と柔軟性であるが，そのパフォーマンスは多くの要因によって制限されている。それらの要因の中には，特定の問題を解決するうえで適切な方略の利用可能性が含まれる。成長するにつれて，子どもの問題解決はより効率的で信頼できるものになるに違いない。というのは，子どもの世界はより複雑になっていくが，問題解決（や他の生活領域）を系統的/体系的に育成することで単純にすることができるからだ。

領 域

　領域とは何か。なぜ領域が，問題解決を研究することに関連しているのか。発達心理学の文献では，知識領域とは，相互に関連する一組の原理（ゲルマン，Gelman, 2000），その適用ルール，それらが適用される対象や行為である。領域という概念は，認知発達に関するピアジェ学派の段階理論や普遍性という考えをよりよく記述するため発展してきた。領域という概念を導入することによって，これまで多くの研究者が指摘してきた子どもの学習の仕方に見られる変動性を記述することができる。領域固有性を仮定するアプローチは，子どもの問題解決を，普遍的で生物学的に決定された順序に従って徐々に複雑になる状況（保存やクラス包含のような）や課題に対して認知的構造やシェマを積極的に使えるようになると考えるのではなくて，ある特定の課題，活動，問題に固有な心的構造を獲得すると仮定している。

　ゲルマン（Gelman, 2000）によると，ひとまとまりの原理として機能する領域は，他の領域とは異なる特定領域の推論や学習を導き，組織だったものにする。領域固有性によって，子どもたちは学習を促進したりその質を高めたりする可能性をもった入力（入ってくる情報）に注意を向けやすくなる。別の言い方をすれば，"それら（訳注：利用可能な領域固有の構造）は，その領域内の知識獲得や問題解決に関連する入力を学習者が見いだすことを手助けする"（Gelman, 2000, p.854）。領域の例としては，数学的原理，生物学や物理学の推論がある。それゆえに，知識の対象のほうが一般的原理の適用よりもむしろ重要になる。

　発達の領域固有性にもとづく説明（例えば，ケアリー・スペルク，Carey & Spelke, 1994；ゴプニック・ウェルマン, Gopnik & Wellman, 1994；ウェルマン・

ゲルマン，Wellman & Gelman, 1998) は，主に個人レベルだが，しかしまた協同での問題解決過程を説き明かすためにも用いられてきた。その説明では，ある認知能力は，特定の活動や情報を処理するのによりよく適合している，あるいはそれらを扱うために発達すると考えている。幼児は，自分が出会うあらゆる問題や状況を扱うために十分な範囲の専門的なスキルや知識をもっていないと言われている。実際に，領域固有性の考えにもとづいた見方では，認知的成長や，特定領域における発達，さらには学習に影響を与えるように機能する発達への制約があるとされる。領域固有性にもとづくアプローチを採用するということは，対象となる問題こそが最も重要で，認知的変化は，個人レベルであれ協同レベルであれ，より正確に測定し明らかにできる，ということを意味している。一方，次のような議論もなされている。その議論の内容とは，領域普遍性の理論によると，（知識や体系化された認知構造の普遍性が）発達における社会文化的過程とメカニズムを制約するが，領域固有性の理論は，見た目にはより一般的な理論で説明できるような事象をもうまく説明できるというものである。

　それでもなお，領域固有性の理論は，発達心理学のある一定領域，とりわけ概念発達の領域において用いられてきた（ゲルマン・ウィリアムズ，Gelman & Williams, 1998)。領域固有性の理論では，子どもが利用できる特定の課題や問題に対する方略や解決策には限界があるので，ある特定の方略や解決策を他のものよりも優先的に選択すると仮定している。言い換えるなら，問題や課題が異なれば，その解決策や学習のための方略も異なるので，心的構造（mental structure）はその学習を進めていくうえにおいて必要なものだけを選択するように制約されているのである。その制約がどのような形態をとるかは議論の余地があるが，ほとんどの理論は構造的な説明を用いている。構造的な説明といっても，多くはモジュールによって説明することを好み，他のものは生物学的に説明することを好んでいる。制約という言葉には，学習を制限するというマイナスの意味もあるが，もう1つはいろいろな選択の可能性がある中からより適切な特定の方略を選びやすくすることで学習を促進するという意味がある。だから，領域固有性の理論は，協同的問題解決の研究領域においてはそれほど人気がなかった。というのも，協同的問題解決場面では，様々な課題が用いられ，認知的変化や学習や発達について社会的影響による説明を重んじてきたからである。

　デゥローチら（DeLoache et al., 1998) は，領域固有なあるいは知識に強く依存した方略と領域普遍なあるいは知識に依存しない方略とを区別している。このように区別することで，固有性よりもむしろ普遍性をもった問題解決方略のタイプを例示することができる。普遍的な問題解決方略には，試行錯誤方略，手段－目的分析方略，彼らが"丘登り"方略と呼ぶものが含まれる。知識に依存しないこの3つのタイプの方

略は，子どもに与える認知的負荷が異なっているけれども，いずれの方略も発達の早い時期に出現するものである。他方，知識に強く依存した方略は，特定の問題に適合しているために認知的負荷は軽く，解決策がどのように見いだされるかは問題の性質に制約される。とはいえ，そうした方略を他の問題にまで一般化することはできない。

　手段 - 目的方略とは，子どもがまず解決策や目標と現在の状態との間のズレを評価し，次にそのズレを減らそうとする方略である。その1つの良い例が，箱に描かれたモデル絵と同じものをジグソーパズルのピースを組み合わせて構成する課題である。その課題では，1つの単純で一目でわかる解決策があるわけではない。そうではなく，最終目標から後ろ向きにたどっていって，その目標に到達するまでの下位目標を1つひとつ解決しながら最終目標に至るのである。ジグソーパズルの例で言えば，下位目標とは，例えば，各コーナーを埋めるピースを全て見つけ出すことである。あるいは，パズルの複雑さによっては，それが絵のどの部分を表しているかがわかる形のピースの全てを選ぶこと，そしてそれらのピースは完成した絵のどこに当てはまるのかがはっきりわかるようなピースでなければならない。手段 - 目的方略による問題解決は，様々な領域にわたって見いだされるものであり，下位目標を識別し，全体的な目標達成に向けて順々にそれぞれの下位目標を達成していくことが必要であるため，子どもにはかなりの認知的負荷がかかることになる。手段 - 目的方略を必要とする一般的な課題として，ハノイの塔が挙げられる。ハノイの塔とは，大きさの異なる複数のディスク（奇数枚数）を垂直の3本の棒間で移動させる（最初の状態Aから最終の状態Cに至る）課題である。その課題を解決するためには，まず大きなディスクの上に小さなものをおく（その逆はできない）。もう1つは，1度に1枚のディスクしか動かすことができないという2つの制約がある。これらの制限によってディスクの動きが制約されているので，この制約を守りながら子どもは状態Aから状態Cに移動させていかなければならない。

　対照的に，問題解決における試行錯誤方略では，満足できる目標や結果に到達するまで解決策を試し続ける。子どもの場合，問題解決が明確な秩序もなく，しばしば素早く（熟考しないで）行われることから，試行錯誤方略は行き当たりばったりなものと見なされることが多い。子どもは，また，自分がすでに試してみた方略がどれであったのかを覚えておけないことがしばしばある。そのために，試行錯誤方略による問題解決の特徴としては，体系性に欠けるということである。つまり，子どもは自分ひとりで途中経過や進捗状況を評価することができないため，試行錯誤方略は認知的負荷は軽いけれども，時間などの他の資源や長期的な学習という観点からは効率性が悪い方略であると言える。

丘登り方略（最も早く頂上にたどり着くコースやルートを選択する方略）も，目標から遡って進んでいくのではなく，目標に近づいていく方略を選択しながら前進するという意味で，手段－目的方略による問題解決とは対照的である。しかし，この方略の認知的負荷は相対的に軽いけれども，必ずしも求められている結果に至るとは限らない。デゥローチら（DeLoache et al., 1998）が述べるように，'丘登り方略を用いると，問題解決の局所的極大値（local maximum）をとることができる。すなわち，最終目標には達していないが，周囲の状態に比べると，最も最終目標に近い状態にあるといえる'（p.829）。さらに，この方略では，子どもは様々な下位目標や方略を順序だてて遂行するのではなく，方略は一度に1つしか選べないという制約がある。そのため，方略を実行するうえでの認知的負荷は軽い。丘登り方略は，とりわけ馴染みのない問題を子どもたちが解決する場合によく見られる。その問題解決で，彼らは自分たちにとって馴染みがあってあまり複雑でない問題で以前試したことのある方略を用いて問題を解こうとするので，新しい課題の解決策は自分たちが思っていたほど容易ではないことを発見するのである。

　問題解決と学習に関する領域固有の，知識に強くもとづく説明では，生得的・中核的な要素がもともと土台として存在していると考えられる。というのは，子どもが，何も学習していない状態から学習を始めるときに，関連する入力情報を認識したり使用することができると考えにくいからだ。領域固有性を主張する理論家のほとんどは，発達に関するピアジェの生物学的見解に対抗して自分たちの理論を作ってきたので，生得論を支持しないだろう。だがそうであるとしても，中核的でその領域だけに機能する普遍的な領域がどこかになければならないはずである。ゲルマン・ウィリアムズ（Gelman & Williams, 1998）は，認知発達をよりよく説明できる理論は，次の8つの特徴を含んでいなければならないと指摘している。

1．最初に学習するときとその後に学習するときとの両方において必要な知識構造とは何か。
2．その構造がどのように学習を促進するか。
3．最初の学習とその後の学習に関連する入力情報の特徴をどう捉えるか。
4．その入力情報の源はどこか（社会的環境も含まれる）。
5．その知識構造の精緻化に，子どもがどのように関わっているかの特徴。
6．最初の学習からその後の学習に至る変化のメカニズムとは。
7．学習中の遂行の仕方や結果の課題間での変動性をいかに説明するか。
8．認知の文化普遍的な特徴の存在をどう考えるか。

しかし，彼女らも気づいているように，8つの特徴全てを考慮に入れることは '確かに，無理な注文である' (ゲルマン・ウィリアムズ，Gelman & Williams，1998，p.599)。

認知発達を制約する領域とは

　領域固有な制約は，中核になる領域において早期の学習を促すように働くと仮定されている。例えば，乳児期の子どもはすぐ近くにいる他者と社会的に関わることができ，このことが彼らによい影響をもたらす。さらに，時には '学習しやすくしてくれる制約' と呼ばれるもの（この問題についての広範囲な考察については，ゲルマン・ウィリアムズ [Gelman & Williams, 1998] を参照）は，その領域であれば学習を促す知識を提供し続け，関連情報に注意を向けやすくしたりそれを利用しやすくする。それゆえ，普遍的あるいは中核な原理はあるが，その一方で，パフォーマンスや学習に変動性が生まれる。なぜならば，知識が創出される状況や環境が異なるからである。さらに，中核になる領域が異なれば，異なるタイプの学習を必要とする。そのために，そこでの学習のタイプは，他の領域の学習のタイプとは重ならない。領域はまたその大きさや複雑さが異なり，何が実際に領域を構成しているのかについてはこれまで議論がなされてきている（フェラーリ・スタンバーグ，Ferrari & Sternberg, 1998）。

　これらのことから，子どもの学習は，外面的で環境的な特徴によってではなく，普遍的な構造によって制約されていると言うことができる。これら中核になる原理や構造は，生得的であるか少なくとも内的なものであるが，注意をある特定の側面に向けさせることによって，学習に必要な選択肢を減らすことでその領域の学習と関連した情報に焦点化することでき，学習が容易になる。この議論は，ゴスワミ (Goswami, 1998) によって展開されてきたものであるが，彼は，環境の特定の側面に優先的に注意を向けるのは領域普遍的過程からもたらされた結果であると述べている。例えば，注意すべき入力情報である社会的環境を利用することのできる生得的傾性があると仮定するならば，学習の促進的メカニズムの1つに，人とのやりとりの役割を含めることができよう。そうした生得的傾性は，確かに，領域普遍性にもとづく説明を排除するものではなく，かといって領域固有性にもとづく説明が社会的環境の役割を必ずしも排除するわけでもない。

生得性と領域固有性

　領域固有性のもう1つの解釈の仕方は，カーミロフ-スミス（例えば，Karmiloff-Smith, 1992）により提唱されてきているものである。彼女は，社会的・物理的な環境を無視しているわけではないとするが，非常に大きな生得的要素をその認知発達理論の中に含めている。生得的な概念的モジュールは，人の心を形作る素材であり，すなわち心のアーキテクチャ（建築物）である。繰り返すが，何がモジュールを構成しているのかの詳細やその構造と機能をめぐる研究者間の論争については，ここではふれない。ただし，大切なことは，特定の領域で機能する生得的な概念的過程（モジュール）が存在することを証明し論じた膨大な理論的・実証的研究があるということと，それらのモジュールが人の心を構成しているということである。カーミロフ-スミスによると，生得性と領域固有性が人の心を制約しているというフォーダー（Fodor, 1983）の見方は，過去20年間にわたって認知心理学と発達心理学に影響を及ぼしてきたという。この考え方では，心は，遺伝的に決定された，相互に独立して働く，特定の目的のために準備されている入力システム，すなわち，モジュールで構成されている。そうした入力システムは，特定のデータに対してのみ作用し，他のデータは無視する。このことは，それがボトムアップ的に働くことを意味し，また柔軟性がないために，発達途上にある子どもにとって，それが初期に確かに現れてくるか否かが生存できるかどうかを決定するうえで大きな力をもっているかもしれない。

　認知科学は認知発達に対するモジュール・アプローチを主に推進してきたが，研究の多くは情報処理における入力システムの役割に焦点を当ててきた。カーミロフ-スミスは，ハードウェア・レベルでのモジュール性を強く取り込んだ考え方の1つを展開させてきたが，そこでは新生児の心に可塑性を認めている。これに関しては発達神経生物学による証拠の裏づけがある。たとえ乳児が世界と関わる場合に，自分を助けてくれる限られた数のモジュールしかもって生まれてこなくても，そうした可塑性があるからこそモジュールの発達を可能にする。カーミロフ-スミスの主張によれば，時間を追うにつれて，"脳回路"（Karmiloff-Smith, 1992, p.5）が様々な領域固有の計算用に取捨選択され，そしてカプセル化されたモジュールになるという。これが本当に正しいかどうかは，本書の範囲を超える実証的問いであるが，それは徐々に進行するモジュール化と見なすことができよう。

　領域固有性を論じるにあたり，カーミロフ-スミス（Karmiloff-Smith, 1992）は領域を言語と数学の関係のように定義している。しかしまた，言語発達における代名詞

の獲得や数学における計算のようなミクロ領域も区別している。これについて彼女は，自分が記述する発達の位相モデルのために，より細かい区別が必要であったと述べている。さらにカーミロフ-スミスは，発達に対する広義の構成主義的アプローチも利用している。逆説的に聞こえるかもしれないが，彼女によると，人の心と環境の複雑な相互作用を記述するためには，特定領域の知識に対する生得的傾性と，子どもは環境に能動的に働きかける構成者であると見なす理論との両方を利用する必要があったという。これはまた，その理論を発達のより領域普遍的な説明に結びつけていくが，他方で認知的処理の出力の方にも多少焦点を当てることをも可能にしている。

　知識発達に関するカーミロフ-スミスのモデルは，表象の書き換えに関するモデルである。彼女は，生得的要素に強く依拠する発達モデルや，目標到達の失敗や大人の助言が引き金となって新しい方略が産み出されると捉えるモデルにあまり価値をおくことなく，人間を内的な（生得的あるいは獲得された）知識を生み出していく存在と捉える説明の方を好んで選んでいる。それは反復的・循環的なモデルであり，"内的な表象が表すものを異なるフォーマットで繰り返し再表象化することによって"（カーミロフ-スミス，Karmiloff-Smith，1992，p.15）表象は絶えず書き換えられる。この過程を介して，暗黙の知識が，「心の中にある状態」から「心に開かれた状態」へと変化しながら顕在化してくる。つまり，知識は心にとってアクセス可能になり，利用できるようになるのである。

　表象の書き換え過程は，領域普遍的なものであるが，特定の知識の顕在化のレベルは領域の性質によって変わるために，あくまでも領域に固有なレベルで現れる。それゆえに，その過程はどの領域でも同じであるが，中身は異なる。これは，次に述べる位相モデルの前提となっている。すなわち表象の書き換えは，領域内で（ミクロ領域内でさえ）再帰的に起こり，大人における新奇の学習や子どもの学習の中に見られる大きな特徴といえる。第一位相で，子どもたちは，知識を得るために外的環境に焦点を当て，そこで得たデータから"表象的に新たに付け加わったもの"（カーミロフ-スミス，Karmiloff-Smith，1992，p.18）を創る。それから，その新しい表象は，子どもがすでにもっている表象のレパートリーの中に領域固有な方法でつけ加えられる。特定の領域において，第一位相の学習や知識を実際に示している子どもは，課題をうまくこなすか，あるいは行動面では習得している。しかし，そうした習得が大人の習得と同レベルであるということはありそうもなく，表象面での習得ができるということを意味しているわけでもない。実際，子どもが（行動レベルで）うまく課題を遂行していたとしても，それはたぶん，より洗練された複雑な知識体系の利用によるものというよりも，むしろ，ある特殊な表象を適用した結果であろう。カーミロフ-スミス

は，行動的変化と表象的変化を対比することで，その区別を強調している。

　第二位相では，内的なデータやシステムが子どもを動かし，内的表象が変化を生み出す。外的なデータを頼りにするというよりも，むしろ，特定の領域に関して子どもが現在もっている知識がパフォーマンスを支える。その結果，パフォーマンス上のミスにつながったり，きわめて柔軟性に欠けたり，さらに行動があまりうまくいかないということにもなるかもしれない。ただし，パフォーマンス上の減退は，単純に行動レベルでのものであって，表象レベルのものではないということを述べておくことが重要である。第三位相で，子どもは外的なデータと内的な表象の両方を扱うことができ，両者がうまく調和的に機能して正しいパフォーマンスを実際に生み出すことになる。これは，表象的変化の結果であって，行動的変化の結果ではない。

　以上の3つの位相を支える内的表象には4つのレベルがあると提案されている。すなわち，暗黙的（I），顕在的-1（E1），顕在的-2（E2），顕在的-3（E3）である。この4つは，発達的レベルを表したものでもまた特定の年齢に結びついたものでもなく，新しい学習の文脈におかれたときに領域や年齢にかかわらず繰り返し何度も生起する再帰的過程の一部である。レベルごとに異なる表象フォーマットが適用されている。レベルIでは，表象が外的データに作用する手続きの形をとるが，レベルIの表象に対しては次の制約が仮定されている。

- 情報は手続き的形式にもとづいて符号化される。
- 手続きのための符号化は系列的に決まっていく。
- 新しい表象は別々に貯蔵される。
- これらの表象は，相互に結びつけるリンクが領域内でも領域間でも形成されていない形で，閉じている。

　手続きは，単一の個々バラバラなものとして存在する。そのため他の領域とリンクもしていなければ，そこで用いられることもない。これらの手続きは，手続きの中にある知識と同様に，このレベルにおいてはまだ顕在化されておらず（暗黙のままの状態），表象の書き換え（それと発達の時間）を必要とする。レベルIの表象から派生している行動は，相対的に柔軟性に欠けているために，初学者はうまく素早く反応できるという利点もある。知識表象のEレベルは，それぞれ，前のレベルに続く反復的な書き換えのレベルによってもたらされる。簡単に言うと，レベルE1の表象は，知識が顕在的に定義され，利用可能であるために，レベルIの表象よりも柔軟である。しかし，意識的にアクセスすることや言語的に報告することが必ずしも可能というわけではない。レベルE2では，表象に意識的にアクセスできるようになるが，その一

方でレベルE3に至るまでは言語レベルで説明することができない。この最高レベルの表象（E3）では，知識は体系的にコード化されており，また言語（あるいは他のコード）を通して他者に伝達できるような形でコード化される。同じ知識にも複数の表象レベルがあり，カーミロフ-スミス（Karmiloff-Smith, 1992）によると，心は倹約性（最小限のエネルギーで最大の処理ができること）をその目標や解決策とするものではない。むしろ，心は知識やプロセスを冗長に蓄えた貯蔵庫なのかもしれない。

　最後にここでわれわれが述べることで大切なことは，「表象の書き換え過程」と「実際の表象の書き換えモデル」とを区別することである。表象の書き換えの過程は，外的あるいは内的なデータや知識に適用される手続きであり，それによって知識は異なる表象フォーマットで貯蔵される。ここまで述べてきたモデルは，4つの階層的に組織化されたレベルを仮定しているが，それが唯一可能なモデルというわけではない。同じ表象の書き換えの過程が支え得る別のモデルもいくつか考えられるだろう（カーミロフ-スミス，Karmiloff-Smith, 1992, p.24参照）。重要なのは，これらの表象が再帰的なやり方で変化するということであり，それが，様々な時期の様々なミクロ領域で，学習過程の様々なポイントで，そして様々な年齢で起こる，ということである。おそらく異なるモデルが異なる領域に適用できるのかもしれない。カーミロフ-スミスによるこの提案（モデルと過程）は次の2つのことにもとづいている。1つは，学習は失敗よりも成功によってもたらされるということであり，もう1つは，表象の書き換えが繰り替えされることによってアクセスがより可能になり，より顕在的でより統合された形に知識が作り上げられていくということである。

領域と社会的環境

　ここまでは，領域固有の学習が行なわれている社会的文脈の役割については，ほとんど考察されてこなかった。おそらくそれは，上でとりあげた説明が外的データ，すなわち解決すべき問題や習得すべき問題を，子どもがどのように処理するかだけを説明しているからであろう。前に述べたように，何に注意を向けるかは領域の構造によって規定される。実際に，入ってくる情報自体も領域や文化ごとに異なっており，また学習が行われる特定の状況に依存している。しかしこのことは，一般に，子どもが認知的に発達する過程で，一定の普遍的原理や知識が獲得されるということを意味するのであって，文化固有の入力情報が存在しそこに注意が向けられるということを意味するわけではない。とりわけ例えば，言語の学習がそうであるように，子どもが得

られる社会的支援のレベルや程度は，文化によって異なっている。だが，関連ある入力情報として社会的環境がどのくらい注目されるかは，制約がどのように働くか，また普遍的原理がどのように学習されるのかに影響するだろう。いずれにしても，文化，社会，環境のバリエーション，つまり表面的なバリエーションにかかわらず，構造的な領域普遍性が学習されるのである。ただし，そのバリエーションは，子どもの学習を促進し，関連する入力に子どもの注意が向くよう助けてくれるのであるから，それが何の役割も果たしていないということではない。また，ゲルマン・ウィリアムズ（Gelman & Williams, 1998）は，"会話ルールと課題要件についての知識，練習の機会，プランニングの能力，知識のレベルにおける制限と差異"（p.604）を含む，他の変数についても言及している。

　問題解決の文脈で述べると，このことは，解決されるべき特定の課題に注意を向けることと，第2章で示唆したように，変動性の源とパターン，そして両者がどのように学習につながるかを記述することである。領域固有性のアプローチは，年齢に伴う平均的なパフォーマンスの向上に見られる普遍的なものを探すものではない。むしろ，課題，年齢，文化によって異なる様々なパフォーマンスから中核になる構造的原理を明らかにする別の見方を強く主張するものである。また，そのアプローチによって，人とのやりとりや言語の使用といった変数を扱える，領域普遍的な過程のように見えるかもしれないものを考慮に入れることができる。そして，これらの過程が認知発達における系統だった変動を導く。

　第2章で示したように，発達の普遍的過程を主張したピアジェやヴィゴツキーによる理論は，発達の領域普遍性に関する典型的な理論である。この普遍的過程は，ピアジェが研究したように，様々な状況や課題を超えて幅広く適用できるかもしれないし，ヴィゴツキーが研究したように，様々な発達領域を超えて幅広く適用できるかもしれない。しかしどちらの場合も，認知発達や学習の特徴がどこに見られるかというと，1つは知識が量的にかつ質的にも増加することと，もう1つは問題解決に至るまでの方法がより効率的であるということとにである。この説明の仕方では，どのように認知が発達・変化するかということにではなく，あらゆる年齢での認知の特性を記述することに，主な焦点がおかれている。それは，"何が（発達しているか）"という問いに集中することで，認知発達が"どのように（変化するか）"という問いに答えることを回避しているのかもしれない。さもなければ，生物学的，社会的，生得的，後天的要因が，発達をどこまで説明できるかについて，理論的に詳しく述べてこなかったということを純粋に示しているだけかもしれない。第1章でもふれたように，こうした多くの混乱は，"認知発達"，"認知的変化"，"学習"という用語がどのような意味

で使われてきたかが不正確であったためであろう。

方略の選択

　問題解決課題においてパフォーマンスが多様に変化する主な原因は，子どもが利用できる可能性があり，実際に利用する方略と密接に関係している。方略とは何か。方略とは，子どもが現在取り組んでいる課題や解いている問題について，過去の経験や現在の理解を反映する観察可能な行動や記述可能な原理であるという点で，多くの研究者の見解は一致している。特定の問題を解決するために用いられる方略は，その問題構造と，子どもがその問題をどのように理解し表象するかをある程度反映している。前述したように，方略，特に領域普遍な方略は，3つに分類できる。それに対して，領域固有な方略は，課題や問題の特性に依存しており，またその方略は子どもがその特性を過去の体験や知識や学習に照らしてどのように解釈するかに左右される。関連した問いとしては，子どもがどのように新しい方略を学習するかということだ。これは，特に領域固有のアプローチについて大切なことである。なぜなら，領域に固有な解決策は，特定の問題や課題に固有であるからだ。特殊な方略（領域固有な方略）を用いての解決策は一般化できないかもしれない。というのは，子どもたちは同じ方略を繰り返し適用したり方略の学習を確実なものにする機会を二度と得られないかもしれないからだ。

　多様な方略をもっているということは，様々な状況や課題に直面したときに，問題を解くためのいろいろなやり方と利用可能な選択肢を子どもがすでにもっている証拠と見なすことができよう。それはまた，子どもの問題解決の仕方が多様に変動することを支持する証拠であり，子どもの認知発達を"平均"年齢で理解できるとするアプローチを否定する証拠と見なすこともできよう。シーグラー（Siegler, 1996）によると，問題解決方略は，"その正確さ，実行に要する時間，処理資源にかかる負荷，適用される問題の範囲という側面で多様に異なる"（p.14）ということだ。方略そのものに多様性が見られるということは，正しい方略選択を通して，子どもがその子なりに学習において適応性や柔軟性を持っているということを実際にやってみせていることを意味している。子どもが問題解決をしていくうえで，方略の学習と選択は注目すべき2つの側面である。というのは，これらは，子どもがもっているあるいは目標達成のために利用できる支援（知識，スキル，社会的）の一部分であるからだ。方略をもっているから，子どもは関連する入力情報に注意を向けられるようになるのだ。

　もし研究の焦点が，問題解決における方略の学習や利用や修正にあるとするならば，

最も適した実験的方法は微視発生的方法である。この方法では，時間的変化のパターンを見きわめて記述することを目指し，子どもを繰り返し多数回にわたって観察する。これは通常，年齢の異なる子どもたちを対象にし，1度の機会に数回の観察を行なうという標準的な実験的方法とは異なるものである。標準的な方法では，様々な年齢における（しばしば"できない"から"できる・できないの混合"，"できるあるいは到達した"までの）子どもの遂行（パフォーマンス）レベルを記述することで終わる。それに対して，微視発生的研究では，ある一定の期間（通常，事前に定められた実験的操作に従って変化が起きているときが望ましい），子どもを観察し，その様子を探り，それから遂行レベルでの個人差やパターンを記述する。分析は，知識や方略利用や方略の発達・学習において観察された変化など多様にわたり，それぞれの特徴を解釈することからなる。多くの研究者がこれまで微視発生的方法やその変形版を用いて，領域や課題に応じて子どもの中にあるいは子ども間に多くの方略があることを見いだしてきている。

われわれは子どもが様々な方略を利用していることを知っている。だが彼らはどのようにしてその中から特定の方略を選ぶのだろうか。先にも述べたように，方略選択は課題構造に部分的に制約されており，方略利用と課題との相互作用によって学習の仕方が決まる（ソーントン，Thornton, 1999）。子どもの問題解決における質的変化を調べることで，認知発達は既有の概念的構造によってのみ制約されるのではなく，課題の形態や性質による他の制約によっても影響を受けるとソーントンは主張している。認知的変化が既有の知識レベルによって制約されるという見解には問題がある。なぜならその制約は既有の知識や認知的構造にのみ適用することができるが，質的に異なる構造には適用できないからである。概念的構造が変化することに人は気づいているが，その変化は，課題の側面を変えることで，新しい方略がどこまで効果的であるかを検証する入力情報の特徴に子どもの注意を向けさせることからもたらされる。

ソーントン（Thornton, 1999）は，5，7，9歳の子どもたちが課題を構成している過程で何を発見しているかを微視発生的に分析している*。当然のことながら，子

訳者注

*ソーントン（1999）が実験で用いた課題は，様々な形，大きさの積み木を組み合わせて，マットに描かれた"川"に"橋"を架けるという橋渡し課題である。本文中の"形状"とは，実験に参加した子どもたちが作った積み木の組み合わせ1つひとつを指す。例えば，積み木を1個置けば，それは"形状1"と記録され，そこにもう1個重ねれば，"形状2"と記録される。また，子どもたちが用いた3つの方略とは，それぞれ，"支え方略"（2つの塔で1個の積み木を支えて橋とする），"バランス方略"（1つ以上の積み木を橋板として使い，それぞれが塔の上でバランスがとれるように置く），"カウンターバランス方略"（橋板となる積み木の1個をもう1個の積み木の重さを相殺するように置いて，橋を渡す）である。支え方略は，どれも橋渡しを成功させるうえで有効ではなく，逆に，カウンターバランス方略は，そこに分類された多くのタイプが有効であった。バランス方略は，1つのタイプのみに有効であった。

第3章　問題解決における方略の利用と学習

どもたちは当初，ソーントンが呈示した難しい問題を解くのに必要な原理を理解していなかった。その研究では，子どもたちに対して最長25分間の観察を行い，問題解決セッションをビデオ撮影したものを分析した。問題解決をいくつかに区分し，様々な形の材料を組み合わせて出来上がった別々の単位（形状）を記録し，その単位の集まりがどのような形をなしているか，その全体の形状を見つけ出した。このようにして，シークエンスを次のように一定範囲の中でカテゴリー化する。1つのカテゴリーでは，シークエンス同士は相互にわずかに異なっている。また他のカテゴリーでは，新しい問題解決のやり方を示す。言い換えるならば，1つの原理が明確に現れるようにアプローチが特定された。簡単に言えば，問題解決において子どもが用いたのは3つの方略であり，各方略の中にはいくつかのシークエンスと形状が見いだされた。しかし，実際に正しく問題解決できたのは，方略（やその変形）の内の2つを用いた場合だけであった。

　方略利用に変化が認められた。セッション中に子どもの63％（主に年長児）が最初に用いていた方略を別の方略に変えた。5歳児は，課題にあまり根気よく取り組まず，自分が用いた最初の方略をなかなか変えようとしなかった。課題解決に結びつく方略に変えた年長の子どもは，その方略を支える原理と，なぜそれで特定の結果や解が得られるのかを理解していることが見いだされた。すなわち，この研究によって次のことが示された。①方略は変更されうる，②既有知識が新しい認知構造の発達を制約するということはあまりなく，むしろ（いくつかの要素をもつ，かなり複雑な課題が使われた場合では）課題やそれに内在する構造によって，以前には意識されていなかった正解を導く見込みのある解決策の側面に子どもは注意を向けることができる，であった。微視発生的方法を用いるだけでなく，子どもを課題に長時間取り組ませることによって，分析のレベルは詳細になり，方略と方略変化を同定することが可能になった。新しい思考方法の発達が促されるのは，ある課題での成功によって方略の変化が引き起されることだけによるのではなく，既有知識や概念的構造や方略や課題などの間の複雑な相互作用が正解となる可能性のある解と選択可能な方略を制約することによるのである。このような研究だからこそ，新しい知識と既有知識の利用を促進したりまた制約したりする問題解決課題という文脈の中で，子どもが自分の思考方法をどのように変化させるのかを特定できるのである。

　ソーントン（Thornton, 1999）の研究は，問題解決の文脈で幼児が新しい方略をどのように学習するのかを調べている。それは決して唯一の研究でもなく，また，彼女が使っている唯一の枠組みでもない。特に明記されてはいないが，彼女の研究は思考と学習がどのようになされるのかに関する領域固有的な見方にもとづいて行なわれ

たものである。しかし彼女は，子どもが問題の解を見つけ出そうとしているときに考慮する必要がある入力情報や関連情報を考えているだけでなく，子どもの知識変化すなわち学習においての結果，目標，解決策が果たす役割も指摘している。課題を考慮に入れるということは（たとえそれが構造的な説明であっても），領域固有な見方と，より広い環境的制約の存在とを同時に考える見方が，ソーントンの考えの中に含まれていることを意味している。これは，領域普遍の原理が領域固有の原理と共存できる，あるいは前者が後者に写像されるという前述した立場と類似している。両者は二分されるものではなく，この研究の課題の中にまさに例示されているように，また社会的環境の役割を考慮に入れた研究の中で述べられているように，一方の説明を無視せず，知識領域だけでなく文化をも考慮に入れる必要がある。環境的制約は，構造に潜在する習慣や社会的習慣のどちらかを介して，子どもの注意が本来向かうべき方向に向かうように"強制"し，代替的な方略の発見・表象化を促進・助長すると言えよう。これはまた，学習や認知的変化，さらには認知発達を記述したものである。

シーグラー（Siegler, 1996）によると，認知発達はきわめて変動的であるという。学習過程に関する理論的な進展を図るために記述し解釈する必要があるのは，まさにこの変動性である。シーグラーは認知発達を記述するために2つのメタファーを使っている。すなわち階段メタファーと重畳波メタファーである。

階段モデルはピアジェ学派の段階理論の延長線上にあり，そこには，ある年齢になると子どもはある特定のやり方で行動し，年齢とともにその行動は適切性と量を増すという前提がある。"N歳児は，特定の構造をもち，処理に特定の限界を示し，ある一種類の行動を生み出す特定の理論・方略・ルールをもつと言われている。変化するとは，1つの実体としての心（及びそれに付随する行動）が別のものに入れ替わるということである"（シーグラー，Siegler, 1996, p.4）。図3.1は，階段モデルの変化を示している。ある段階の子どもは，1つのステップの上におり，思考における1つの変化は階段を1段上がることを示している。さらに，次の段階に上がる前に，子どもはその（前と比べて高い）レベルでしばらくの間思考する。これは非常に単純なメタファーであり，他の研究者によって利用されてきた。例えばシーグラーは，ウェルマン（Wellman, 1990）の心の理論モデルを引用しているが，その理論では，子どもが3歳になると欲望理論から信念—欲望理論へ，すなわち，行動と理解における質的により高いレベルへと急激に変化するとされている。

重畳波メタファー（図3.2）は，いろいろな方略や行動を長期間に渡って維持するものとして子どもの認知発達を特徴づけている。このような多様な方略は，現れては消えるものであり，多様な思考方法があることを表している。そうした方略のいくつ

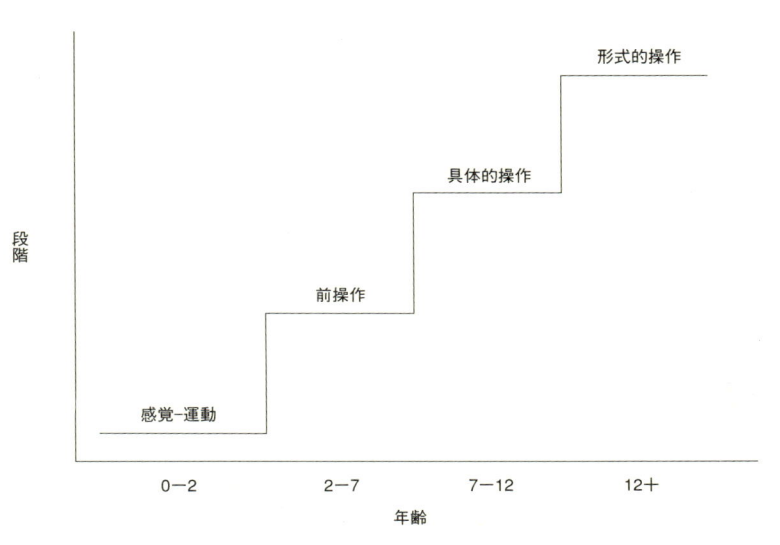

第3章　問題解決における方略の利用と学習

図3.1　階段メタファー・モデル

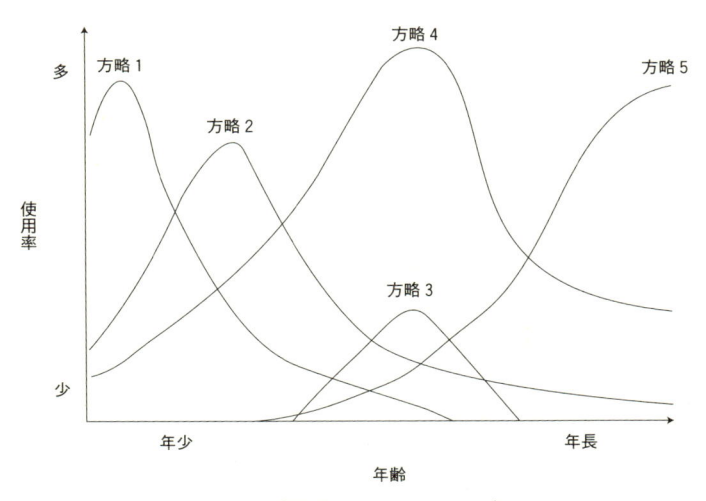

図3.2　重量波メタファー・モデル

かはいったん消えるように見えるが，結局再び姿を現し，より素早く用いられるようになるだけである。さもなければ，方略は特定の課題の特徴に合わせて既有の方略から進化するかもしれない。つまり，子どもが選択できる様々なレベルのスピード，正確さ，自動性，適用範囲をもった方略は，どの時点でもたくさんあるということであ

る。このメタファーはまた，研究者に次のような問いをもたらす。すなわち，"ある年齢の子どもに何ができる（できない）のか"という問いから，"より年長の子どもはどんなタイプの方略を用いるのか。彼らは，なぜ質的に異なる様々な思考（それは，より素早い方略であったり，より"うまくいく"方略であったり，よりアクセス可能性の高い方略であったりする）を示すのか。彼らは互いに競合し合う可能性がある方略の中からどのように方略を選んでいるのか"という問いへといった変化をもたらす。シーグラーは，関連研究を全て記述する代わりに，新しいスキルや能力の学習は子ども期の最も重要な課題であると簡潔に述べている。

　重畳波モデルは広範囲に適用することが可能であり，実際シーグラー（Sigler, 1996）は，算数，よちよち歩き（移動），道徳的推論，人とのやりとり，言語の各領域における発達がそのモデルでどのように説明できるかを例示している。（問題の解決に）複数のアプローチが存在するそれぞれの領域において，競合する各方略の相対的な利用頻度と新しい方略の利用・古い方略の消滅の両方において変化が生じる。さらに新しい思考方法が発達するだけでなく，方略が用いられる際のスピード，正確さ，自動性という側面でも向上し，解決できる問題の範囲も広がる。チェン・シーグラー（Chen & Siegler, 2000）は，乳幼児はその限られた能力にふさわしいやり方で研究される必要があるとして，重畳波モデルで学習を説明できない理由はないと主張し，乳幼児の研究に重畳波理論を利用している。この理論のアピール・ポイントはその説明力にあり，新しい方略利用における時間的変化はもちろん，利用される方略分布の時間的変化をも追跡する。重畳波理論における方略変化の線形的あるいは連続的な構造は，乳幼児の学習に関する研究に応用することができる。最初の方略利用から安定した利用に至るまでの方略変化の構成要素には，次のものが含まれる。

1．方略の獲得。
2．その方略を新しい問題に写像すること。
3．既知の文脈や新規な文脈において，その新しく獲得した方略を確実なものにすること。
4．多様な方略選択肢の中からよりよい方略を選択する仕方を洗練すること。
5．その方略を徐々に効率よく実行すること。

　重畳波モデルとその理論は，複数の試行を繰り返す微視発生的方法を用い，乳幼児が示す問題解決における変化を記述し説明するのに有効であることが示されている。その各試行では，よちよち歩きの子どもは両親から何の助けも受けずに，（いくつかの道具の中から選んだ）適切な道具を用いて，手が届かないところにある魅力的なオ

モチャを引き寄せなければならない。チェン・シーグラー（Chen & Siegler, 2000）は，この研究で，ほぼ同じ研究方法，方略選択モデル，重畳波理論を用いることで，学齢期の子どもの学習の研究とよちよち歩きの幼児の研究との間の"溝を埋めることができた"と主張している。

シーグラー（Siegler, 1996）によると，あらゆる領域の方略選択に適用される一般的な原理があるという。その原理とは，変動性，適応性，変化，個人差，一般化である。これらの特徴は実験的研究に由来するものであり，他の説明モデルの有効性を評価する際の基準になる。変動性とは，個々の子どもがある問題を解決するときに，個々人内で異なる方略が利用されるということである。適応性とはそれによって方略選択が適応的になる次の4点を指す。

1. 子どもは，問題が素早く解ける方略を選択するか，あるいは時間がかかってもより正確な解を導き出せるかもしれないバックアップ方略を利用するかを決定する。
2. 複数のバックアップ方略の中から，子どもは最も速く適用できる方略を選択する。
3. 子どもは異なる課題要求（スピード重視か正確さ重視か）に反応できる。
4. 方略選択のパターンは，時間経過とともに（例えば，問題解決セッションの中で，もしくはセッションの合間に），また年齢とともに適応的になっていく。

方略利用の変化は，様々な方略を利用できるようになること，またその中から選択したり，あるいはそれまでの方略を使わずにそれに代わる新しい方略を利用することの中に見られる。この変化によって効率的な方略選択が支えられ，今度はそれがより速くより正確な問題解決につながる。方略選択における個人差の問題は，微視発生法の中核にあるものである。その方法では，方略のパターンを記述でき，そのパターンの個人差により子どもたちを様々な下位グループに識別することができる。この方法は，特に年齢差や時間経過とともに生じる認知的変化を記述するうえで有効である。一般化という原理もまた，方略選択の重要な特徴である。なぜならば，うまく問題解決したときの方略の有効性は，その方略がどのくらい広範囲の状況に応用できるか否かによって評価することができるからである。

シーグラー（Siegler, 1996）は，これまでに提案されている次のような（大人の）方略選択モデル（合理的選択モデル，法則照合モデル，意思決定モデル）の有効性を査定し，最終的にはいずれのモデルも棄却している。その理由は，これらのモデルは大人の方略選択に適用されてきたものであるが，子どもの思考を説明するうえでは限界があるからだ。特にこれらの理論では方略選択における変動性と変化についてうまく説明できない。もっと正確に言うと，どのモデルも，ある課題特性が存在する場合

には常に最適解を生成するので，（方略）選択の変動性を説明できない。それゆえ，それらのモデルはまた静的なのである。したがって，意思決定のプロセスや多様な選択肢の間からどの方略を選択するかに関する伝統的な心理学的モデルは，子どもの思考や問題解決の研究において限られた適用性しかもたなかった。

シーグラー（Siegler, 1996）は，発達心理学の研究にもとづき，方略選択に関する他の説明モデルを3つ提案している。1つはメタ認知モデルであり，それは子どもの記憶に関する初期の研究（例えば，ケイル，Kail, 1979）にその起源がある。それらの研究では，子どもがどのようにして記銘材料を覚え，保持し，再生するかという問題との関連で記憶方略が検討されている。記憶保持を促進する方略を子どもに教えることで，子どもの記憶再生は量と正確さに関してより改善される。これを起点にして，自分の記憶に有益かもしれない方法を子どもに意識させること自体が，まさに他の側面の発達や学習に適用できるより一般的な方略であると主張されるようになった。その結果生み出された選択モデルは，"メタ認知的"と呼ばれた。なぜならば，そのモデルがうまく機能するためには，記憶に関する知識を使いながら記憶の過程をモニターし，コントロールする仕方をはっきりと意識する必要があるからだ。

シーグラー（Siegler, 1996）は，メタ認知による選択モデルを2つ提案しているが，どちらも，ある認知システムについての顕在的知識がどのようにして方略選択を手助けするかについて記述している。各モデルには概して，システムをモニターし合理的な選択が行われるよう働く"実行機能"が備わっている。"実行機能"はシステムの限界を知っており，入力を分析することができ，適切な方略選択を導くことができる。そうしたモデルの一例が，フレーベル（Flavell, 1981；シーグラー，Siegler, 1996, p.151からの引用）のモデル*である。そのモデルではシステムのあらゆる側面が相互に関連しているが，それは線形的に関連しているだけで階層的ではない。また，メタ認知的知識はメタ認知的経験と直接つながっていない。両者は行為と認知目標を介してのみつながっているのである。このようなモデルは，そのメカニズムがあまりにも不明確であるため，あまりにも一般的すぎてあらゆる認知現象を説明できないと批判されてきた。しかし，適用性に関する潜在的可能性の広さは一つの長所と見なす

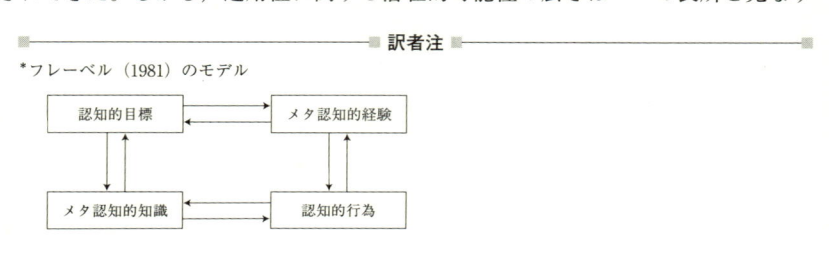

■━━━━━━━━━━━━━━━ 訳者注 ━━━━━━━━━━━━━━━■

*フレーベル（1981）のモデル

認知的目標 ⇔ メタ認知的経験

メタ認知的知識 ⇔ 認知的行為

ことができる。そして確かに，(もともとフレーベルが概念化したものよりもいくぶん洗練された) モデルは認知心理学の文献の中に生きづいている。正当なモデルは，記憶，問題解決，読解のような様々な領域における人間の認知過程について仮説を展開したり検証したりすることを可能にするのである。

連合分布モデル (シーグラー・シュレイガー，Siegler & Shrager, 1984) は，メタ認知的過程や顕在的知識に頼らずに方略選択を説明できるよう開発されたものである。もともとは最終的にはコンピュータ上でシミュレーションすることを目指し，知識がどのように表象されているかについての形式的モデルを開発することを目的として，足し算問題を解く際に就学前児が用いる方略*を調べた研究から生まれた。その本質においてモデルは，知識表象には問題と (正誤両方の) 潜在的解との連合が含まれると仮定している。問題と解との結びつきは，様々な次元での記述が可能である。方略やメカニズムは，これらの表象に線型的に順々に作用するが，解につながるのはそのいずれでもよく，またそれぞれが表象に変化をもたらす。この過程が検索，表象の精緻化，アルゴリズムの適用である。検索は，問題解決中のパフォーマンスを予測できる複雑な数理的モデルである連合分布モデルの中心と見なされている。このモデルにより，方略選択，方略が時間とともにどのように変化するか，特定の変化がなぜ生じるのかを説明し予測できる。

シーグラー (Siegler, 1996；また，シーグラー・シップリー，Siegler & Shipley, 1995；シーグラー・ルメア，Siegler & Lemaire, 1997を参照) が開発し記述している3つ目のタイプは，適応的方略選択モデル (ASCM) である。このモデルは，方略選択に関してはまだ線型的であるが，上のモデルとは異なる構造をもったより柔軟な方略選択モデルである。先のモデルと同様に，方略は解を生成するために問題に適用される。しかし，その過程には，フィードバック・ループはもちろんのこと，時間と正確さも関係し，そのため，解が問題についての知識に影響できる。このことは，利用される方略に影響するのはもちろん，新しい知識の生成にもつながり得る。そういうわけで，子どもは問題を解きながら問題と新しい方略について新しい知識を獲得するのである。同じく先のモデルのように，ACSMは適度に複雑であるが，そこには新しい要素も含まれており，それによって方略は馴染みのない，すなわち新奇な問題にも一般化できる。さらに，3つのステップ (訳注：検索，表象の精緻化，アルゴ

─────────── 訳者注 ───────────
*シーグラー (1996) によると，就学前児が足し算を行なう場合，彼らは最初，記憶の中から答えを検索しようとする。しかし，もしその答えに十分な確信がもてないときには，両手の指を立ててそれぞれ足す数を表示することで，計算問題の表象を精緻化する。それでも答えがわからなければ，立てた指を数えるというアルゴリズムを用いる。

リズムの適用）によらず，どんな順序でも方略を適用できるという意味でもっと柔軟である。単純に問題と解との結びつきに焦点を合わせる代わりに，ASCMには新しい問題，特定の問題，特定の特徴における，さらにはあらゆる問題におけるスピードと正確さが含まれている。連合分布モデルのように検索方略とバックアップ方略の中から選択するだけでなく，ASCMはより幅広いタイプの方略を選択可能にし，既存の問題に対してはもちろん新しい問題に対しても一般化できる。

　シーグラー（Siegler, 1996）はまた，前述の5つの原理に照らして，上で論じた様々な方略選択モデルを評価している。メタ認知モデルが子どもの方略選択を説明するうえで不十分であることは明らかである。その失敗を踏まえて連合分布モデルが開発されたのである。シーグラーが主張するところによれば，連合分布モデルは子どもの学習を記述するうえで非常に有効であるが，率直に言って，そのモデルでは新しい方略が方略選択の過程にどのように組み込まれているのかを説明できない。すなわち，競合する複数方略からの選択は説明できるけれども，どのようにして新しい方略が発達し選択の対象になるのかについては説明できない。そういうわけで，相対的に見ても柔軟性に欠けると言えよう。子どもの足し算学習に適用することは可能だが，そこに仮定されている3つのステップは，たとえそれが再帰的に繰り返されたとしても，あまりにも限定的であることがすぐに示された。また，このモデルの限界が次の新たなモデル開発につながったのである。しかしASCMには，既存の方略の修正を使用すること以外では，新しい方略を発達させるというような状況を説明できないという主な限界がある。新しい方略の学習については次の節で説明する。

　4番目のモデル，SCADS（方略選択・発見シミュレーション）は最近，シーグラーらが開発し，コンピュータ・シミュレーションにおいてのみ用いられてきたものである（シュレイガー・シーグラー，Shrager & Siegler, 1998）。先述した通りシーグラーは，方略選択モデルを検証することによって子どもの学習に関する重畳波理論の正しさを証明するということだけではなく，認知発達を記述し説明できるコンピュータ・シミュレーション・モデルを開発することにもその研究目標をおいてきた。シーグラー（Siegler, 2000）によると，コンピュータ・シミュレーションを介して，重畳波モデルがいくつかの学習過程から導き出されることが示されてきたという。経験とともに，問題や方略と連合して"徐々に拡張するデータベース"（Siegler, 2000, p.29）がある。このデータベースの中に貯蔵されている情報は，一般的な問題や特定の問題，特定の課題解決で用いられる方略のスピードや正確さと関連している。経験とともに，各方略はより自動化していく。データベースがますます大きくなるにつれて，その対象範囲も広がり，子どもの選択対象となる方略の数も増える。したがって

選択はより洗練され，最も進んだ方略を選択することが可能になる。これは問題解決が素早く正確になったということだけでなく，努力をあまりしなくてもよくなったことも意味している。

SCADS（シュレイガー・シーグラー，Shrager & Siegler, 1998）ではまた，学習におけるメタ認知的過程と連合的過程の相互作用によって新しい方略を発見することができる。簡単に言えば，方略の選択と利用が徐々に自動化していくにつれて認知的負荷が減少し，以前は（モニタリングのような）実行過程の一部で使われていた心的資源が解放される。それから，この新しく解放された心的資源が既存の方略における冗長な処理を探索するのに用いられ，"もしそうした冗長な部分が見いだされると，元の方略の要素から潜在的な方略を生み出すために方略発見ヒューリスティックスが用いられる。…そして（それは）合理的な方略に関する概念的制約に照らして評価される"（Siegler, 2000, p.29）。利用頻度が増えるにつれてスピードと正確さは向上し，そして新しく発見された方略がより効率的になるにつれて，それは既存の方略に取って代わる。興味深いことには，シーグラーが認めているように，学習を説明するいかなるモデルもメタ認知的要素と連合的要素の両方をもっていなければならない。なぜならば，子どもの思考の発達にはこれらの要素が不可欠であるからだ。"（2つの要素の内の）一方を除外して，もう一方にのみ集中することでは，認知的成長を一面的に描いたことにしかならない"（Siegler, 2000, p.30）。

クーンら（Kuhn, Garcia-Mila, Zohar, & Andersen, 1995）は，2つの異年齢群の子どもたちを対象に，知識獲得について調べている。この研究の主な目的は，子どものもつ理論に新しい証拠を関連づけることを通して，どのように知識が獲得されていくかを説明することであった。彼女らは，この説明の仕方がこれまでの見方とは異なっていると主張している。というのは，従来の見方は，特定の領域において子どもが理論を徐々に発達させていくという事実を記述するために，理論がどのように形成され修正されるかについては無視していた。それに対してクーンらは，微視発生的方法を用いて子どもの方略や知識が個人内・間で，また発達的にどのように異なるのかを示すことに取り組みだした。したがって彼女らの研究は，子どもの方略が年齢によって変わらないと仮定するのではなく，子どもの理論，言い換えるなら知識方略には変化する可能性があることを明確に示すことを目的としている。クーンらは，子どもが自分の思考（この場合は，推論）を裏づける証拠を選ぶのに様々な手がかりを自由に選択できるようにさせていた。このことは，帰納的推論方略の発達の例に見られるように，研究活動での科学的推論にも，様々な手がかりを自由に利用できるような柔軟さが必要であることを物語っている。

微視発生的方法は，このアプローチをより促進する。というのは，微視発生的方法を使用することによって，時間的変化を記述することができ，また，この変化は，子ども自身が実験的材料を使いながら自分自身の中に引き起こすものであるからである。精巧な微視発生的方法を用いて，クーンら（Kuhn et al., 1995）は，1つの領域における2種類の時間的変化を同時に追求している。すなわち，各領域内における知識の発達と知識獲得方略の変化である。後者の変化は，知識それ自体の獲得とともに次第に引き出されてくる（生み出される）ものである。さらに，クーンらは子どもが同時に複数の領域で取り組んでいる場合の変化を観察している。こうした観察によって，領域内変化を比較することが可能になっただけでなく，知識獲得と方略利用を領域横断的に検討することが可能になった。微視発生的方法をどのような要素が転移に必要かを明らかにするようにより精緻にデザインすることで，知識獲得方略の一般化可能性を検討することができるようになった。最後に，知識獲得過程を年齢間で比較するために，異年齢の参加者たち（思春期前の子どもと大人）にそのデザインが用いられた。ここでも一般化可能性の問題が扱われているが，それは内容（知識）間ではなく，被験者群間での一般化可能性である。

クーンら（Kuhn et al., 1995）は，先行研究に照らして自らの研究を位置づけることで，伝統的な学習理論からメタ認知，科学的推論から因果推論，信念の起源から方略的コンピテンスまでの広範囲な研究成果を利用することができた。それらに共通する主な理念は，個々人がどのように，そしてどんな新しい知識を獲得するかは，その既有知識のレベルに制約されるというものである。さらにこれまでの研究は領域固有になる傾向があったが，知識の構造を記述できるようにするためには領域横断的な理論構成を記述することが重要である。しかしクーンらはそれを考慮しつつ，微視発生的デザインを通して次第に発達していく個人の学習過程を直接検討することで，認知的変化の実際のメカニズムを研究すべきであると提案している。個人を変化させることによって実験者がその変化を観察し，個人の変動性を記述することができる。実験者によってでっち上げられた集団の平均的な変化を探すのではなく，このアプローチによって個人が多様に方略を選択できるようにした。そこに機能している唯一の制約は個人の既有知識である。もちろん，研究の対象となる実際の領域は研究者が選んだものではあるが，その選択は通常一般化を可能にするものである。言い換えれば，領域固有性と領域普遍性の差異を研究することを可能にする。この考え方によって，転移の研究はできなくなるが，課題間で方略がいかに発達するか，また複数の方略が同時に，あるいは連続的に利用されるのかどうかを研究者が確かめることができるようになる。

第3章 問題解決における方略の利用と学習

　クーンら（Kuhn et al., 1995）は，ほぼ同数の思春期前の子どもと大人を対象に研究を行なった。研究の対象となった領域は2つ（物理学的領域と社会的領域）で，それぞれ2問ずつ問題が用意された*。実験参加者は，10週間にわたって1週間あたり2回，30〜45分間の問題解決セッションに参加した。第1セッションで彼らの既有理論を測定し，各セッションの最後で簡単な再測定を行い，最終セッションの最後に再び詳しい測定を行なった。実際の問題は"同型"の構造（クーンら，Kuhn et al., 1995, p.26）を有していたが，問題に含まれる5つの特徴のうち2つの特徴は，結果には何ら関係していなかった。ところが，残りの3つの特徴のうちの1つには因果的効果が，もう1つには相互作用的効果が，そして最後の1つには曲線的効果があった。実験参加者にどのような結果になるかを探索する際に証拠を用いるよう教示する前に，実験者は常に実験参加者との間でこれらの特徴について明確に話し合った。もし実験参加者が望めば，方略を記録できるようにノートが配られた。データとして興味深かったのは，問題に取り組んでいる最中に個人が取り入れた理論において見られた，理論の変化を反映する質的指標である。焦点が当てられたのは特に，ある特徴についての最初と最後の理論の間に見られる差異であり，その差異が知識獲得の指標となった。それ以外のデータは量的なものであるが，そこに反映される能力は個人の発達する能力であり，実際の結果を予測するものである。

　特にこの研究はモノグラフに報告されたものであり，これを公平に評するのは非常に困難である。しかし，そのモノグラフの中で中心になっているものは，理論発達，理論変化，知識が発達的文脈の中でどのように獲得されるのかについての注意深い記述である。それは一般的なアプローチと同じように，子どもと大人の両方の方略利用における大きな個人内変動を記録している。言い換えるなら，どの実験参加者も様々な方略を示し，複数の問題解決セッションを通して，方略を選択的に用いると同時に絶えず変えながら用いていた。この結果は，変動性が認知的機能の特徴であり，子どもに特有な現象ではなく，認知的移行段階に限定される現象ではないことを示すもの

訳者注

*クーンら（1995）が実験で用いた物理学的，社会的領域の問題とは次のようなものである。物理学的領域の問題は，ボート（重りに引かれて水槽内を動く）のスピードに影響する要因とレーシング・カー（コンピュータ画面上で走行をシミュレーションできる）のスピードに影響する要因をそれぞれ，実験を通して特定する問題である。社会的領域の問題は，生徒の学校でのパフォーマンスに違いをもたらす要因と子どもを対象にしたテレビ番組の人気を高める要因をそれぞれ，ファイル・キャビネットの記録を調べることを通して特定する問題である。本文中の"問題における5つの特徴"とは，例えば，ボート問題の場合，ボートの大きさ（ボートのスピードに対して因果的効果がある），重量（相互作用的効果，すなわち，小さいボートの時のみ因果的効果がある），水深（曲線的効果，すなわち，水深が深いあるいは中程度の時には影響がないが，浅い場合には促進的に働く），帆の色（影響なし），帆の大きさ（影響なし），である。

と解釈できる。さらにこのような変動性は，1回だけの査定では明確にできないので，複数回にわたって認知的能力を査定することの重要性を強く示している。これによって，時間の経過に伴うパフォーマンスがどのような分布を描くのかを可視化することができるようになる。それゆえ，一度だけの査定で得られるよりも，実際の方略利用についてのより正確な分布（発達の姿）を描くことができるのである。しかしクーンら（Kuhn et al., 1995）は，時間経過に伴う方略利用を追跡したとしても誤った発達の姿を描くことにつながる危険性があると指摘している。というのは，時間とともに個人の方略利用が発達し，適切性の低い方略はあまり使われなくなったりするからだ。進歩は一定ではなく，パフォーマンスは通常，個人の取り組みの程度や動機づけが下がると横ばい状態になる。そういうわけで，取り組みの程度のレベルは課題によって変わるため，前の方略利用よりも後の方略利用を認知的コンピテンスの測度とすることが推奨されている。

　結果の第2の特徴は，変動性が領域間で認められたということである。1つの課題で用いられる方略は利用可能な方略全体のうちの1つにすぎず，2つ目の課題を導入することによって様々な方略が利用可能になると仮定するならば，この変動性は実験参加者の個人変数によるもの（従来の見方では，この変動性は，一種のデカラージュであり課題内容の関数であるとしていた）であると推測されよう。その意味するところは，課題間に見られる方略の変動性は，個人内かつ課題内の方略の変動性によって制約されているということである。方略転移のパターンは個人の変動性を反映し，そして転移課題を導入することによって，方略の広がりを明らかにすることができたのである。

　利用された方略の個人内での変動性は一般的に見られるが，領域固有性を示す証拠もそこには見られている。例えば，パフォーマンスは，物理的領域よりも社会的領域で劣っていた。クーンら（Kuhn et al., 1995）は，様々な種類の普遍性に関して興味深い区別を行なっているが，その区別とは，方略の適用可能性における普遍性，その方略を用いる能力における普遍性，その実際の適用における普遍性である。適用可能性は，課題を選択したのが実験者であるため，実際に検討してみなければわからない問題である。この実証的に検討しなければならない問題は利用できる能力と適用性で，モノグラフの中ではすでにある程度調べられている。これらの問題は，さらに認知的変化と関連している。そして，モノグラフの中で示されている主な結果によると，知識変化は特定の領域に限定されているが，方略利用はより普遍的で可変的である。

　それでは，何が変化するのか。クーンらの研究（Kuhn et al., 1995）は，年齢間の比較を行なうよりも，むしろ微視発生的分析によって，パフォーマンスの最初のレベ

ルと最後の到達レベルの間の違いに関して，必要な証拠が得られることを示唆している。この差異は認知的変化を反映している。大人も子どもも，時間とともにそのパフォーマンスは向上し，様々な方略を利用するが，全般的には子どもよりも大人のパフォーマンスがよかった。それは，大人のもつ多くの知識やスキルによってよい影響を受けた結果である。知識獲得は，新しい知識と既有知識との関連づけ（クーンら（Kuhn, 1995）は"理論と証拠との関連づけ"(p.107)と呼んでいる）であることが示された。子どものパフォーマンスが"相対的に劣っている"(p.111)ことは，方略的コンピテンスがより劣っていたことによるものである。しかしながら，子どもの認知的成長は，大人と同じような軌跡（問題解決セッション間で）をたどっていた。

新しい方略の学習

シーグラーは，その研究プログラムのもう1つの側面として，コンピュータ・シミュレーションとは対照的に，幼児による新しい方略の学習や方略の一般化についても調べている。シーグラー（Siegler, 1996）は，子どもがひとりで作業しているときと協同で作業しているときの新しい方略の発達の違いについて論じている。単独の問題解決者としての子どもは，既有の方略に替えて新しい方略をいかにして選択するかを考え出さなければならないだけでなく，その新しい方略を見つけ出さなければならない。微視発生的方法を用いることで，シーグラーらは個々の子どもが新しい（小さい数の）足し算方略を獲得するそのやり方の変化を詳細に分析することができた（e.g., シーグラー・ジェンキンズ Siegler & Jenkins, 1989）。その結果，学習が問題に固有のものであれ，様々な種類の問題間に共通するもっと一般的なものであれ，新しい方略を学習したり利用したりする場合には，特にフィードバックの役割が重要であると考えられた。あまり詳細には立ち入らないが，そこで用いられた問題の性質から考えると，解決方略はシーグラーらがあらかじめ生成することができた（そして，それはコンピュータ・シミュレーションで用いることができた）ようである。そして論理的に考えられる発達段階に従って，そこに子どもの様々な解決方略が写像されたようである。また，ここで問題にしている方略が使えることをまだ示していない子どもについても研究している。シーグラー（Siegler, 1996）は，子どもがそうした方略をどのように発見し，利用し，一般化し，理解するのかを詳細に記述している。彼はまた，方略の生成は"目標見取り図"に制約されると提案している。この"目標見取り図"というのは，目標の階層を示したもので，満足のいく方略ならばそれらの目

標を満たすものでなければならない。この階層によって，子どもは今現在抱いている目標にふさわしい下位手続き（たとえそれが別個な手続きの一部であるとしても）を既有知識の中のどこに見つけたらいいかがわかるのである。またこれにより，子どもが今取り組んでいる問題の原理を犯している方略を離れ，他のところを探すことができる。シーグラー・ジェンキンズ（Siegler & Jenkins, 1989）の研究では，原理にそぐわなかったり，目標に合わないために誤っていると判断される方略を用いた子どもはひとりも観察されなかった。このように，新しい方略が発達しつつあるときや学習が行われているときには，制約メカニズムが別の方略を制限するように機能すると仮定している。

　新しい方略の発達を促進できるもう1つの方法に，明示的な訓練がある。ピアジェ学派の課題との関係で，保存やクラス包含などを教授することができるかどうかを調べるために，1970年代に盛んに訓練研究が行われた。ごく最近では，シーグラー（Siegler, 1995）が微視発生的研究のもとに，保存課題を用いて，次のような考えを検証している。すなわち，なぜ以前に用いていた方略よりも新しい方略がすぐれているのかを子どもが合理的に説明できるときでさえ，方略は徐々に（飛躍的ではなく）獲得されるという考えであった。保存概念を獲得していない子どもへの訓練には様々な形態があった。

- 正誤についてのフィードバックを与える。
- フィードバック ＋ 子どもに対して説明を求める。
- フィードバック ＋ "どのようにして私にはそれがわかったと思いますか"と実験者が子どもに尋ねる。

　この最後の質問が，研究において最も興味のある部分であり，他の条件と比べて，子どもにとって認知的なメリットが最も大きかった。フィードバックを受けることの有効性は，実験者がいかに推論したかについての知識を子どもが示すことができることの有効性とともに，次の2つのことを導く。すなわち1つは，（他の人が関わっているので）協同的問題解決過程であり，もう1つは協同的問題解決において他者がもっている知識に気づくことの潜在的な利点をさらに追求することである。

　クローリー・シーグラー（Crowley & Siegler, 1999）は，個々の子どもの方略学習における一般化について調べている。この研究は次の前提に立っている。その前提とは，子どもが新しい方略を学ぶ1つのやり方は他者の学習の仕方（方略）を観察することである。しかし，観察による学習ではその方略を説明できない。説明は正解が同じになる問題の場合には不要かもしれないが，他の状況では一般的に，説明と理解

が必要不可欠である。一般化は，子どもが現在利用している方略よりも進んだ方略について考える機会をもつことだけでなく，様々なタイプや量の説明を求められることによっても促進される。クローリー・シーグラーは，これをさらに一歩進めて，どのように促進されるのかを調べている。具体的には，方略の一般化が促される理由について3つの説明を提示し，検証している。

1. 子どもが説明することで，その方略の手続きを再生しやすくなる。
2. 子どもが説明することで，既存の方略よりもその特定の方略の方がより有効であると感じさせる。
3. 子どもが説明することで，その方略に含まれる下位目標の実行がしやすくなる。

この研究では，チック・タック・トゥ課題*を用い，6歳，7歳，8歳の子どもを対象にしている。子どもには，事前テスト，例題の学習，一般化のための事後テスト，再生のための事後テストが行われた。それによって一般化が生じる可能性がある3つのメカニズムは，行動的測度を用いて査定された。簡単に言えば，上述の3番目のメカニズムが学習にとって最も有効であった。新しい方略について説明することができたかどうかとは無関係に，方略の最初の下位目標を覚えた子どもは，たいていの者がそれを思い出し，一般化の段階でその新しい方略を使うことを選んだ。しかし，説明できた子どもの方が，そうでない子どもに比べて，新しい方略を使うのではなくてむしろ以前のあるいはより簡単な方略を使いたいという気持ちを抑えることができた。この研究は，下位目標を記憶しておくことが学習に効果的であることを示す一方で，説明についての知識をもつことが効果的であることをも示している。用いられた課題は柔軟な思考を必要とし，素早く判断することが必要な課題である。それは日常的な思考に特徴的であるが，例えば算数を必ずしも必要としない。したがって，他の領域におけるさらなる研究が必要である。

シーグラー（Siegler, 1996）においては，協同的問題解決を主要な研究目的とし

━━━━━ 訳者注 ━━━━━
*本文中の"チック・タック・トゥ問題"とは，いわゆる"三目並べ"であり，下の図のような3×3のマスに，2人のプレーヤーが交互に"○""×"を記入していき，先に，自分のマークを3つ，縦，横，斜めのいずれかの方向で直線的に並べることができたプレーヤーを勝ちとするゲームである。クローリー・シーグラー（1999）によると，小学2年生ぐらいまでの子どもはしばしば"勝利／妨害方略"（最初はゲームに勝てる手を打とうとするが，それが不可能な場合，対戦相手が勝てないようにブロックする手を打つ）を使い，3年生ぐらいになると，より洗練された方略である"二叉方略"（例えば，図のAに"○"を記入するなど，後一手で"○"が3つ並ぶラインを同時に2つ作る）を使うようになる。

ては行なっていない。彼は次のように主張している。すなわち，"協同が学習をいつ手助けするのかを明らかにしようとする従来の試みは，協同の前・中・後における子どもの思考と協同中に行われた人とのやりとりを正確に査定していないために，その目的が十分に達成されていなかった"(Siegler, p.210)と主張している。やりとりの特徴を調べた研究（第4章）は数多くあるので，このシーグラーの主張は少々厳しすぎるように思える。だが，確かにこの主張によって，協同的問題解決過程の効果性の原因をどこに求めるかを明らかにする研究が始まったのはほんの最近のことである。このことは，第5章で論じることの基本になっている。

　クーンら（Kuhn et al., 1995）は，方略利用に個人内変動があるということを支持する自分たちの実験的証拠が，方略の発達や学習についてのいかなる説明をも込み入ったものにすると信じている。いかなる時点においても個人は利用可能な様々な方略をもち，それぞれの利用確率は変動するために，発達的変化は各方略における強度（出現確率の高さ）の変化として特徴づけることができる。新しい方略は，強度（出現確率）がゼロの値から次第に大きくなるにつれて出現し，一方古い方略は相対的強度がゼロに近づくにつれて減少していく。ここでいうゼロは，「方略が存在してない」ということを意味するのではない（「出現しにくい」ことを意味している）。変化のダイナミック・システムズ・モデルは，これらの複雑な変化を捉えるものである。クーン（Kuhn, 1998）が述べているように，認知発達では，方略分布に変化が見られる。新しい方略を学習する場合，方略の微視発生的利用が変化をもたらすが，その実行によってまた方略に対する気づきが高まる。そうした気づき（あるいはメタ方略的知識）は，方略の発達を導くこともあれば，その逆の場合もある。しかし，単なるズレのフィードバックだけでは，変化は起こらない。なぜなら，そうしたフィードバックは，必ずしも認知的変化に結びつかないし，正しい方略利用につながらないからである。クーンら（Kuhn et al., 1995）は，方略学習を手助けする社会的要因に注意を向けている。とりわけ，協同学習状況において起こり得る対話的推論の重要な役割を指摘している。個人が一緒に作業する協同構成的問題解決では，対話的推論が促され，個人間のディスカッションが内容的・方略的知識に違いをもたらす。クーンらによると，そうしたディスカッションやディベートがそれぞれの参加者らに新しいレベルの理解をもたらす。この研究のいくつかについては4章で述べよう。

第4章

他者との協同構成による問題解決

　第2章では，人と協同しながら問題解決を行なっているとき，あるいはその協同解決後に生じる子どもの認知発達や学習の特徴を記述し，そのメカニズムを説明するときの数々の理論的見解について検討した。そこでわかったことは，ピアジェとヴィゴツキーがそれぞれに展開してきた理論的見解が，いくつかの研究によって実証されていることである。その代表例が，クルーガー（Kruger, 1992, 1993）やタッジら（Tudge, 1992 ; Tudge & Winterhoff, 1993 ; Tudge, Winterhoff & Hogan, 1996）が行なった子ども同士の協同に関する研究である。これらの研究の前提にあったのは，研究すべき問い（例えば，Van Meter & Stevens, 2000など）や研究計画，分析，解釈する方法は，理論によって左右されるという考え方である。ヴァン-メーター・スティーブンズ（Van Meter & Stevens, 2000）は，学術誌『実験的教育』（*Journal of Experimental Education*）の特集号のまとめの中で，その号に掲載された研究をもとにして，協同的なプロセスを統合的に説明する理論を構築できると主張している。数々の理論的知見を統合するような理論や枠組みの中では，文脈的な要因の違いが談話の構造に影響を与え，その後の学習の結果にも影響すると考えられている。ピアジェ学派の理論と情報処理理論は，いずれも協同的なプロセスを最もよく説明できる理論である。また，個人差，特に性差や先行知識の違いによる個人差は，集団が協同していく方法や談話のタイプに影響を及ぼしている。この個人差については，第5章で詳しく論じることとする。

　本章は，"様々な形で現れてくる人とのやりとりが，子どもの認知発達や認知的変化，さらには学習に対して影響を及ぼす"という考え方を出発点とする。この章では，理論を軽視するのではなく，ピアジェやヴィゴツキーの理論を含む多様な理論的枠組みとの関係で実施された，人と一緒にする問題解決（母子あるいは子ども同士による問題解決）の研究について議論したいと考えている。主な目的は，これまでの問題解

決研究において合理的に採用されてきたアプローチ（研究方法）が，いかに多岐にわたっているかを示し，確認することである。これらの理論を統合することは，必ずしも私の意図するところではない。なぜなら，第1に，実に多様なアプローチが存在すると仮定すれば，それらを統合することはおよそ不可能だからである。第2に，あえて統合したところで，実用的な答えにも理論的な答えにもならないと思われるからである。多岐にわたる理論や説明が存在することが，様々な研究すべき問いを導き，ひいては膨大な数の研究を生み出すのである。

人と一緒にする問題解決とは，2人組（ペア）や集団という社会的な状況において生じる問題解決と定義できる。協同的問題解決の研究は，子どもが2人組で課題に取り組む場面（ときに2者間のやりとりと呼ばれる）を対象として実施するのが典型的だが，ときには小さな集団を使って研究されることもある（ドワーズ，Doise，1978；ペレ-クレモン，Perret-Clermont，1980）。多くの研究が，子どもが集団で課題に取り組む場面（例えば，ウェブ，Webb，1989；Webb & Favier，1999など），もしくは子ども同士が教え合う場面を検討しているが，そこでは，必ずしも常に問題解決過程それ自体に焦点が当てられているわけではない。

デゥローチら（DeLoache et al., 1998）は，集団の問題解決について論じているが，焦点は，もっぱら足場作りと子ども同士の教えあいである。彼女らは，問題解決過程が社会的に制御されるということは，最近接発達領域（ZPD）においても足場作りにおいても重要な側面であるという考え方を出発点としている（第1章を参照）。いずれの場合でも'教師役'をとる者が果たす役割の重要性が強調され，その教師役が，どのように，あるいはどの程度，子どもの現在の水準に対して敏感であるのか，また認知発達を支えるプランニングやモニタリングを提供しているかという点に，研究の焦点は絞られている。子どもは，大人とは質的に異なる教師の役割を演じ，プランニングを援助しているというよりは，むしろ相手に対してより直接的・指導的に働きかけるのである。2者間のやりとりについて研究しているティーズリー（Teasley，1995）やラディスゼウスカ・ロゴフ（Radzisewska & Rogoff, 1991）を引用して，デゥローチらが主張していることは，子ども同士の教えあいに関するこれらの研究は，教え合いの過程において子どもがどの程度まで積極的な役割をとることが可能なのかを示しているということである。教師役の相対的な地位や専門知識の程度（例えば，熟達した子どもなのか，初心者の子どもあるいは大人なのかという点）や教師役がとっている指導スタイル，また，教師役がいかに上手に生徒の水準に合わせられるかといった点によって，この教え合う行為が果たす役割は変わってくる。

これらの研究は，子ども同士の教えあいに関する興味深い例ではあるが，人とのや

りとりが展開しているときの集団のプロセスに注目した研究例ではない。むしろ，それらは，集団の中で互いが援助し合っているという状況を表す例である。ただ，研究のねらいは，2者間の様々なやりとりを調べることにある。例えば子ども同士のやりとりに，2者間と集団プロセスの両者が含まれているとしても，2人組の子ども同士のやりとりは，人と一緒にする問題解決の1つのひな形であり，私が最も注目してみたい点の1つでもある。ここでの焦点は，子ども同士の2人組や集団で課題に取り組む子どもたちについてであり，あるいは他の形態の2者間のやりとりと比較してみることである。

子ども同士のやりとりと問題解決：理論的な難問

上述したように，子ども同士のやりとりは，通常2人組，もしくは（3～5人程度の）小集団の子どもたちが，一緒に問題解決に取り組むという場面に限定される。そのため，次のような様々な比較ができる。

- 2人組や集団の中で，あるいは別の2人組や集団との間で異なる実験条件の比較。
- 大人と子どもの組み合わせのような，他の形態の2人組との比較。
- 実験条件の影響を受けないように統制された子どもとの比較。
- 異なるタイプの問題の間，あるいは問題の中での比較。
- 異なる理論的な解釈間の比較。

このような多様な比較によって，実に多くの研究が生み出されている。そのために，これらの研究を総括することはもちろんのこと，概要をまとめることすらも難しくなっている。私は，これまでに公表されている研究を用いて，子どもはどのようにして問題解決を通して知識や認知を発達させるのかという問題を取り扱っている研究の範囲が，いかに拡がっているかを明らかにする例を挙げていこうと思う。これらの多様な研究の原点は，必ずしも同じではなく，また，研究すべき問いも同じではない。しかし，どの場合でも，ピアジェ学派の葛藤タイプの解釈か，ヴィゴツキー学派の社会文化的な解釈のいずれかが，研究結果のすべてではないにしても，そのうちのいくつかを解釈するために使われてきた。

デゥルヤン（Druyan, 2001）は，子どもの問題解決における認知的葛藤の役割について調べている。葛藤条件は4通り，すなわち，視覚的または感覚運動的な葛藤という2つの物理的な葛藤と，子ども同士の間または子どもと大人の間に生じるという

2つの社会的葛藤からなる。物理的葛藤条件では，シーグラー（Siegler, 1976）の天秤課題について子どもたちに予想させ，その予想を視覚的に確認できる証拠を提示した。感覚運動条件では，子どもに予想させた後，実際に支点に結びつけた輪で天秤を持ち上げさせ，天秤の両端に取りつけた木製のおもりが移動すると，天秤棒がどんな動きをするかを感覚的に確かめさせた。子ども同士の葛藤条件では，事前テストでバランス概念の理解を測定し，その理解水準が異なる者同士がペアになるように，子どもたちを組み合わせた。子どもたちには，互いの予想が異なったときには，答えについて話し合わせ，一致した意見を導くように促した。子どもと大人の間の葛藤状況は，実験者が，子どもの予想に対して，正誤のフィードバックを言語的に示し，答えの理由を提示することで作り出した。また，統制条件として5つ目の群を設定した。5〜12歳の子どもを対象にした実験計画は，事前テスト−実験的介入−事後テストという形式が用いられた。

　天秤課題に対する理解の水準に関しては，子どもは加齢に伴ってより複雑な問題も解けるようになり，また，取りつけられたおもりの数と中央の支点からおもりまでの距離の関数として，天秤の動きを正しく予測できるようになるという発達傾向が示された。3〜5年生の子どもは概して，数と距離のいずれかの次元に関して正しい予測をたてることができるが，両方の次元を同時に考慮したり，より複雑な問題を解いたりすることはできないことが確認された。子どもの年齢と葛藤のタイプとの間に交互作用があり，事後テストではより高いレベルのパフォーマンスが見られた。幼稚園児にとっては，社会的葛藤よりも物理的葛藤条件（主に感覚運動的葛藤）の方が，パフォーマンスをより上昇させる効果があった。一方，学童期の子どもにとっては，社会的葛藤の方が，特に大人と子どもの間の葛藤がある場合に，大きな促進効果が見られた。この研究の目的は，個人の中での葛藤とその後の認知的変化を促進する'理想的'な条件を調べることにあるため，デゥルヤン（Druyan, 2001）によると，この研究は，子どもの年齢と効果的な葛藤のタイプの間に交互作用があることを証明するものだと主張している。デゥルヤンは，この結果をヴィゴツキーの考え方だけでなくピアジェの考え方をも支持するものとして解釈している。幼児期の科学的推論の発達や物理的葛藤が認知発達に及ぼす役割についての彼女の考えは，ピアジェに依拠している。子どもは，操作期の段階まで成長し，効果的に脱中心化ができるようになって初めて，人とのやりとりの体験からよい影響を得ることができるというピアジェの知見を引用して，彼女はこの議論をさらに支持している。また，デゥルヤンは，このような文化的道具（この研究の場合は天秤）とのやりとりが認知発達を強めるというヴィゴツキー理論による解釈も，この研究によって支持されると論じている。さらに，ヴィゴツ

キーの理論では，人とのやりとり，特に大人と子どものやりとりが果たしている役割が大きくなることを支持している。そのやりとりの中で大人は，新たな知識を模範的に示し，子どもを最近接発達領域へと導いているのである。この研究によれば，両者の理論はともに，認知的葛藤が生じているときには一体何が起きているのか，また，いかなるタイプの環境が認知発達を導くのかを説明する際の枠組みとなる可能性がある。

　クルーガー（Kruger, 1993）は，'子ども同士の協同とは，葛藤なのか，協応操作（cooperation）なのか，それとも両者をともに含むものなのか' という問いをたて，子ども同士のやりとりのプロセスと，認知発達の側面に現れる結果に注目している。問題解決の視点から，子どもに，平等や共有，分配の公正を扱った物語ジレンマ課題を解かせた。第2章で述べたように，このクルーガーの論文は，子どもの認知発達を促す上で，意見を絡ませながら行なうディスカッションが果たしている役割について行なった彼女自身の研究を，葛藤や協応操作，あるいは協同構成の大切さを主張する理論の中に位置づけようとするものである。デュルヤン（Druyan, 2001）と同様に，この論文は，2人組や集団，子ども同士や大人と子どもの間で，ある種のディスカッションが成立した後に生じる認知的変化について，両方の理論的な観点から，いかに説明が可能であるかを例証しようと試みている。

　研究やそれに続く理論的解釈の中には，明らかに整理されていないいくつかの問題が，まさに研究されていることの中に残されている。上記に引用した2つの研究は，行動面に現れてくる認知的変化を生じさせる様々な条件を比較し，対比させている。どの条件において学習に対する促進効果が最もよく現れるかは，これら様々な要因の影響を受け，かつ，研究の中でこれらの要因がいかに組み合わせられたかによって左右される。そこで，クルーガー（Kruger, 1993）は，8歳の女児を（この場合は最も仲のよい）友だち，もしくは母親と組ませて，道徳性ジレンマ課題のディスカッションを行なわせた。一方でデュルヤン（Druyan, 2001）は，3～5歳の就学前の子どもを，子どももしくは大人と組ませて，それぞれのペアに社会的もしくは感覚的条件を割り当てた。その結果，事実上，両方の研究ともに，子どもの個人内から個人間の範囲にわたる変数を組み込んだ多要因計画の研究となった。2つの研究に共通する考え方を見いだすのは難しく，実際にそこに引用してある文献を一見すると，研究すべき問いや，結果とその解釈の展開に深く関わっている文献は，ほとんど重なっていないことがわかる。このような場合に，大きく異なる2つの理論的な解釈が当てはまってしまうことは，それほど驚くことではない。

　このような問題に対する1つの答えは，子ども同士の協同に注目することによって

得られるであろう。子ども同士の学習を調べるうえで役に立つ本が1999年に編集されている（オドンネル・キング，O'Donnell & King, 1999）。そこでは，2つの別々の章で，ピアジェ学派とヴィゴツキー学派の理論が，子ども同士の学習に対して意味することについて論じられている（それぞれの章は，デ-リシ・ゴールベック，De Lisi & Golbeck, 1999および，ホーガン・タッジ，Hogan & Tudge, 1999による）。そこにレヴューされている先行研究は，子ども同士の学習に焦点を定めている場合には，2つの理論的枠組みのいずれかに分類されている（実際には，その時どきで使われている表現は違っており，理論的な強調点によって分類される場合もあれば，研究すべき問いを根拠としている場合もある）。しかし，重要なことは，子ども同士に焦点が当てられていること，つまり，年齢や社会的な身分，教育レベルが同じである場合に限定されるが，子ども同士は対等であると考えられている点にある。

　デ-リシ・ゴールベック（De Lisi & Golbeck, 1999）は，子ども同士の学習に対してピアジェ学派の理論が意味することについて述べた章の1節で，最初に子どもの道徳的推論に関するピアジェの研究を概観している。第2章でも述べたことだが，そのピアジェの研究は，子ども同士のやりとりと，認知発達を促進するために子どものディスカッションが果たす役割について，その後に行われた多くの研究の基盤となっている。これらの研究のいくつかについては，クルーガー（Kruger, 1992, 1993）の研究も含めて第2章でレヴューしている。それらの研究は，子どもの社会的推論だけでなく論理的推論についても調べており，ピアジェ理論の幅の広さを表していると主張している。いずれのタイプの推論も，子ども同士のやりとりの役割について研究していくのに役立っている。すでに述べられていたように，一般的にピアジェの理論は，子どもの認知発達に対して，あらゆる型の社会的影響がもたらす効果をあまり評価していないと考えられている。その一方で，子ども同士の協応操作が社会化のプロセスで果たしている役割については論じられている。デ-リシ・ゴールベックは，以下の点に注目してクルーガーの研究をまとめている。まず，子ども同士のやりとりは道徳的推論を促す。子ども同士のディスカッションは，子どもと大人の間で行うディスカッションとは質的に異なる。また，子ども同士のペアに特徴的に見られる積極的な推論の使用は，事後テストでの個々の子どもの，より洗練された推論の予測因になるのである。この積極的な推論については，一緒に課題に取り組むときの，子どもの貢献の仕方や課題への取り組み方の相対的な程度によって判断されている。子ども同士のペアにおいては，高いレベルでの積極的な課題への取り組みが認められた。

　そのため，ピアジェ学派の伝統的な道徳的推論の研究では，社会的に平等であることを強調して，参加者に積極的な話し合いを促すような社会的状況を提供した場合に，

第4章 他者との協同構成による問題解決

子ども同士のやりとりが認知的な発達を促進するという結果を見いだしている。特に，平等であることをふまえながら相手とコミュニケーションをすることは，8歳の女児においては高いレベルの道徳的推論を促進している。

　子ども同士のやりとりが，いかにして科学的推論を促進できるのかという問いについて調べていくと，人とのやりとりが，いかにして幼児期の（科学的な推論を強める）認知的変化に寄与できるのかという問いにも関心が生まれる。この問いに関する研究は，主に1970〜80年代に行われているが（ガートン（Garton, 1992）がレヴューしている），その多くは，子どもの推論の熟達を促進する（あるいは促進しない）条件を特定することを目的としていた。そこでの子どもの熟達に対する理論的な説明は，社会的学習や（能動的・受動的）モデリング，協応操作，葛藤などを含んだ多様な形態をとっていた。個々の子どもの組み合わせ方や集団構成の仕方，物や他の参加者との関わりの程度，そして統制群の設定の仕方などによっても，理論的な説明は異なってくる。ただ，それらの研究に共通している点の１つは，一般に，ピアジェ学派の課題，中でも典型的な保存課題が使われていることである。さらに，非保存状態にある子どもに注目して，事前に個々の課題に成功できることを示した子どもとペアを組ませるという手続きがよくとられている。やりとりの効果は，一般には，能力が低い子どもが，事前テストと比べて事後でどの程度パフォーマンスの伸びを示したかによって測定される。（やりとりの中で子どもは）課題解決に役立つ説明に出会うことになるが，それはその子どもにとっては初めて聞くものである。そのため，事後テストで示すパフォーマンスの伸びは，（保存の）原理に対する理解が，やりとりを通して学習されたことを意味している。このような認知的変化を促進する子ども同士のやりとりの本質を一言で表現するときには，'社会－認知的葛藤' という用語で説明される。この用語は，ピアジェ学派の理論に起源を持つものだが，認知的変化に寄与する要因として社会的な要素も含んでいることを意味している。第１章で明らかにしたことだが，葛藤は，行為の内的な表象が構成される過程において，変化を引き起こすきっかけになると考えられる。社会－認知的葛藤という考え方は，このような変化が，生物学的な要因だけでなく，社会的な要因によっても生じうることを認めている。

　先にも述べたが，ルヴァイン・デゥルヤン（Levin & Druyan, 1993）は，ピアジェ学派の枠組みの中では，子どもの年齢が一つの重要な制約になることに注目し，社会－認知的葛藤がどの発達段階ではうまく機能しないのかという問題について調べている。やりとりの中で表明される自分と対立する意見から何らかの効果を得るためには，脱中心化していることが不可欠である。そのため，操作期段階に達していない子どもに対しては，人とのやりとりが効果的な影響を及ぼすことはない。さらに，自分

より能力的に高い子どもとやりとりをすることが最も効果的になるような子どもにとっては，2人の子どもの間にある認知的な差異や知識の不一致が，さらなる制約となってしまう。加えて，（積極的に課題に取り組む場合とは対照的に）やりとりに対して受動的に関わる参加者は，概して，客観的に測定できるような効果を相手の子どもに及ぼすことはない。さらに，タッジ（Tudge, 1992）は，ある状況において，数名の子どもがやりとりをした後に，実際に（発達的な）退行（regress）を示したという観察結果を示しているが，ルヴァイン・デゥルヤンはこの点についてもコメントしている。退行は，人とやりとりをすることの意義に関するヴィゴツキー学派の解釈によって十分に説明できる。事後テストでのパフォーマンスがどの方向に変化するのかは，子どもの（自分の有能さに対する）自信のレベルによって推測される。この知見がきっかけとなって，ルヴァイン・デゥルヤンは，次のような疑問点を引き出している。その疑問とは，誤った科学概念を引き起こす課題が存在するのではないか，また発達的な熟達を妨げるような課題が存在するのではないか，さらには，その課題が退行を誘発していたのではないかという疑問であった。このような誤概念は，科学的概念とは矛盾するもので，教育や経験を通じても容易に変容させることは困難であると考えられている。一例を挙げると（ルヴァイン・デゥルヤンが使用したものだが），1つの物体が全体で1つの動きをしているときには，その物体のすべての部分は同じ速度で動く（例えば回転する車のタイヤなど）というような誤概念がある。

ルヴァイン・デゥルヤン（Levin & Druyan, 1993）*は，認知的な変化を妨げるが，潜在的には認知的発達を促進するような課題を使って，個人内葛藤と対人間葛藤の条件を比較した。ピアジェ学派もヴィゴツキー学派もともに人とのやりとりが果たす役割について述べているため，ルヴァイン・デゥルヤンは，両者の考えを対立させるというよりは，むしろ，2通りの葛藤が果たしている役割を知ることが重要だと指摘している。個人内葛藤は，矛盾する考え方を子どもに提示することで生じさせる。他方，対人間葛藤は，2名ずつの男児と女児に，様々な問題について話し合いながら一致した答えを生み出すように教示し，その集団の中で行なわれる（意見や話の）対立形態によって作り出された。上述の誤概念を含むような次の2問を使用した。1つは，自

訳者注

*ルヴァイン・デゥルヤン（1993）の実験課題は，中心部よりも外周に近い犬の方が速いスピードで走っていることを予測できれば正解となる。しかし，本文に述べられているような誤概念があるために，（特に回転式コンベア問題においては）子どもは中心からの距離に関わらず，2匹の犬は同じスピードで移動していると判断してしまう（発達を妨げる問題）。特に，ただ，自律的な運動の問題では，外周の犬の方が中心部の犬よりも長い距離を走ることに気づきやすく，誤概念の修正が生じやすい（発達が生じやすい問題）。

律的な運動の問題で，2匹の犬が，中心が同じで一方が他方よりも明らかに大きな円周上を走るというものである。もう1つは，回転式コンベア問題といって，2匹の犬がつながれて回転するコンベアに乗って動くというものである。前者の場合は，犬の足は自律した動きを示すが，後者の場合は静止した状態になる。自律運動の変化については，就学や加齢に伴って，（直線速度を推定することに関しては）正解が増えるという発達が生じやすいと考えられている。回転式コンベア問題では，子どもが誤った答えに'こだわり続ける'ために，発達が妨げられると言われている。前者の問題に取り組むことは，子どもに認知的な進歩をもたらし，一方，後者の問題に取り組んだ後は，子どもは退行を示すだろうと予想された。

　この研究に参加した子どもたちは，私が今まで焦点を当ててきた子どもより年齢が高く，11〜15歳の範囲にあった。およそ半数の参加者は男児であった。事前テスト－やりとりによる問題解決－事後テストの順で実験を実施し，直後テストと2〜3ヶ月後の遅延テストによる事後テストを行なった。比較を行なった実験条件は，集団条件，選択肢問題を個別に解く条件，介入なし（統制条件）の3つであった。分析結果は，包括的でかなり複雑でもあったが，理論的な側面からの示唆を論じるというわれわれの目的からすれば，十分に注目に値するものであった。結果は予想通りで，概して子どもは，自律的な運動問題，つまり発達が生じやすい課題に接した後に，認知的な進歩を示した。また，回転式コンベア問題，つまり発達が妨げられる課題による介入後には退行を示した。後者の場合，子どもは科学的に正しい説明よりも，むしろ誤った概念を保持し続けた。加えて，子ども同士のやりとりは，発達を促しやすい課題条件においては問題解決の熟達を促進し，発達を妨げやすい課題条件では進歩を促す効果も退行を生じさせる効果も混在して現れた。ルヴァイン・デゥルヤンは，この実験の場合には発達を促しやすい問題状況であるが，このようなある特定の状況下では，人との間で生じるやりとりが葛藤を生み出すことに注目している。しかし，彼らはどの結果も葛藤の強さとは直接関係はしないとも述べている。対照的に，いずれのタイプの課題においても，認知的変化は個人内葛藤に関係していた。子ども同士の間に生じる葛藤が大きくなると，個人内葛藤が生じ，それは次に認知的変化を引き起こす。ただし，発達を妨げる課題の場合だけは，退行的な認知的変化が生じた。この複雑な結果は，認知発達を促すものとして葛藤と不均衡の役割の重要性を仮定しているピアジェ学派の強い主張に対して，重大な疑問を投げかけるものだと研究者は主張している。

　一方，人とのやりとり（社会的交換）やディスカッションのプロセスで，子どもは社会的，文化的な価値や概念を取り込むようになると考えるならば，ヴィゴツキー学派の枠組みの中では退行を説明することができる。誤概念は，ある文化の中で人工的

に作られたものと考えられ，共同体によって作られ存続するものだといえる。また，ルヴァイン・デゥルヤンが主張するように，子どもが現在の共同体にある価値や知識を学ぶ上では，たとえそれが問題解決のような難解な領域であっても，人とやりとりをすることは実際に有効な手段となる。

　ルヴァイン・デゥルヤンの議論の重要な側面は，発達を促しやすい問題と発達を妨げやすい問題の違いにあり，それがいかにして子どもの知識の発達に関係しているのかという点にある。幼児は前者の問題ではよいパフォーマンスを示し，一方，後者の問題では，大人を含むすべての年齢で同じようなパフォーマンスになることが実証されている。両者の問題の違いとして，後者のタイプの問題で間違った答えを実際に保有してしまうことの心理学的な意味については詳しく述べられてはいない。改めて，タッジ（Tudge, 1992）のように，（正しい答えが得られた）発達を促す課題における好成績や事後テストでのパフォーマンスの上達の説明として，どれだけ自信をもっているか否かが関わってくるという考え方が浮上してくる。

　まとめると，事前から事後テストにかけて幼児に生じた変化は，課題のタイプ，およびやりとりの過程で生じる葛藤の特質などと関係していた。やりとりの過程で，1つの意見に強く固執するほど，そのような反応が個別の事後テストでも示される可能性は高くなる。このことは進歩にも退行にもあてはまるが，先に指摘したように，どのような因果的な心理過程が，いずれかの場合，あるいは両者の場合に働いているのかは明らかではない。この研究から強調されることは，人と一緒にする問題解決課題の結果の解釈は複雑だということである。また，大切なことは，子どもの年齢や形成された集団の特質だけでなく，研究の対象となった課題の性質ややりとりの特徴にもある。先に述べたことだが，これまでに公表されたいずれの研究も，それぞれの研究を進めていくうえでの問いに応じて，固有の理論的あるいは実験的なパラダイムを採用している。しかし，このような研究の多様性によって，得られた知見を一般化したり，様々な理論的な枠組みと矛盾しない解釈を提案したりすることは非常に困難になる。ルヴァイン・デゥルヤン（Levin & Druyan, 1993）の研究は，ピアジェ学派の葛藤の解消とヴィゴツキー学派の社会的枠組みの考え方のいずれもが，ある種の知見を説明できることを明らかにしている。しかし，この場合，1つのモデルだけでは，すべての要因や結果を統合的に説明することは不可能であり，子どもの認知発達に対して子ども同士のやりとりが果たす役割を調べる研究が複雑であることを改めて指摘している。すなわち，包括的に子どもの認知発達の特徴を描き出したり予測したりすることを可能にするような①単一の実験パラダイムも，②何が子どもにとっての問題を構成しているのかに関する単一の定義（および，過程か結果かにかかわらず問題を

解決するということに関する決まった定義がないことに関連する問題）も，また③単一の説明理論も存在しないのである。

　この章や他の章で述べた（実験的な）証拠の多くは，道徳的，科学的推論を含む種々の形態のやりとり（その多くは葛藤的な性質を持つやりとり）を解釈するために，ピアジェ学派の理論が利用できるという考え方を支持している。結果に現れてくる誤差（例えば，ピアジェ学派の社会 – 認知的葛藤の解釈と食い違う結果など）は，概して，ヴィゴツキーの社会的理論にあるいくつかの観点と一致するか，あるいは矛盾しないことがわかっている。ヴィゴツキー学派の考え方からすれば，問題解決課題そのものの本質はそれほど重要ではない。つまり，課題は，必ずしも理論から考えて構成されたものではないからである。しかし，子ども同士のペア，あるいは集団の特性は，最近接発達領域によって解釈可能なはずである。言い換えるならば，参加者の間には何らかの異なる知識が存在するはずである。結果的に大部分の研究が，それぞれ独自の実験変数の組み方を行なっているが，それは，必ずしも理論を比較，対比させるためではなく，通常は，能力的に劣り，知識が少ない参加者に生じる認知的変化を，客観的に測定することを実現するために行なわれているものである。

授業の中での子ども同士のやりとり

　デ-リシ・ゴールベック（De Lisi & Golbeck, 1999）は，授業を対象とした研究についても論じている。このような研究は，発達心理学の主流からは外れる傾向にあるが，子ども同士のやりとりが認知的な変化や学習に及ぼす影響について調べた研究でもある。デ-リシ・ゴールベックは，デゥヴリースを筆頭とする研究チームの成果にのみ焦点を絞っている。そこでは，授業内での社会的推論の発達，特に社会的知識を構築するうえで，子ども同士のやりとりが果たす役割について広範囲に研究している。例えば，デゥヴリース・ゴンチュ（DeVries & Goncu, 1987；これはデ-リシ・ゴールベック，De Lisi & Golbeck, 1999に引用されている）は，協応操作を奨励するような授業の環境によって，子どもが，どのくらい高度な対人的交渉方略を示すようになるのかという問題について調べている。彼らは，異なる２つの教育プログラムを比較している。両プログラムは，カリキュラムの一部として，４歳児に異なったやりとりを経験させるものであった。授業環境（教師の指導スタイルも含めて）を記述し，それを対人関係的理解に関する子どもの行動に関連づけている。

　この研究がきっかけとなり，いかにして授業環境が子どもの対人的，社会 – 道徳的

な理解に影響を及ぼすのかを調べる研究が次々と生まれた。推論活動に注目すると，構成主義的な授業*の中では，子どもは自由に自分の活動を選択し，教師と双方向的に関わることができる。このような雰囲気があることで，子どもの対人的意識は促され，子どもたち自身で自分たちの授業のルールを育て（キャッスルズ・ロジャース，Castles & Rogers, 1993），そして民主的なプロセスに携わっていくことを可能にする。子どもたちは，他者に対する高い感受性と互いへの敬意の念，また，友だち関係やその他の親密な人間関係を維持するふるまいや表現方法を身につけるようになる。構成主義的な授業は，教師主導的な授業とは違って，積極的な相互の関わり合いを推奨するような共同体精神を生み出す。このタイプの環境では，子どもにとってよい影響や子どもの社会的，道徳的な行動が，次々と生まれてくる。

ロゴフ（Rogoff, 1998）は，授業で子どもたち同士は，いかにして支え合うようになれるのかという問題について論じている。また，子ども同士が教え合ったり，協同したりする事例を使い，それぞれが学習者にとっても教授者にとっても効果的であることを示している。私は，子ども同士のやりとりや子どもの学習の機会を提供するうえで，学校の授業が果たしうる役割について述べているロゴフの議論に限定して考察する。私は，本書の別の箇所で，子ども同士のやりとりが認知的な効果を生むことを示す研究だけでなく，協同を成立させ促進するプロセスについてもふれた。ロゴフの論を読んだ者は，次のことに注目したであろう。一般に学校では，生徒は，大人である教師から教えられるが，さらに重要なことは，どんな研究あるいは子ども同士の協同の中にも，'隠れた'大人が存在しているということである。研究の中には，背後に隠れた実験者が存在し，授業には教師が存在する。社会的な地位もしくは役割が様々な形態の協同の中で機能している部分については，（ロゴフの議論を除けば）これまでの研究の中ではあまり注目されてこなかった。しかし一方で，子ども同士が協同することの効果が最も大きくなるようにデザインされた状況では，たとえそれが隠れていたとしても，大人が役割を果たしていることは明白である。

ロゴフは，教育者に，教室の配置や構造などの物理的な問題だけでなく，そこで行なわれる授業で子ども同士の協同を促すときに大人が果たしている役割についても考えることの大切さを強調している。教師は，協同による学習を支える教授・学習の原理だけでなく，協同のプロセスに対して自分自身が果たす役割や貢献できる面の細部

訳者注

*構成主義的な授業とは，「知識は教師（大人）から受動的に与えられるものではなく，子ども自身が活動の主体となって能動的に環境に働きかけながら構成するものである」という構成主義の考えに従って組織化されている授業（学習環境）のことである。ここでは，教師は，一方的に教えるのではなく，子ども自身が自ら考え発見しながら学習していけるようにサポートを行なう。

についても理解する必要がある。ロゴフは次の2つに注目している。1つは，'授業の中で協同することを通して，互いの学習を支え合う方法を学ぶ子どもを，教師はどのように手助けするのか'。2つ目は，'そしてこのことについて教師が学習していくのを支援する教育的プログラムとはどういうものなのか'（Rogoff, 1998, p.721）。突き詰めてみれば，本書の全体ではないにしても，この章においては暗に支持している考え方といえることだが，子どもの間で思考を共有することを促進するためには，あるレベルにおいて，大人による援助と入力操作が不可欠である。この大人による援助は，学校のような施設をはじめ，学習が発生する社会的，文化的文脈に対しても影響を及ぼしている。さらに，この考え方は，2人の子どもを一緒に課題に取り組むように期待される状況に置く社会的影響の考え方とは対照的である。子どもは，学習を促進するために，どのようにして協応的に操作し，協同し，意思を伝達することを学んでいるのかについて記述するためには，より広い文脈を視野に入れて考えなければならない。

子ども同士のやりとりと大人と子どものやりとり

　先にも述べたように，子ども同士によるやりとりは，それが2人組の場合であっても集団でも，ピアジェ学派の理論や社会‐認知的葛藤の枠組みで解釈，説明されてきた研究を特徴づけるものであった。通常は，年齢が異なる子どもや，形態が異なる介入条件ややりとり，能力が異なる子ども，タイプが異なる推論問題などの間で，実験的な比較が行われる。また，対人間の葛藤が，個人の認知的変化を引き起こすメカニズムであると考えられている。しかし，いかにしてそれが実際に機能するのか，なぜそれが多くの状況下で発達を引き起こすのかについては，未だ十分に解明されていない。

　ホーガン・タッジ（Hogan & Tudge, 1999）は，子ども同士の学習についてヴィゴツキーの理論が意味することを考察している。彼らは，子ども同士あるいは子どもと大人が一緒に問題解決に取り組むときに起こることを記述するためには，理論的な視野を広げることが必要であり，単に最近接発達領域だけに焦点を絞るべきではないということを認めている。さらに，彼らは，ヴィゴツキーの理論に直接触発された研究の多くが，大人と子どものペアを主な対象にして研究に取り込んでいると主張している。ただ，ヴィゴツキーの理論は，ピアジェ学派の理論では子ども同士のやりとりの研究をうまく説明できない場合に，しばしば取り上げられてきたということを思い出すべきだろう。一般に，子ども同士や，より有能な大人と一緒に課題に取り組むこ

とで，子どもがよい影響を受けるような最適な条件は変わりやすいことが示されており，人とのやりとりが，認知あるいは問題解決能力の熟達に対してもたらす効果は明確ではない。さらに，人とのやりとりが，能力的もしくは知識の面で劣っている相手の認知的変化を，どのようにして促進するのかについても解明されていない。相手と競い合って互いに成長していくようなやりとりの中では，コミュニケーションが成立している（ガートン，Garton, 1992）。つまり，特定のタイプのコミュニケーション（例えば，ガートン・プラット，Garton & Pratt, 2001；ガートン・ハーヴェイ・プラット，Garton, Harvey & Pratt, 投稿中；ティーズリー，Teasley, 1995）の中では，より有能なパートナーが，協同的問題解決を制御したり（例えば，ワーチら，Wertsch et al., 1980），やりとりが始まる時点での，最初の能力の絶対的・相対的なレベルとその差異や不一致を調整したりする役割を果たすのである。ホーガン・タッジも，'子どもとその相手の年齢と能力，協同することに対する子どもの自発性，やりとりの相手が行なったより洗練された推論にふれた程度や，その推論を進んで受け入れ自主的に利用した程度をリストに挙げている。課題の性質もまた影響を及ぼすと思われる'（ホーガン・タッジ，Hogan & Tudge, 1999, p.46）。こうして，個人内，対人間，そして文化的な要因はすべて，ヴィゴツキーの理論の基盤として考えられている。また，それらは，問題解決を促進し，認知発達に効果をもたらす際に，人とのやりとりが果たしている役割に対する理論的説明に加えなければならない要因としても考えられている。

　ホーガン・タッジによれば，個人内要因には年齢や性差が含まれる。個人内要因が他にもあることは後述するが，そこに含まれているのは，相対的あるいは絶対的な能力やコンピテンスのレベル，やりとりに参加することへの準備状態（レディネス），協同的問題解決への貢献度やそこから受ける効果，どの程度の学習が可能で，実際に生起するのかという側面に対して深く影響する可能性のある相手に向けられた感受性などである。対人間要因は，'個と個の間で生じるプロセス'（ホーガン・タッジ，Hogan & Tudge, 1999, p.48）であり，そこには，（子ども同士か大人と子どもかといった）協同するペアの特徴，相手となる者との間で異なる能力，感情的・情動的要因，相手への相対的な信頼感や相手から要求された目標を視野に入れて共有した理解のレベル，やりとりのスタイル，フィードバックの役割が含まれている。本章の後の方では，特に，情動的要因と理解と意識の共有の問題に立ち返って考える。

　問題を解決する2人の間のやりとりを理論的に特徴づけることは，別の方法でも可能である。前述のように，その大部分は，ピアジェ学派あるいはヴィゴツキー学派の理論，もしくは，それらを修正した最近の理論と直接あるいは間接的に関係している。

協同的問題解決の最中やその後に生じる，認知的変化の記述や予測に関して理論化するうえで，個々の研究領域がいかに役に立ってきたかを次節以降で端的に述べよう。

心の理論と問題解決

　心の理論とは，社会認知的な知識，つまり，人に関する知識のことであり，とりわけ人の心理的な状態に関する知識のことである。研究領域としての心の理論は，人がいかにして周囲の世界や自己，他者，人間関係を意味づけるか，つまり，日常のくらしの中ではっきりと見えてくる社会的，認知的な心理過程に関する研究を意味している。心の理論の説明や実証的な研究は，ここ20年ほどの間に急激に発展してきており，多くの研究者が心の理論の枠組みを自分自身の研究に取り込んでいる。素朴概念として考えると，心の理論とは素朴心理学のことである。これは人間の心理を理解するときの常識であり，自己や他者の信念，欲求，思考に中心的な役割を与えるものである。心の理論については，協同的問題解決にも広く適用できると証明されたわけではないので，ここでは，詳細に考える必要はない。ただ，主要な問いは以下の点である。

- 心の理論は，理論なのか。つまり，それは，行動を説明したり予測したりできるのか。
- それは，反証可能なのか。
- 大人の心の理論の内実（内容と構造）は何か。
- さらに発達的な観点からの問いとして，心の理論はいかに発達するのか。

　このトピックに関しては，発達心理学の文献上で相当な論争が繰り広げられており，子どもの心の理論の発達の様々な特徴（方法，時期，適用の条件）について提案されている。本書の目的をふまえると，心の理論の研究と認知発達との関係は，人の心理的過程に関して子どもがもっている理論が，いかにして発達し，また，問題解決を含む他の領域に適用可能なのかという点にある。

　カーペンデイル・ルイス（Carpendale & Lewis, 2004）は，子ども，他者，環境という3者関係の中で発達していく心の理論について論じている。子どもは，世界とやりとりをして，自分が理解したことや信念について他者に伝える。この仮説は，ピアジェとヴィゴツキーのいずれにも近く，人とのやりとりを構成している要素は，子どもの認知的な発達にとって重要な意味を持つという見解と一致している。カーペンデイル・ルイスは，子どもの社会的理解と心の理論の発達との間にはどんな関係性が見られるかを確かめている。言い換えれば，子どもの心の理論は人とのやりとりを通

して発達し、そのやりとりによって思考や信念の理解が作り上げられるのである。カーペンデイル・ルイスは自分たちの見解を支えるために、まとまった研究論文を引用し、そこで推論の研究についてもふれている。彼らの主張によれば、子どもは、心の状態を表す言葉を使うやりとりを通して、心理的な状態に関する会話を理解する。そのため、子どもは、社会的、情動的、心理的な世界について、文脈に合った言葉を使うことで、他者がどのように考えたり感じたりしているのかを考え始めるようになる。社会的なプロセスが、幼児の2者間のやりとりや、後に誤った信念の理解や複雑な社会的スキルへとつながる意味の共有を支える基盤となるのである。

フレーベル・ミラー（Flavell & Miller, 1998）は、心の理論が、社会・認知的発達にとって、また発展途上の子どもが統合した理論を適用するうえで、なぜ重要なのかについて3つの理由を挙げている。

1. それは、他の領域における発達と社会・認知的発達を1つに統合する。心の理論は、領域固有な知識の発達や情動的発達など、多様な領域に適用される。
2. それは、社会・認知的発達を、神経生理学や認知科学、哲学などの他の領域と統合する。
3. 心の要素や構造の発達に新たに焦点を定めることによって、子どもは、どのように、いつ信念、思考、欲求の理解を獲得するのか、また、これらの理解と他の行動の発達との関係はどうなっているのかという問いをたてることが可能になる。

心の理論研究では、子どもは、他者を理解しようと試みていく中で、洗練された複雑な表象システムを次第に発達させると考えている。心の理論は、一般には、問題解決はおろか認知発達の説明にも利用されることはなかったが、協同的問題解決の後に観察される認知的熟達と関連づけて考えられることはあった。なぜなら、やりとりや協同の中で他者を意識すること、特に知識の源としての他者への意識が問題解決を促進できると考えられるからである。フレーベル・ミラー（Flavell & Miller, 1998）は、協同的問題解決と深く関わっている社会的認知の分野に対して、心の理論がもっている重要な意味について論じている。関連トピックとしては、思考や知識のような心理状態に対する子どもの理解が含まれる。これらの心理状態は、自他の行動を説明したり予測したりするときに利用され、また、心と行動を密接に結びつける統合的なシステムの重要な一部でもある。協同的問題解決の文脈においては、子どもが、協同に参加している他者の心理的な状態を意識して、それをうまく利用できるようになることが重要になる。子どもは、他者の知識の状態を意識し、その知識が自分自身の知識と同じかどうかを知る必要がある。その知識の違いを明確に意識することは、問題

解決における大きな上達をもたらすであろう。なぜなら，子どもは，問題の解決を促進するために，（問題解決に取り組む前の）最初の知識がどのような状態であり，その知識はどのように利用あるいは変容可能なのかについてわかるからである。このような知識の状態をはっきりさせることは，協同的営みを成功させるためには，きわめて重要なステップになると思われる。しかし，そのためには，知識の違いが存在するかもしれないということを，子どもが意識している必要があり，そのためには自分自身だけでなく他者についても（心を理解するための）理論をもつことが求められるのである。

いかにして社会的なプロセスが学習や認知的変化を支えるのかを，心の理論が説明すると考えると，子どもが自分より有能な子どもやエキスパートと見なされる大人とペアを組むという状況において，心の理論は特別な意味を帯びてくる。参加者同士がコミュニケーションをすることで，知識のレベルを確定することが可能になり，さらに進んだ知識にふれ，使用するという過程を通して，知識の転移が可能になる。どのようなやりとりが，能力的に低い子どもの学習を促進するのかを特定するために，研究の中で注目されたのは，やりとりの中で使われている言葉であった（ガートン・ハーヴェイ，Garton & Harvey，投稿中；ガートン・ハーヴェイ・プラット，Garton, Harvey, & Pratt，投稿中；ガートン・プラット，Garton & Pratt，2001；オコナー，O'Connor，2000）。しかし，知識や専門性のレベルを確定したり，課題を始める前に役割と責任性を整理したりするために，子どもは，どのように相互の話し合いを行なっているのかという点について調べた研究は行なわれていない。

ガートンや共同研究者たちは，子ども同士あるいは子どもと大人のやりとりの中での，コミュニケーションの側面に焦点を合わせている。研究の大きな目的は次の2つにまとめられる。

1．問題解決中のコミュニケーションのパターンを記述し，それをその後に単独で行なう際の問題解決と関連づけること。
2．相手の知識の状態が自分と同じあるいは異なると子どもが意識しているということが，やりとりの中で使用された言葉によって表されるかどうかを見ること。また，相手の知識が自分より豊富であった場合，学習に役立てるために，子どもはその知識をどうやって入手し利用することができるのかを確認すること。

ガートン・プラット（Garton & Pratt，2001）は，プランニングやモニタリング，知識の共有や課題制御のような種々のコミュニケーションを必要とする課題は，認知的な心理過程に影響するという仮説にもとづいて研究を行なっている。2人組が使用

した言葉を解析した結果から，協同のプロセスを解明するための糸口がつかめると提言している。加えて，協同で問題解決するときや事前／事後テストを行なうときに，2つの異なってはいるが関連している課題を用いることで，一般的あるいは課題固有な問題解決方略が，協同するプロセスの中で発達するかどうか，またそれらが相互に伝達されるかどうかを評定できるようになった。研究の目的は，様々なタイプの2人組になった子どもの問題解決行動を，事前と事後テスト間で比較することであった。

　ヴィゴツキーの最近接発達領域理論によって提示された理論的枠組みを踏まえて，実験条件で分析の対象となった子どもは，事前テストでより有能であると判定された子どもとペアになって課題に取り組んだ。能力的に同じ子どもが組になる対照条件のペア，また，協同に加わらない統制条件の子どもとの比較が行なわれた。

　この研究によって次のことが明らかになった。同じ能力同士のペアや協同を体験していない子どもと比べると，4歳と7歳の能力的に低い子どもは，相対的に高い能力をもった同年齢の子どもと組んだ場合に，やりとりの体験後のパフォーマンスが改善していた。言葉の使用における違いも見られ，7歳児は，年少の子どもよりも，相手とやりとりをするときに，手続きを表す言葉や状態を記述する言葉を多く使用していた。さらに，（いずれの年齢でも）低い能力の子どもは，'確認のため'の言葉をより頻繁に使っていた。このことは，子どもが，自分と相手との間にある知識やスキルのレベルの違いを意識していたことを物語っている。以上のことが明らかになったにもかかわらず，問題解決のパフォーマンスの改善が，やりとりの中でペアのだれかが使ったどのパターンの言葉と関係しているのかを特定することはできなかった。

問題解決における自己制御

　ヴィゴツキーの理論によれば，子どもにとっての主要な発達課題の1つは，問題を解決する責任を引き受ける能力である。通常，最近接発達領域においては，子どもは，より経験を積んだ相手が果たしている役割や責任を取り入れることで，自己制御の能力を発達させると考えられている。子どもの自己制御能力だけでなく，親による（言語的，非言語的な）制御が，子どもの問題解決に影響を及ぼしていることに多くの研究が注目している。これらの制御の仕方には，課題を構成している様々な要素（例えば，課題を順序だてて系統化していくことや完了すること）に対する責任を引き受けることや，問題解決を援助するための指差し，注意の方向づけ，モニタリングなどの行動が含まれている。これらの行動は，やりとりの初期の段階では，主に大人がその

役割を引き受け，大人は子どもの行動よりも先に自分自身の行動を確立させる。やがて，協同的問題解決過程で，その行動を次第に子どもに移行していく。このような営みは，教授ではなく，'教え・学ぶこと'と表現した方が，その特徴をよく表している。なぜなら，親の行動（教える）によって，その後に子どもが単独で行なう問題解決のパフォーマンスが，やりとりの前よりも良くなる（学ぶ）かどうかを予測することができるからである。

　ワーチら（Wertsch, McNamee, McLane & Budwig, 1980）*は，母親による制御が幼児の問題解決に及ぼす効果に関する最初の研究で，どのようにして子どもが自立した'認知主体'になっていくのかを理論的に理解するために，社会的な集団プロセスがいかに寄与しているのかを調べている。研究に参加した18組の母子の内訳は，平均年齢が2歳9ヶ月の子どもとその母親の組が6組，平均3歳7ヶ月が6組，平均4歳5ヶ月が6組であった。母子のペアは，手本にならってパズルを完成させる課題に一緒に取り組んだ。パズルのピースのいくつかは，手本を参照したときにだけ，正しくはめ込むことができるものだった。パズルのピースを正しく置くことができたかを調べるだけでなく，母子の言語的・非言語的行動もコード化された。特に，問題に含まれている材料に対する子どもの注視行動，母親や子どもの物や場所に対する指差し行動，互いの相手に対するパズルのピースの手渡し行動などである。重要なことは，子どもがパズルのピースの正しい置き場所を知る手がかりとして，どの程度，視線を向けて手本を参照したか，また，その参照行動の直前や直後に，どのような行動が見られたかという点にある。

　ワーチらは，記録された注視行動の頻度には年齢による違いはなかったが，一方で，母親に制御されて生じた注視行動の頻度は，年齢に伴って減少するということを見いだしている。このことは，自己制御が加齢に伴って増加していることを物語る証拠であると考えられた。さらに，概して，子どもは手本を参照したとき（それを自主的に行なったのか，母親の注視や指差しの後に行なったかにかかわらず），パズルのピースを正しくはめ込むために，年少の子どもは時どきその参照した知識を使えないこと

訳者注

*ワーチら（1980）のパズル課題は，2種類のピースで構成されている。1つめの種類のピースは，形がすべて異なっており決められた場所にしかはめ込むことができない。これは手本を参照しなくても，枠の形を手がかりとして正しい位置にはめ込むことができる。別の種類は，形はすべて同じ正方形で，色だけが異なるピースである。これは手本を参照して，色を手がかりにしないと正しい位置を特定することができない。

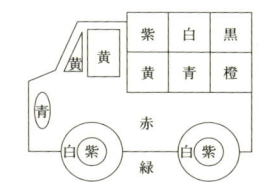

があるが，年長の子どもは自主的にその情報を使えることがわかった。他者制御から自己制御に変わっていく個体発生的な発達だけでなく，やりとり場面の中で起きた変化（あるいは微視発生的な変化）も分析された。その結果，1つのセッション内で変化が生じたことを示す個々の事例は存在していたが，データ全体としては，微視発生的なレベルで変化が生じていることを示してはいなかった。パズルのピースを正しくはめ込むためだけでなく，問題を解き自立的に活動する責任を引き継ぐためにも，母親による制御が手段として役立つことを年長児は理解できたと研究者は結論づけている。言語的・非言語的手段によって，母親が子どもに，より大きな援助を提供していることを示した結果が，この結論をさらに裏づけている。この草分け的な研究は，最近接発達領域においては，制御は個人間（精神間）から個人内（精神内）へ移行するというヴィゴツキー学派の考え方に，明らかな支持を与えるものだと考えられている。

　フロイント（Freund, 1990）は，ワーチらと同じ流れの中で行なわれた研究の多くは，子どものコンピテンスと年齢の要因を混同し，また，やりとりの後の子ども単独によるパフォーマンス（あるいは習得した程度）を測定していないと主張している。さらに，彼女の主張によれば，パフォーマンスを測定できなかったということは，①大人による制御は適切であったのか，また，②制御に見られた差異が，子どもの年齢やコンピテンスの違い，言語水準や大人の期待などの差が影響した結果として現れたのかどうか，も断定できないことを意味している。彼女は，'実際の子どものコンピテンスよりも，年齢をもとに予測した課題の難易度の方が，課題制御と関係が深いことを物語る'証拠を挙げている（フロイント，Freund, 1990, p.114）。

　しかしながら，一組の親子の中で生じる親の制御の変化を，子どものコンピテンスの関数として見てきた1990年以前の研究では，年齢の効果とコンピテンスの効果とを分けられるかどうかについて結論には至っていない。さらに，フロイント（Freund, 1990）は，一般的な話として，大人と子どもが一緒に取り組む問題解決に関する研究で，子どもが単独で行うパフォーマンスが上達することを検証するために計画された研究は一つもないと述べている。この問題を克服するために，フロイントは，母子のやりとりが子どもの年齢や課題の難易度，課題を構成する要素と関連しながら，その後の子ども単独でのパフォーマンスや母親の制御的な行動の変化に及ぼす影響ついて調べる研究を提案している。さらに，3歳と5歳の子どもが，母親とのやりとりの後に単独で行なった場合のパフォーマンスを，大人の実験者から正しいフィードバックを受けた子どものパフォーマンスと比較した。それは，単なるフィードバックによる修正と対比させることで，母親の制御が果たしている役割を確認することが必要だと考えたからである。

難易度が異なる2つの分類課題*を使用し，課題の難易度と子どもの年齢やコンピテンスの違いによって結果を予測する仮説を立てた。簡単に説明すると，やりとりのセッションでは，母親に対して，課題材料を分類すること（一般的な家屋のように，ミニチュアの家具をドール・ハウスの部屋に分類する），また，自分が良いと思うやり方で，教えるのではなく，子どもを援助することを教示した。難易度が異なる2つの課題を作り，カウンターバランスして子どもに提示した。子どもは，まず最初に，テスト前に実施した材料と同じ材料で分類課題に慣れ，その後に単独で別の材料を使った課題も完成させた。

　大人が家具の機能性を考えて分類した結果を基準にして，子どもが行った家具の分類の正確さを計算し，その子どもの分類能力の成績とした。その際，家具の項目数，部屋の数，家具以外の関連のない選択肢を除いた数を考慮に入れた計算法を使用した。やりとりセッション中の母親の活動の内容（課題の要素）を，家具の選択，適切な部屋の選択，部屋の中への家具の配置というようにコード化した。もし母親が子どもに先立ってある行為を起こした場合には活動内容に責任をとれたと見なし，あるいは，もし子どもにヒントを与えたり子どもの行為に指示を与えた場合には，子どものパフォーマンスを制御できたと見なす。もし，子どもが母親からの指示を受けなくても，家具や部屋を選んだり，あるいは家具を配置したりしたならば，課題要素（活動の内容）を自己制御できたことになる。それぞれの活動の頻度が集計された。母親の発話内容もコード化して分析した。そこで使用されたカテゴリは，'（家具に名前をつけるなど）課題固有の材料に関する言及'，'家具や部屋の選択方略'，'("～をしよう"などの）計画，目標，モニタリング'，'フィードバックやコメントなどその他'のカテゴリであった。

　母親とその子どものやりとりには，子どもの自立的な（単独での）問題解決の促進に影響を及ぼす側面があることを結果は示していた。特に，単にフィードバックだけを受け取った場合とは対照的に，人とのやりとりを経験した子どもは，その後より正確な（大人と同じような）材料の分類を行なっていた。このことは，フィードバックで与えられる正解よりも，人とのやりとりの中に存在する要因が，子どものパフォーマンスを上達させる鍵となることを示唆している。フロイントは，家具のような身近

==================訳者注==================

*フロイント（1990）の分類課題とは，ドール・ハウスの中にある部屋に，おもちゃの家具を配置していくものである。例えば，冷蔵庫，流し台，テーブルのミニチュアはキッチン・ルームへ，テレビ，本棚はリビング・ルームへというような分類を行なう。難しい課題では，35個の家具を6つの部屋に分類し，やさしい課題では，28個の家具を4つの部屋に分類する。前者には6つ，後者には4つのディストラクター（本来，一般的な家屋の中には存在しない物）が含まれている。

な材料を使う課題で、たとえ難しい課題の場合でも、その課題に取り組むにあたって高いレベルでの共通の認識と知識をすでにもち合わせている参加者は、パフォーマンスをさらに高める可能性があると指摘している。母親（もしくは、かなりの期間を子どもとともに過ごしている人）は、自分の子どもの行動を指導・監視できるという点で特権的な立場にあり、それゆえ子どもの認知発達に対しても優位な立場にあるという考え方は重要である。しかし、人とのやりとりが果たしている役割や、相手の社会的な地位や子どもとの関係、あるいは専門性のレベルが、いかにして子どもの問題解決の促進に大いに影響しうるのかに関する議論に対しては、本来向けられるべき注意が払われていない。

　母親による子どもの制御は、難しい課題において最も顕著に見られたが、また母親が責任を引き受けるという事例も、この条件において見られている。課題が易しくなるにしたがって、母親の役割は子どもに対してより制御的で一般的になる傾向があるために、子どもは課題要求が少ない条件下では、自分で責任をより多く引き受けるようになる。さらに、母親の責任の取り方と制御の仕方は子どもが何歳であるかにより異なる。例えば、3歳児の母親は、課題の重要な要素（部屋の選択）において、より大きな責任を引き受けていた。一方、5歳児の母親は、より多くのプランニングやモニタリングの言葉を使用していた。この結果は、子どもの言語的コンピテンス、もしくは問題解決タイプの課題への慣れなどの要因と関連づけることもできるが、これらの要因は年齢とも関連し、交絡している可能性もある。一般的に、制御のレベルは、年齢と関係しており、年齢はコンピテンスに関係していると仮定されている。母親が、'子どもの行動を制御する手段や、方略、プランニング、目標の方向づけ、言語化された内容に対するモニタリングを提供する'手段を、課題要求に合わせて変えた結果、子どもが単独で行なう問題解決の上達が生じたというのが、結局のところ'最善のシナリオ'ではないだろうか（フロイント、Freund, 1990, p.125）。このようなシナリオは、先行研究に認められた方法論上の問題点を克服するだけでなく、ヴィゴツキーの理論も支持していると主張されている。

問題解決における援助を求める行動

　プースティネン（Puustinen, 1998）は、子どもの援助を求める行動の中にある自己制御の発達について論じている。いつ、どのようにして援助を求めればよいかを理解する能力をもつことは、重要な発達である。子どもは、何かわからないことが生じ

第4章 他者との協同構成による問題解決

たときにそれを伝え，必要とする情報を求めて誰のところへ行けばよいかがわかり，その人に近づき，適切なふさわしい質問ができる力をもたなければならない。これは，いくつかの要素から成る複雑な行動であり，当然ながら，様々な形で研究されている。ネルソン-ルガールら（例えば，Nelson-Le Gall, 1985；Nelson-Le Gall, DeCooke & Jones, 1989；Nelson-Le Gall, Kratzer, Jones & DeCooke, 1990）の研究は，援助を求める行動に関連する社会的，認知的な側面を調べている。彼女は，その行動の複雑さを認め，援助を求める行動は5つの要素から成るとしている。それは，援助の必要性の意識，援助を求めようという決断，援助を与えてくれそうな人の識別，援助を引き出す方略の使用，援助を求める努力に対する態度である。

　援助を求める行動は，心の理論（役立ちそうな知識を他者がもっているという気づき）やヴィゴツキー理論と理論的に密接な関係がある。ウィニーカーメン（Winnykamen, 1992, 1993，プースティネン，Puustinen, 1998に引用）は，援助を求める行動は，やりとりの中での知識獲得について調べる枠組みの中に位置づくと信じている。このように援助を求める行動も，人とのやりとり行動であり，他者制御から自己制御への変化もそこには含まれている。協同的問題解決の中での援助を求める行動を説明するには，最近接発達領域理論が役に立つ。子どもはひとりでは問題を解けないことがわかると，（いかにして子どもが仲間のコンピテンスのレベルを測ったり，確かめたりできるのかという疑問はさておき，より有能な子どもや大人に）援助を要請する。このように，子どもは，エキスパートの援助があれば，うまく問題を解決できることを意識していることがわかる。これは，問題解決の際のやりとりの中で何が起きているのかという問いに関して，ヴィゴツキー学派の枠組みの中で構築されたものとは明らかに異なる解釈である。一般に，より経験豊かな相手が主導して，初心者もしくは能力的に低い子どもに，問題解決の責任を次第に移していくと考えられている。援助を求める行動に対する解釈の中では，課題や問題解決を完了するために，援助の必要性を意識し，その援助を要請あるいは探索し，新たな知識を使用することに，子どもはより積極的な役割をとっている。

　プースティネン（Puustinen, 1998）の研究は，この種の考え方を背景として行なわれた。彼女はヴィゴツキー学派の理論的枠組みを使って，援助を求める行動の中にある自己制御の発達を調べることを目的とした。最初に，彼女は自己制御を次のように操作的に定義している。

- 援助の必要性の意識。
- 援助が必要な事項に対する質問の限定。
- すでに受け取った援助の再利用。

彼女は，これらを，援助を求める行動，情報の転移と一般化可能性，援助の再利用に関する既存の文献レヴューや子どもの質問の使用に関して行なった幼児と関わっている保育士たちとの話し合いから考えていった。

　プースティネン（Puustinen, 1998）は，研究では7歳と10歳の子どもを比較しているが，後者を，多少あいまいだが，'進んだ' 子どもと命名している。子どもには論理的な推論問題を単独で解かせている。もし子どもが必要だと思えば援助を求める機会は与えられ，そのときは実験者が問題解決に役立つ説明（道具的な援助）や解答（実行的援助）を提示した。年長の子どもほど，援助を求める必要性を意識し，援助を求める行動を限定し，類似した他の課題で以前に受け取った説明を再利用することができるだろうという仮説をたてた。実際の行動を記録するだけでなく，子どもには10件法の自己評価による評定をさせた。

　援助を求める必要性の意識の程度は，推論課題の成績と自己評価尺度の評点の一致度との関係で測定した。ビデオテープの書き起こしからは，6つの援助を求める行動を特定した。書き起こされた記録には，確認のための発言も含まれ，どのようなタイプの質問がなされたのかを調べるために使用された。受け取った援助の再利用については，質問（分からないこと）があるにもかかわらず他の援助を求める行動が生じない場合に，再利用があったと判断した。これは，答えを理解していることを示すもので，自己制御の証拠となるものと考えられた。

　年齢に伴うような行動の変化は，期待したほどには顕著に現れなかったが，一方で，年長の子どもと学力的に高い子どもは，援助を求める行動に対する大きな自己制御を示すことができた。実際に，子どもの学力が調査を行なった3領域，すなわち，援助を求める必要性の意識，質問の限定，方略や知識の再利用を予測する有効因子となった。学力的に高い年長の子どもは，自己制御的に援助を求める人であるための厳密な条件のすべてを満たしていた。

　この研究の結果は，子どもが実験者ではない他者（大人や能力的に低いか同等か，あるいは高い子どもなど）とともに問題解決に取り組む場面を扱う研究には，示唆的である。プースティネン（Puustinen, 1998）の研究では，実験者の役割が，社会的地位と区別されていなかった。学校に通っている子どもであれば，援助を求めるときに，教師に質問をすることに慣れている。協同的問題解決の中で何が起きているかを知ることは興味深いことである。そこでの重要なことは，もちろん子ども同士のやりとりの場合であるが，相手の知識状態を確認することである。相手が知識や援助の源となれるのかどうかを判断した後に，能力的に劣る子どものほうが自分には必要な専門的知識がないということを意識しているかという問題が関係してくる。このことは

心の理論の観点と子どもの認知発達を密接に結びつけるものであり，今後，より深く解明する価値のある課題となるだろう。

協同的問題解決における発話することの役割

　大人や自分より有能な子どもとやりとりをした後に，どのようにして子どもの問題解決が上達するのかを調べる方法の一つに，やりとり自体の特徴を調べるということがある。本章で先に取り上げたワーチらやフロイントの初期の研究は，ある意味では，学習に効果を及ぼしそうなやりとりの側面を特定することに着手していたといえる。これらの研究では，制御的な役割を果たす母親の行動の言語的，非言語的な側面に注目し，これらの各側面の行動や，その行動が子どもに転移することが，その後の子どもの問題解決能力の上達に，いかに役立っているかが調べられていた。しかし，2人の子どもがペアになって一緒に課題に取り組んでいるときには，一体何が起きているのだろうか。これは，ティーズリー（Teasley, 1995）によって提起された問いである。彼女は，子ども同士のやりとりを検討し，やりとりにおけるコミュニケーションの役割を強調してきた過去の研究に注目している（ガートン，Garton, 1993を参照）。彼女は，（ピアジェ学派やヴィゴツキー学派の研究で述べられているような）内的発話や，思っていることを声に出す発話，つまり問題解決と同時に言語化される発話の発達と役割に関する現在までの研究を整理している。彼女は，いずれの研究も，問題解決と話す行為の間には密接な関係があること，発話が役割を果たすことで問題解決の上達が生じることを強調していると結論づけた。協同的問題解決場面におけるコミュニケーションの中での議論，証明，説明など，類似した種類の発話にも注目し，やりとりが表面上成功するためにそれらの発話が役立っていることもわかった。

　発話することと問題解決の関係を研究するためには，ティーズリー（Teasley, 1995）は，2つの変数を分ける必要があると判断した。そこで彼女は，従来の協同的な子ども同士の組み合わせに実験的な条件群を追加した。すなわち，子どもがひとりで声に出しながら発話するという条件と，話すことが許されない相手と組むという条件である。具体的な研究仮説は以下の通りである。

- 発話をする子どもは，発話をしない子どもよりも，より効果的に問題を解決するだろう。
- （プランや方略についての）説明的な発話は，発話がない場合や問題とは関係がない

発話をする場合と比べて，学習により大きく関係するだろう。
- 子ども同士で課題に取り組む子どもの方が，ひとりで取り組む子どもよりも，より多くの発話，より説明的な発話を生成するだろう。

実験課題は科学的推論課題*であり，子どもの年齢は10歳前後であった。子どもはまず，事前テストとなる訓練セッションに参加した。実験セッションでは，単独か，あるいは同性の子ども同士のペアで課題に取り組み，話し合いながら，あるいは話をしないで課題に取り組むように教示された。そして最後に事後テストとしてインタビューが行われた。分析の主な関心は，セッション後に生じた学習にあるのではなく，実験セッション中に子どもが示す推論課題を解く能力にある。

発話の量（発言回数）と（カテゴリにコード化された）発話タイプを分析し，推論課題については，生成された仮説の数を含むいくつかの次元から得点化した。これらの仮説は，子どもによって複雑に異なっていたが，個人レベルでの子どもの量的なデータを生み出し，個々の子どもを比較する目的で使用された。結果を要約すると，2人組で発話をした子どもは，単独あるいは話をしなかった2人組の子どもよりも，問題を解決に導くよりよい仮説を生成していた（ただし，必ずしも有意にそうであったわけではない）。さらに，2人組で話をした子どもは，単独で課題に取り組み発話をしなかった子どもよりも，答えについて有意によい理解を示していた。概して，発話することが結果的な成功に大きく役立っている限りは，発話をする／しないという変数の方が，2人組／単独という変数よりも重要になる。しかし，発話の中には，他者に向かうものもあれば，自分自身に向かうものもある。ティーズリー（Teasley, 1995）は，これらの違いを明らかにしたいと考え，発話の量とタイプを2つの条件下で比較している。彼女は，単独で課題に取り組んだ子どもの発話は，全体の発話量に対して，途切れやすさと変わりやすさが目立つ特徴であることを確認している。相手がいることは，コミュニケーションを継続させ，流れを持続させることを保証する。しかし，より多くの発話があるほどよいパフォーマンスが導かれると結論づけるのは早急過ぎるであろう。発話のタイプには質的な違いもあり，2人組の子どもはより多くの説明的，あるいは方略的な発話を生成し，単独で課題に取り組んだ子どもは，記述的な発話を多く行なっていた。

結論として，ティーズリー（Teasley, 1995）が示したことは，"相手と一緒に科

=============訳者注=============
*ティーズリー（1995）の実験で用いられた科学的推論課題は，コンピュータのプログラミング課題である。8種類のコマンドを使って，ディスプレイ上に表示される宇宙船を操作するプログラムを作成する。ただ，8つの中に1つだけ，どのような動きをするかわからないコマンドがあり，被験者は，プログラムの作成と実行を試しながら，そのコマンドの機能について推論しなければならない。

学的推論課題に取り組んで発話を生成した子どもは，相手の有無にかかわらず発話をしなかった子どもより，より高く評価される仮説を最終的にもつということであった'(p.217)。言い換えると，この研究は，発話することが問題解決の成功に効果をもたらすことを，それも特に相手と一緒に取り組む場合に，そうであることを示している。このことが，推論問題の解決を可能にする仮説を生成する機会を増やしているようである。しかし，ティーズリーの総括的な結論には多少の制約が加わっており，彼女は，授業での学習や教授に対して，人と一緒に話すことが及ぼす認知的な効果の意味については考察するだけにとどめている。

　ガートンら（Garton, Harvey & Pratt, 投稿中）は，親子２人組で問題解決を行なった場合に使用された言葉と結果について調べ，あわせて先に報告された子ども同士の２人組の場合の結果（ガートン・プラット，Garton & Pratt, 2001）と比較した。この研究では，個々の子どもとその親の間のやりとりで使用された言葉に特に注目している。４歳前後の子どもが，親とやりとりを行うセッションに加え，単独で行う事前，事後のテストに参加した。大人と協同することは，分類課題のパフォーマンスを上達させるうえで，子どもに認知的な効果をもたらすだろうと予想された。また，（事前－事後テスト間のパフォーマンスの改善の程度によって測定される）認知的変化が生じる基本的なメカニズムについては，大人からの援助が密接に関係していると予想した。その援助とは，分類課題への一般的で方略的な取り組み方が発達するように，プランニングに関する言葉の使用が表れてくるという援助の仕方である。最後に，親子２人組のコミュニケーションのパターンは，子ども同士の場合とは異なるだろうと予想された。特に大人は，チェックやプランニングを促す言葉を使って子どもの足場作りを行なうが，そのように大人が陰で役立っていることを，子どもが意識し理解しているかどうかは，子どもが大人の指示に応じているか，また，子ども自身が手続き的な言葉を使っているかといった点に反映されるだろう。

　結果は，概して，４歳児は親との協同を体験した後，別の分類課題においても上達した問題解決能力を示すことを明らかにしている。また，分析の結果は，親子の２人組に加わった子どもと，能力が異なる子ども同士が組んだ２人組の能力が低い方の子どもの両者に，有意な分類スキルの上達が生じることを示している。このことは，問題解決の点において，優れた能力を持っている大人や，より能力的に高い子どもが，スキルが低い協同者のパフォーマンスに対して大きな影響を与えることを物語っている。

　この研究は，協同のプロセスの中にある心理過程について深く理解するために，問題解決のパフォーマンスの結果に加え，どのような言葉が使用されたのかという観点

からも協同をより緻密に見ていくことを目的としていた。概略をまとめると，一組の親子の親が使った言葉と子が使った言葉とを比較したとき，また，親子でペアになった親と子が使った言葉を子ども同士のペアと比べたとき，言葉の量とタイプに有意な差が見られた。具体的に言うと，4歳の子どもと一緒に課題に取り組んだ親は，他のどのグループよりも頻繁に発話を行なっていた。また，親子でペアになった子どもは，相手の能力のいかんにかかわらず，子ども同士でペアになったどの子どもよりも，より多くの発話を行なっていた。

　もし，使用された言葉の総数と問題解決の上達との間に有意な関係があるとすれば，親子のペアになった子どもが生成した発話の多さは重要なポイントになる。ティーズリー（Teasley, 1995）も，協同的な発話の総数と，推論方略の上達との間に有意な関係があるという今回の結果に類似したパターンを発見している。問題解決に関する発話が頻繁になるほど，スキルの上達が生じる。また，4歳児の言葉を引き出すコンピテンスは，子どもよりも親の方が優れているようである。協同的なプロセスの中で，親と子どもが使用した言葉のタイプにも，はっきりとした違いが認められた。使用された言葉の総数の差を説明する際に，協同の中で親は，主として子どもを抑制したり，命令したりする言葉を使っていることが見いだされた。大人と課題に取り組んだ子どもは，記述的，手続き的な言葉を親よりも多く使用しており，その記述的な言葉の使用は，他のどの子どもよりも多かった。最後に，最も興味深かったことは，親によって使用されたプランニングを促す言葉と，子どもの問題解決の上達との間に密接な関係が見られたことである。このことから，親のプランニングに関する言葉は，子どもの問題解決過程でのパフォーマンスの向上に，有意に寄与しているというフロイント（Freund, 1990）の知見を支持するものであった。

　やりとりのセッションの中で親が使用した言葉と能力的に高い子どもが使用した言葉とは，同じ教示が与えられたにもかかわらず，かなり異なるものであると結論づけられた。（記述的な言葉の使用という）1つの例外を除けば，子どもがどの問題解決グループに参加した場合でも，また，事前テストで測定された初期の分類能力に差があったとしても，子どもが使用した言葉のパターンには，特に違いは認められなかった。子どもが手続き的で記述的な言葉を使用していたことからもわかるように，親からの質問と同意は，子どもが，具体的で目的が定まった方法で問題解決について考えることを促進していた。フィードバックの使用が協同的問題解決の結果を向上させることは，すでに示されていたが（タッジら，Tudge et al., 1996），親は，子どもの注意が課題から逸れないようにするためには，どのようなタイプのフィードバックが必要かを判断することに比較的熟練しているのだと思われる。

第4章 他者との協同構成による問題解決

　ガートンら（Garton, Harvey & Pratt, 投稿中）は，親が使用したプランニングの言葉と，事後テストで示される子どもの問題解決の上達との間に密接な関係が見られたことは，子どもの認知発達に対する足場作りをするとき，どのような説明をするかの大切さを支持するものであると解釈した。プランニングを促す言葉は，親が子どもにして欲しいと求めていることが何であるのかを明確にし，それを子どもが求めに応じて受け入れたことが，事後テストの課題でもうまく利用できるようになることにつながる。また，プランニングの言葉と事後テストでの子どものパフォーマンスとの間に密接な関係があったことは，問題解決中に自分を援助している大人の役割に対して，子どもが注意を向け，意識することの重要性を強調している。一般的には，後の問題解決の促進は，単に親子2人組の中で生成される豊富な言語環境からもたらされるというようなものではない。協同的な課題に対する親の方略的な取り組み方が，子どもがより効率的な問題解決スキルを生み出すことへの援助を可能にするのであろう。このことは，課題に対する専門知識の有無とは直接関係してはいない。なぜなら，より'経験の豊富な'あるいは能力的に高い子どもが，同じパターンの言葉を使うわけではないからである。この結果は，大人のある特別な言葉の使用が，学習中の子どもを援助し，手助けする役割を果たすことを物語っている。

　ファーセット・ガートン（Fawcett & Garton, 2005）は，事前・やりとり・事後テストという実験計画を使って，子どもが2人組で分類課題を完成させる場面で，2つの形態の協同的問題解決を比較した*。1つの形態では，子どもは互いに話すことができ，他の1つでは子どもは発話することを明確に禁止されるというものである（ただし，発話することを完全に禁止するのではなく，最小限に留める）。やりとりに取り組んだ子どもと，カード分類課題を単独で完成した子どもとを比較した。2人組で問題解決課題に取り組んだ7歳児は，単独で取り組んだ子どもよりも，協同を行なっている間に有意に多くの分類を完成させた。加えて，協同する際に，比較的能力が高い子どもとペアになった子どもだけが，事前から事後テストにかけてパフォーマンスが上昇を示していた。より具体的に言えば，自分より有能な子どもと一緒に課題に取り組んだ能力的に低い子どもは，単独で取り組んだ子どもや能力的に同等もしくは自分より低い相手と組んだ子どもよりも，比較的多くの属性にもとづいてブロックの分類を完成することが，後にできるようになった。この結果は，ガートン・プラット

―――――訳者注―――――
*ファーセット・ガートン（2005）の実験で使われた課題は2つある。1つは，ブロックを色，形，大きさ，広さという次元に注目して分類することである。別の1つは，種類，文字，デザイン，飾りが異なる服の絵が描かれたカードを分類する課題である。いずれも，1つの次元や，複数の次元の組み合わせにより，最大で14通りの分類が可能である。

(Garton & Pratt, 2001) によって見いだされたものと一致している。

　2人組の相手との言語的なやりとりを最小限に制限された子どもや，単独で課題に取り組んだ子どもよりも，話しや説明をしながら協同するように教示された子どもは，事前よりも事後テストにおいて，比較的多くの数のブロックの属性の分類を完成できるようになった。このことは，単に一緒に課題に取り組むというのではなく，むしろ積極的にアイデアを交換することが，パフォーマンスの上達には不可欠であることを示唆している。分類能力が高い子どもと協同を体験した低い能力の子どもに限定して分析したところ，自分が行なった分類の説明を相手から求められた子どもは，言語的なやりとりを最小限に制限された子どもよりも，事前から事後テストにかけて有意により多くの分類能力を獲得していたことが示された。

　これらの知見が物語っているのは，協同的に課題に取り組む子どもにはパフォーマンスに対する効果がもたらされるが，個々の子どもに対する長期的に認知的な効果が持続するかどうかは多くの要因に影響されているであろうということである。子どもが，事前テストで示していた水準よりも高度な推論にふれること，また，子どもがこの推論を有効だとして受け入れることが重要であろう。加えて，積極的に協同に加わることや論理的に考えられたコミュニケーションが，重要な要因として潜在しているようである（ファーセット・ガートン，Fawcett & Garton, 2005）。

結　論

　本章で述べられてきた研究から，様々な形態の自己制御を確認することができ，問題解決や学習の上達と関連づけて考えることができた。これらの自己制御には，間主観的なプロセスを通して，他の可能性のある答えや仮説をモニターし，話し合い，それらを検証することに責任をもつために，言語的・非言語的な手段を使うことが含まれている。先行研究は，様々な計画や方法で学習について研究してきているが，子どもたちは問題を解決するとき，自己を制御するために，機会（それがどのように提示されているかにかかわらず）を選び，取り入れ，もしくは利用する能力をもっており，そのことが問題解決の推論や学習の上達に結びつくことをそれぞれの研究は示している。特に，子どもが相手と一緒に課題に取り組んだり，実験条件が援助を求めることを許している場合に，さらなる価値がつけ加わる。一般には，これらの環境は，新しいアイデアが生まれ，議論・評価され，また役割と責任が割り当てられ，取り決められるために，協応操作や協同を促進すると言われている。実験的な研究において，子

第4章　他者との協同構成による問題解決

どもがこれらの機会をどの程度利用できるかは，研究計画の方法や研究を支えている理論的な仮説のあり方にかかっている。子どもを組み合わせ，そこで何をするのかを観察することは，それほど容易なことではない。理論的な基盤としっかりした研究すべき問いにもとづいて，実験状況は慎重に作られている。それゆえに，研究の方法には多様性があるにもかかわらず，一般的な結論は似たものになるのである。

　協応操作と協同を通じて子どもが選択肢や別の答えを探索し，様々な役割を果たしながら学習できるように状況が構成されているときには，学習や認知発達，あるいは認知的変化が，問題解決の上達として現れてくる。思考と責任の共有を促進し，次に学習を強化する心理過程について記述するときには，しばしば間主観性の考え方が呼び起こされる。子どもは，思考したり，問題解決スキルを習得したり，対人関係的な理解を発達させたりすることを学習する。それらはいずれも認知発達には欠かすことができないものなのである（ロゴフ，Rogoff, 1998参照）。

第5章

子どもは課題に取り組むときに何を持ち込むのか

　子どもの問題解決に関する研究は，伝統的に特定の年齢段階にある子どもたちの平均的な解決過程を記述し，その結果を予測することを目指してきた。また実際に，大部分の研究もこうした伝統を強く踏襲してきている。協同的問題解決の場合，子どもの解決パフォーマンスは事前テスト，事後テストおよびやりとりを行なっている間の3つの位相において測定され，その結果は分散分析もしくはこれに類似した統計手法を用いて分析されている。ここでの分析の主な関心は，事前テストから事後テストにかけての解決パフォーマンスの平均値が向上しているかどうかにある。これらの研究とは対照的に，私は絶対的な水準の向上はもちろんのこと，相対的な水準の向上を測定するためにノンパラメトリック検定をたびたび用いてきた。さらに，個人差を捉えようとするアプローチでは，相関分析がよく用いられる。そこでは，伝統的に用いられてきた事前テスト－やりとり期－事後テストを組み込んだデザインが用いられ，これらの位相でのデータに見られるパターンや事前テストと事後テストの測度に見られる対応・変化パターンを探そうとする。

　様々な分析法の利点に関する論文を詳細に調べなくとも，問題解決パフォーマンスの測定と分析は「何を測定しているのか（すなわち，認知的発達なのか認知変化なのか）」という議論と結びついていると述べておくだけで十分である。この章では，個人特性という視点から問題解決を捉えていく。また，個人の発達や変化に寄与するものとしての社会的影響や子どもの（社会的，認知的，教育的意味での）属性を考えるという点において，本章ではより厳密な認知的変化の定義を行なっていく。ゴーヴェイン（Gauvain, 2001b）も指摘しているが，子どもたちは自らの属性にもとづいた様々な方法を持ち込んで問題を解く。したがって，子どもがもっている様々な属性についての研究は，われわれがどのような変数を考慮しなければならないかについて深い理解を与えてくれる。その考慮すべき変数とは，人とのやりとり（社会的相互作用）

であり，さらにはそれが認知的な何らかの結果をもたらすようなやりとり（相互作用）を検討するときに考慮しなければならない変数である。

やりとりからよい影響を受けるためのレディネス

　近年の研究では，子どもが協同構成（collaboration）から認知発達によい影響を受けるのに必要な子どものレディネスの測定方法を探索し，その方法を洗練してきている。子どもが現在もっている熟練度または問題解決能力のレベルと認知的柔軟性とを同時に考慮することによって，現在の問題解決能力のレベルだけを考慮するよりも，子どもの変化をより正確に予測することができるだろう。さらに，年齢そのものよりも柔軟性を見ることで成長を予測することもできると言える。現在の社会的気づきの水準がどれくらいかといった子どもたちの他の特徴もまた，どのような子どもが人との協同からよい影響を得るかという予測に役に立つだろう。この章では，子どもがもっている一般的な知識，スキル，問題解決のために必要な知識，人とのやりとりから子どもたちが受けるよい影響という個人的な能力とそれにもとづく認知的向上といった視点から，子どもたちが問題に取り組むときに何を持ち込むかをテーマとした研究を見ていくことにする。

認知的柔軟性

　最近の研究では，'認知的柔軟性'という考え方は，子どもたちが問題にどのようにアプローチするか，子どもたちがどの程度，以前の解決経験とは切り離して目の前の問題に対処しようとしているのかを記述するために用いられている。子どもたちが目の前の問題を，過去に用いた方略や方法とは切り離して解こうとする場合に，その子どもたちは柔軟性をもっていると一般に見なされる。問題解決の文脈で考えると，このような柔軟性は，次のような場合に見られる。すなわち，様々な思考様式を表出させるようにデザインされ，徐々に複雑になっていく一連の課題に正解していくことを通して，それぞれの課題を解くには（それぞれに対応した）個別の考え方や概念化が必要であるということを子どもが理解する能力が実際に見られたときに，その子どもは柔軟性をもっていると考えられる。他方，柔軟性のない，融通のきかない子どもたちとは，アルゴリズムにもとづく問題解決方略，すなわちすべての問題に対して，た

とえ正しかろうと正しくなかろうと，単一の決まった方略を用いる子どもたちである。こうした問題の解き方はさらに次のような特徴をもっている。すなわち，提示された問題の変化する特徴にほとんど注意を払うことなく，また正確であるということが大切であるという気づきもほとんどなく，迅速にただ繰り返すだけの反応である。

ボニーノ・キャテリーノ（Bonino & Cattelino, 1999）は，子ども同士のやりとりの中で生じる葛藤の解決に柔軟な思考がどのように関係しているかを調べている。彼らはピアジェとヴィゴツキーの理論的な立場に注意を向けながら，次のことを指摘している。すなわち，子どもたちの社会的行動と認知能力との関係に関する研究の多くは，典型的には競争的行動と見なされる攻撃性に焦点を当てている。つまり，認知能力と協応操作的（協力的）行動に関する検討はほとんど行なわれていないのである。認知能力と協応操作的（協力的）行動に関する研究における柔軟性とは，1つの反応を抑えて新しい反応を見つける能力，すなわち視点を変える能力である。この柔軟性は認知理論とのつながりがあるだけでなく，普通は思考の構成要素過程を脳損傷の発症後に現れる障害を通して記述していく神経心理学ともつながりがある。特に，ボニーノ・キャテリーノ（Bonino & Cattelino）は，応答的柔軟性という概念を臨床研究から借用してきている。この応答的柔軟性という概念は，外部の手がかりに反応して反応を変える能力を意味している。彼らが使った課題はウィスコンシン・カード分類課題（WCST）であり，神経心理学の検査でたびたび使用されている。彼らの研究では，最初参加者は新しくて正確な反応をとった場合に報酬が与えられていた。しかし途中からこうした反応を抑えるように求められる。このタイプの柔軟性は，課題の特徴に応じて柔軟に行動を変えねばならないような問題を解くにあたり，相手がどのような出方をするかを見る際には重要である。

彼らの研究では，思考の柔軟性と性別の違いを考慮したうえで，7歳の子どもたちをペアにしている。すなわち，思考の柔軟性の高低と男女を組み合わせている。思考の柔軟性は，WCSTの個人パフォーマンス（成績）によって決定された。このパフォーマンスは，正確に分類した数と一貫して生じた誤りの数であった。そして，やりとりの間に見られた問題解決場面における協応操作的（協力的）・競争的行動が検討されたが，そこでの問題は，子どもたちに糸で結ばれた鉛筆を使って塗り絵をしてもらうというものであった。競争的行動とは，次のような場面である。すなわち，2人の子どもたちが互いに鉛筆をつないでいる糸を引っ張り合う場面，あるいはひとりは糸を引っ張りもうひとりは糸を動かさず張ったままにしようとしているような場面である。協応操作的（協力的）行動とは，ひとりが糸を引っ張りもうひとりはそれが可能なように糸をゆるめておくという場面，あるいは互いが自発的にゆずり合うためど

第5章　子どもは課題に取り組むときに何を持ち込むのか

ちらも糸を引っ張らない場面である。この塗り絵課題を行なっている間の4つの重要な時点（局面）で，かけひき的な様子が記録された。また，言語行動に加えて役割交代行動も記録された。

　この研究で興味深いことは，（柔軟性を指標として測定された）認知または思考能力と，他者と一緒に行なう問題解決でのパフォーマンスとの関係である。この関係は一連の相関によって調べられた。全般的な結果は，以下のようなものであった。すなわち，高い思考の柔軟性をもった子どもは，自分が組んだ相手と協応操作的作業（役割交代と鉛筆をめぐる競争がないという現象）を頻繁に示していた。彼らは，ぶつかりあいを避け，（協力し合いながら）自分自身がそれぞれ鉛筆を使って問題を完成させることができるような新しい手段を探しているように見えた。このことは，高い思考の柔軟性をもった子どもは，単純ではあるがぶつかりあいが生じる可能性のある方法をとらず，新しい方法を探していると解釈された。考察では，これらの結果がもつ理論的意味が議論され，場理論（レビン，Lewin, 1951；ボニーノ・キャテリーノ，Bonino & Cattelino, 1999から引用）に立った意味づけがなされているが，ここでのわれわれの研究と関係するものではない。重要なことは，思考の個人差が子ども同士のやりとりの内容や協同での問題解決方法に影響を与えるという結論である。さらにここで注意すべき点は，塗り絵課題は協応操作的行動と競争的行動との両方を誘発するのに対して，これまでの大部分の問題解決研究で使用された課題は，誘発される方略が協応操作でも競争でもない中立的なものか，もしくは一方のやりとりにのみ焦点を当てたものであったということである。実際のところ，どのようなやりとりが生じるかは，子どもたちの協応操作的行動のあり方，話し合い，交渉の仕方，役割分担，互いの責任，能力によるものである。

　それにもかかわらず，ボニーノ・キャテリーノ（Bonino & Cattelino, 1999）の研究は，これまでの研究が扱っていなかった領域を埋めるものである。また，協同的問題解決研究の領域において，子どもたちにペアを組ませた際の単純な能力レベル以外の面を取り入れているという点で価値があり，これまでわかっている以上の知見をもたらしてくれている。認知的柔軟性は，子どもたちがとる他者とのやりとりの仕方とその結果として生じるやりとりのスタイルに関わる1つの能力である。したがって，このことは，様々なタイプのやりとりを経験した結果として子どもたちの思考にもたらされるよい影響を調べるうえで重要になる。ただし，塗り絵課題を使ったからといって，こうした認知発達上のよい影響に関するあらゆる研究が可能になるわけではない。むしろこの課題は，子どもたちが特定のやり方で他者とやりとりをせざるをえなくなるという状況を作り出しているのである。そして，ボニーノ・キャテリーノ

(Bonino & Cattelino) が注目しているのは，思考の柔軟性は性別によって異なった影響が見られるという点である。具体的には，男子の方に強く影響するということがわかっている。性別による影響の違いの問題については後に触れる予定であるが，大部分の協同的問題解決研究が同性同士でペアを組ませている状況の中で，性別の違いがやりとりの性質やその後の認知的能力や学習に影響を与えるという知見は，現在注目を集めつつある。

　ブレイ・ボンソックス（Blaye & Bonthoux, 2001）は，カテゴリー化能力に関して，3歳から5歳までの子どもたちの柔軟性を調べている。この研究では特に再カテゴリー化を行なう柔軟性に焦点を当てている。ここでの再カテゴリー化とは，1つの対象を，例えば分類法にもとづく基準から主題にもとづく別の基準へといったように，基準を変えて捉えなおす能力である。彼らの主張によると，従来の研究の大部分は様々な実験条件下での年少児間の柔軟性を扱っていた。この従来の研究とは対照的に，ブレイ・ボンソックス（Blaye & Bonthoux, 2001）が調べようとしたのは，子どもたちは，1つの対象を捉える際のカテゴリー基準をどんな条件下で変えることができるようになるのかという点である。彼らは実験にあたって，子どもたちが日常生活の中で自発的に使っている基準を用いた。その結果，子どもたちは分類を行なうにあたって，生物学的分類基準と主題による分類基準との両方をほぼ同じ割合で用いていた。このことは，3歳児程度の子どもであれば両種類の基準を使えるという仮説を支持するものである。しかしこれら年少の子どもたちは，年長の子どもたちより基準の選択に一貫性が見られない。ただしこの不安定さは，年長の子どもたちが示したカテゴリー化と違って，分類対象によって一貫していない。この研究が証明したことは，年少児もカテゴリー上の柔軟性をもっているということ，この柔軟性は‘自然に，偶発的に変わっていくという形から適応的な柔軟性へ’（ブレイ・ボンソックス，Blaye & Bonthoux, 2001, p.409を参照）と変化することである。そしてこれらの現象は，提示された文脈手がかり（分類対象）が類似している場合は，一貫して観察された。適応的な柔軟性を示しながら複数の分類基準を同時に，しかも安定的に使える理由については，まだ研究してみなければはっきりしないために，今後の研究が待たれる。ただしこの点について，カーミロフ-スミス（Karmiloff-Smith, 1992）が，今後の見通しを与えてくれそうな理論を提示している。その理論によると，実験に見られた一貫性は，対象間の根底にある共通の関係性（例えば機能面での類似性など）を子どもがはっきりと表象できることを示していると解釈できる。そしてこの解釈によって，発達的傾向を説明できるかもしれない。しかし，認知的柔軟性が存在することやそれを測定可能であることが示めされたこと，さらにはそれが発達上の道筋を示す何かであ

ることが示されてきているが，問題解決過程，特に他者とのやりとりによる問題解決の場合に，このような柔軟性がどのように子どもたちに役立つのかという点については，今後の検証を待たねばならない。

　初期段階の思考，そしてそれが子どもたちの協同的問題解決行動に及ぼす影響を概念化するための別の方法としては，上述の柔軟性を単に認知的変動性として捉える見方がある（ザント，Zandt, 1999）。認知的変動性という考え方はピアジェ理論から生まれたものである。この考え方の特徴は，認知発達を均衡と不均衡とのサイクルで捉える点にある。後者はバランスが崩れた状態であり，古い理解水準を修正することによって新しい経験を取り入れ，それらに適応していく過程を示している。学習が最も生じやすいのは，個体つまり子どもが，まさしくこの認知的に不均衡の状態にあるときである。もしこのことが本当ならば，われわれはどのような形で子どもの認知状態を同定することができるだろうか。たとえこの状態を同定できたとしても，子どもたちが学習，特に協同的問題解決からよい影響を受けるためには，この同定をいかに活用したらいいのだろうか。

　これらの疑問に答える研究で注目すべきものがある。その1つはシーグラー（Siegler）らの研究である。彼らが行なった研究は，学習や理解過程の中で，今まさに生じようとしている変化の兆候となる行動を特定化する試みであった。子どもたちのパフォーマンスの変動性，つまり変わりやすさは不安定さを意味していると言えるが，その不安定さそのものが認知変化の兆候，もしくは前提条件であると言えるのだ。アリバリ（Alibali, 1999）は次のように指摘している。特定の発達段階の子どもたちに共通に見られる思考の特徴を探すのではなく，変動性を，認知変化を説明するためのメカニズムとして捉えていくべきだという点である。彼女はさらに加えて，次の2つを述べている。第一に，シーグラー（Siegler）の研究は方略使用時における変動性を調べているということ，第2に，その変動性は変化の兆候を示すものであり，子どもの認知的発達と認知的成長という文脈においては重要になりうるということである。アリバリ（Alibali, 1999）の研究は，この変化がどこから生まれてくるのか，その源を調べたものである。そこでは，何が認知的な源となっているのか，子どもたちは問題解決時に新たな方略を生み出したり，その使用をやめたりするのか，そしてこの変化は漸進的なものなのか飛躍的なものなのかを問う内容になっている。変化の源と関連して，アリバリ（Alibali）は変動性の初期段階について調べている。この点は，子どもたちに与えられる外部環境としての教示とともに，ここでの中心的な関心事となっている。

　子どもの初期の変動性は，問題解決時に生じる方略変化を予測するはずなので，現

在の議論にとっては重要であると思われていた。初期段階で変動性の水準が低い子どもたちは，（学習や経験を積み重ねることによって）方略の数を増やして認知的変動性を次第に高めていく。一方，初期段階で変動性の水準が高い子どもたちは，方略を棄てていき，その結果として変動性は低下していくのだろうと言われていた。さらに，例えば授業で与えられる典型的な教示は，子どもたちがもつ方略の変容を促すかもしれない。また，教示のタイプが変われば，初期の変動性と方略変化に対する効果も違ってくるだろう。アリバリ（Alibali, 1999）は，子どもたちが用いる方略についての全体的なイメージを得るために，身振りと発話との組み合わせを用いて問題解決時の方略使用についての研究を行なっている。実験に参加したのは9歳児で，彼らに紙と鉛筆を使って算数の問題を個別に解かせた。実験に身振りを取り入れたのは，子どもたちが問題を解く際や学習するときに，新しい概念を説明するのによく身振りを使うという議論をふまえてのことであった（例えば，アリバリ・ゴールディン-メドウ，Alibali & Goldin-Meadow, 1993；ゴールディン-メドウ・アリバリ・チャーチ，Goldin-Meadow, Alibali & Church, 1993）。特にこの研究で注目されていることは，子どもたちの言葉による説明は決してうまくはないのに，身振りの方が自らの理解状態をよく表していることがたびたび見られることである。この‘身振りと言葉とのミスマッチ’は，認知システムの不安定さを示していると言える。おそらく新しい認知レベルに変化していく準備状態にあるのだろう。

　アリバリ（Alibali, 1999）は，子どもたちが事前テスト時に示した解答の説明と，事後テスト時に示した説明とを比較することで，変動性の変化を測定している。すなわち，説明の中に現れた異なる方略の数を調べた。高い変動性をもつ子どもは，終始方略を示す主張を続け，事前テストと事後テストのそれぞれの段階で，身振りと言語とを合わせて，平均して約2.5個の方略を示した。事前テストから事後テストにかけて，その内の何人かの子どもは変動性が増加し，逆に減少した子どももいた。ただし，このことは提示された教示とは関係がなかった。アリバリ（Alibali, 1999）の記録では，教示を与えることで学習と転移のパターンのバリエーションは豊かになるが，これは子どもたちが利用できる方略数が変わったということではない。予測に反して，初期段階としての事前テスト時の変動性は，新たに方略が生成されたり，方略の数が増えたりすることとは無関係であった。しかし，初期段階で変動性が高かった子どもは，予想どおり方略を棄てていた。ここでもまた教示は重要な役割を果たしている。教示を受けると，子どもたちは正しい方略を生成し，不正確な方略を棄てるのである。教示の質は多様であるが，あるタイプの教示にはその直接的な意味に加えて必ずフィードバックが含まれている。結論として言えるのは，こうした明示的な教示は，初期

第5章　子どもは課題に取り組むときに何を持ち込むのか

段階の変動性がもっている効果を無くしている可能性があるということである。というのは，教示は方略の生成と結びついていなかったからである。しかし一般的に言うと，この研究は次のことを実証している。すなわち，変動性の初期段階の水準は，特定の状況での新しい方略の生成，および課題開始時に多くの方略が使用可能な場合の方略の放棄に対して重要な役割を果たしている。アリバリ（Alibali, 1999）は，また次の点にも注目している。それは，変化は平均値への単純な回帰によっては説明できないという点である。なぜならば，初期段階で異なる水準の変動性をもつ子どもたちにとって，方略の放棄は新しい方略の生成と対応するものではないからである＊。

　この研究や他の研究（例えば，アリバリ・ゴールディン-メドウ，Alibali & Goldin-Meadow, 1993；ペリー・チャーチ・ゴールディン-メドウ，Perry, Church & Goldin-Meadow, 1988）が示していることは，問題解決時における知識の程度を捉えるうえにおいて，身振りは言葉と同じくらい有効なものであるということである。洗練された身振りを使う子どもは，教示から多くのものを得ることができる。そしてこのことが示唆するのは，こうした身振りは初期の認知能力（シーグラー・スターン，Siegler & Stern, 1998）および知識が意識的な言語レベルで展開される前の，無自覚的で言葉にのらないレベルでの学習や方略使用の兆しの測定指標となりうるということである。そしてこれらの点は，協同的問題解決研究に示唆を与えてくれる。なぜなら，子ども同士のやりとりは非言語レベルと言語レベルとの両方で生じ，身振りは学習を促進する子ども同士の活動関係の確立と維持に決定的な役割を果たすことが予想されるからである。

　レイノルズ・リーヴ（Reynolds & Reeve, 2002）は，協同的問題解決時の身振りの役割について検討している。この研究のねらいは，身振りがどの程度言葉によるやりとりを豊かにしてくれるかを調べることであった。特に身振りが課題に対する注意の移り変わりの指標となり得るかどうか，また言語表現能力が不十分な場合に意味を精緻化する手段となり得るかどうかが検討された。さらに彼らは，休止を含めた話す

訳者注

＊事前と事後における方略の平均個数の比較のみによって変動性の増減を示すことはできない。変動性があくまで成長的変化の指標である限り，仮に増減があったとしても，どのような方略が，どのくらいの個数，生成され，破棄されたのかを把握する必要がある。単純で同レベルの方略の使用数が増えたとしてもそれは変動性があったとは言えない。低次な方略が破棄され高次な方略が生成されれば変動性があったと言える。「…対応するものではない…（was not paralleled）」の意味は，低次方略の破棄と高次方略の生成という現象が同時に起こるとは限らないという意味だと思われる。したがって，例えば低次方略の生成のみが生じることによって使用方略の平均個数が増加したとしても，平均個数レベルでは方略の増加を示していることになるが，本来の意味での方略の変動とは言えない。したがって平均個数の比較のみで説明できないということになる。

テンポの変化が，身振りとともに概念上の変化を示すことになっているかどうかを調べようとした。その研究では2人の女子生徒が研究対象となった。彼女たちは教室で一緒に問題を解く作業を行なった。彼女たちが取り組んだ問題は，バス旅行でのバスの速さの割合を図で表現するものであった。2人が協同で理解を構築していく様子が2人の短いやりとりのプロトコルから得られた。

　2人の生徒の言葉と身振りのやりとりを詳細に分析した結果，レイノルズ・リーヴ（Reynolds & Reeve, 2002）が見いだしたことは，問題解決中の身振りは，問題に対する2人の協同注意を確立し，それを持続するために使われるということであった。また身振りは，生徒が表出した言葉の意味を補完しているように思われた。身振り，話すスピード，休止，認知的変化や学習が生じる際の傾向との間には密接な関係があるように思われた。これは協同的問題解決について調べた数少ない研究の1つであり，この研究の中で身振りが，注意や認知の変化だけでなく，課題解決とやりとりを行なううえでの役割調整との両方にいかに関係しているかを示したことは大変興味深い。身振りは，コミュニケーション・パターンにおける不可欠な要素であり，問題解決を促進させるだけでなく間主観性をもたらす。身振りを調べることは，子どもたちが協同によってよい影響を受けやすい時期はいつかという点を知るうえにおいても役に立つという事実は，認知的変化と発達とを促すための協同的問題解決の有効性を理論的に説明する際に重要になる。

　知識がどのように変容するのかについて少し異なった捉え方をしている研究に，ペリー・ルイス（Perry & Lewis, 1999）によるものがある。彼らが指摘したのは，不正確な言葉（「ためらいの言葉や口ごもったときの言葉」）の使用は，知識が変化する際の指標として役に立つ可能性があるということである。言葉が不正確であるということは，言い直し，知識が不十分であることの表出や発話の休止といったことを意味している。言い換えれば，子どもたちの知識が不確かなもので不安定な状態にあり，変化をしている最中であるとき，言葉は「あいまいで，不明瞭」（ペリー・ルイス，Perry & Lewis, 1999, p.749）になる。物理的因果関係問題のパラダイムを使った研究において，子どもたちは個別に問題を解くのだが，そこではまた問題を解くだけでなく，その解法を実験者に説明することを求められる。この研究では，子どもたちの言葉による説明を，認知的変化を見るための予測変数として分析が行なわれている。さらに，子どもたちは複数の水準に分けられた教示を受けた。ここでは，子どもたちの知識状態が今まさに変化しようとしている状態のときに，教示は子どもたちに効果をもたらすだろうということが仮説として考えられている。子どもたちの年齢は10歳から12歳半までであった。

第5章　子どもは課題に取り組むときに何を持ち込むのか

　言葉の不正確さは，事前テストで子どもたちが説明したものをベースにコード化された。その結果，子どもたちが何を学習しどう変化したかは，子どもの最初の認知状態から予測することができた。出だしのつまずき，自己修正，メタ認知的発言，不完全な発話（不完全な文章など），発話が出るまでの長い休止が2人の記録判定者によってコード化された。記録判定者間の全体的な一致度（カッパ）は0.83であった。教示の明確性がいくつかの水準に分かれており，問題解決中に問題の操作に関する大雑把な教示が与えられる群から完全な教示が与えられる群までに分かれていた。しかし，その結果は予想に反していた。すなわち，教示の水準の違いは，最終的に成立する学習や問題解決の促進には効果がなかった。

　言葉の不正確さに関する測度はすべて，それらが過渡期にある知識を予測する限りにおいて，学習との関連が見られた。言葉による表現の仕方には個人差があり，その個人差は問題解決へのアプローチの仕方に反映されていた。子どもたちは，事前テストから事後テストへのパフォーマンスの変化にもとづいて，完全な学習者群，部分的な学習者群，学習不成立者群に分類された。完全な学習者群の子どもたちは，他の群の学習者に比べて，出だしのつまずきや自己修正の頻度が高かった。これらの結果は，完全な学習者群の子どもたちが自らのやり方を修正している間，古い情報（あるいは役立たない解法）を拒絶しようとしている行為であると解釈できる。メタ認知的な発言は，統計的に，出だしのつまずきや自己修正と正の相関関係があり，こうしたたぐいの言葉の不正確さを示した子どもたちの学習方法との間には，さらに強い相関関係が見られた。また，完全な学習者群の子どもたちは，発話の最中に長い休止を数多く示した。この結果は，これらの子どもたちが新しい方法を見つけ出し，そして見つけた方法を使おうと決心するまでの間に時間がかかったことを示すものだと捉えることができる。

　上記のような諸現象を受けて，ペリー・ルイス（Perry & Lewis, 1999）は，言葉の不正確さのタイプが違えば，結果として学習のタイプ，特に知識変化も異なってくると結論づけている。彼らの主張によると，知識がいかに学習と問題解決のタイプや学習過程の異なるポイント（不正確な言葉の使用の種類）によって体制化されるかが上記の研究で明らかになっているとある。現段階で重要なことは，この研究が協同的問題解決の検討にまで拡張されることである。すなわち問題解決時に，ひとり（A），その相手（B），あるいはそれら両者（AとB）の使う言葉の不正確さが，問題の解き方や学習の仕方に多少なりとも関わっているかどうかを確認するということである。言葉の不正確さが教示や協同にもとづく効果や変化の傾向の指標になる場合は，この点をさらに深く検討する研究が必要になる。

ホーセンフェルド・ヴァン-デアー-マース・ヴァン-デン-ブーム（Hosenfeld, van der Maas, & van den Boom, 1997）は，類推的推論の発達に関して長期にわたる縦断研究を行なっている。この研究に参加したのは6歳，6歳半，7歳の子どもたちで，行動上の変化に関する5つの指標が検討されている。彼らは，カタストロフィー理論にもとづいて知識の変化を定義している。この定義においては，力動的なシステムを記述し，モデル化することが可能である。知識の変化は突然の変容として捉えられ，ホーセンフェルドらによって検証された仮説は，類推的推論の発達は非連続的なものであり，単一次元による思考から多次元的な思考への変化を反映しているというものであった。変化を示す5つの指標は，2種類の明確に区別される様相（bimodality*），接近の不可能性（inaccessibility**），跳躍現象（sudden jump***），変則的変動（anomalous variance****），不明確な減速期（critical slowing down*****）である。これらは評定可能な行動と見なされ，類推的推論課題を解く際の事前・最中・事後の各位相での測定が長期的に行なわれた。推論や思考の際の変化はこれらの指標のブレによって示されている。

　80人の子どもたちがこの実験に参加し，3週間ごとに6ヶ月にわたって類推的推論問題に取り組んだ。結果として用いられたデータは，テスト得点，解決パターン，解決時間であった。カタストロフィーの指標として上述の5点が用いられた。もし2種類の明確に区別される様相（正確な類推と自由連想法にもとづく不正確な類推との明確な違い）が見いだされなかった場合，非連続性の仮説は支持されないことになる。

訳者注
---

*2種類の明確に区別される様相とは，認知発達上，明確に区別される特定の発達段階をさす。すなわち，特定の発達段階から次の発達段階への移行は漸進的なものではなく，連続性のみられない突然の変容として現れる現象をさす。したがってそれぞれの発達段階は，現象的には，2種類の明確に分かれた様相として捉えることができる。

**2つの安定した特定の発達段階の中間状態をさす。変容への動きが生じ始めてからまさに変容を遂げている段階そのものをさす。この段階で生体は非常に不安定な変動性を示す。この段階は，実験するうえで独立変数によって統制することが困難な部分である。接近という語は外部からの操作が可能という意味であり，接近の不可能性とはこうした操作が不可能であることを示している。

***実験場面において，独立変数の小さな変化によってもたらされる従属変数としての現象の大きな変化をさす。この場合，独立変数は連続的に変化しても，従属変数としての現象は突然の変容を示す。

****変容ポイント（catastrophe point）に近づくほど大きくなる行動の不安定性と変動性を指す。この不安定性と変動性は，問題解決場面で言うと，方略，反応のぶれ，ゆらぎとして捉えることができる。つまり問題解決に用いる方略が安定せず，特定の方略を一貫して用いることができなくなるという現象をさす。

*****問題解決場面では，変容期にある児童の解決時間が安定期にある児童に比べて長くなる，という現象が見られる。これは新しい発達段階に移行しようとしている場合，これまで使わなかった新しい方略を適用し，それを安定したかたちで使いこなしていくまでに時間がかかるからである。つまり，児童は新しい方略を最初はゆっくりと，慎重に使い始めるのである。

しかし,最初は自由連想による解決法を用いた子どもたちの多くは類推による解決法に移行した。この移行は,'類推方略の突然の増加*,一貫しない解決行動の一時的な増加**,解決行動の一時的な慎重さ***という形で生じた'(Hosenfeld et al., 1997, p.30)。したがって,もし表に現れる行動とそれを支える内的変動性との関連を把握する適切な測定方法が見いだせれば,一人ひとりの行動の分析は認知変化の指標となり得るし,こうした分析によって問題解決研究が可能になる。

　ザント(Zandt, 1999)は,認知的変動性に関するこれまでの研究において気づいた欠点に対応するための取り組みを行なっている。彼女は,ホーセンフェルドら(Hosenfeld et al, 1997)が,解決時間を変動性および今まさに生じようとしている認知的変化の客観的な測度としてみなしていたことに注目し,子どもたちそれぞれの初期の変動性が,事前テストから事後テストへの変化として現れる学習といかに関係しているかを検討している。アリバリ(Alibali, 1999)の研究から,変動性が必ずしも認知的変化をもたらすものではないこと,および方略の生成と方略の放棄,これらは2つとも変化の指標になるが,この2つに影響を与える文脈上の要因が存在することもすでにわかっている。しかし,ある種の認知的変動性は,変化へのレディネスと変化の傾向とに関係している可能性が依然残っている。ザント(Zandt)はまた,変動性は行動,特に人とのやりとりの中で見いだされた言語活動を通して,学習の結果に影響を与えるという問題について検討している。

　事前テスト・やりとり・事後テストというデザインを使って,ザント(Zandt, 1999)は7歳と9歳の68人の子どもたちを調査している。この研究では,同性,同学年同士のペアが作られている。これらのペアは,紙と鉛筆を使って解くオレンジ・ジュース問題(OJT,難易度が上がっていく比例の問題)に取り組んだ。この問題によって,あらゆる認知的変化の分析が可能になるばかりではなく,子どもたちをその認知能力にもとづいて分類することが可能になる。ペアは事前テストで測定されたパフォーマンスによって,異なる能力の組み合わせによって構成された。(課題に正解することで捉えられた)能力の水準,変動性の水準がパフォーマンスの測度として用いられた。ここでは,変動性の水準は,解決時間と方略の使用にもとづいて計算さ

訳者注

*類推方略は,連続的,漸進的に出現するのではなく,非連続的に,突然類推方略の使用が急増するという形で出現する,という現象をさす。
**これは変則的変動を示す現象である。すなわち変容ポイントの前後では,同一課題に対する使用方略が一貫,一定しないで解決のたびに別々の異なった方略の使用がみられる。
***移行期にある児童の方略適用行動が慎重になり,その結果,解決時間が長くなる,という現象をさす。

れている。次第に難易度が増していく比例問題の正解からは，問題解決の特徴が様々なレベルで見いだされている。この特徴をある程度参考にしながら，子どもたちのパフォーマンスから使用方略が推測されている。解決時間は，問題が提示されてから最終的な解答が出されるまでの時間とした。別々の難易度に設定された問題として4つの問題が提示され，解決時間の平均がまとめられた。1人ひとりの子どもに対してすべての水準の問題で解決時間の標準偏差が算出された。そしてこの数値を個人パフォーマンスの測度として，事前テストから事後テストにかけて，解決時間が1標準偏差以上増加したかどうかによって子どもたちが分類された。協同の中での言葉のやりとりは，ガートン・レンシァウ（Garton & Renshaw, 1988）が開発したカテゴリーにもとづいてコード化され，個人の行動よりもむしろやりとり活動を検討している。

　ザント（Zandt, 1999）は，次の2点を見いだしている。すなわち，第1に，能力が高い子どもも低い子どもも両方，他者とのやりとりの後にパフォーマンスが向上した。第2に，この向上は年長の子どもで最も顕著に見られた。向上の程度に違いは，事前テストに見られた最初のパフォーマンスによっていた。両年齢群において，能力の低い子どもたちの方が，能力の高い相手に比べて，事前テストから事後テストにかけて高い向上を示した。解決時間の点では，問題の難易度の増加と所要解決時間との間に直線的な関係は見られなかったが，使用された解決方略の数と所要時間との間には正の相関関係があった。また，多くの方略を用いた年少児はより多くの時間を要していた。一方，その逆のことが年長児には見られた。換言すれば，年長児にとっては，使用する方略の数は解決時間の増加とは反対の関係にあった。

　事前テストから事後テストにかけてのパフォーマンスの向上は，初期段階の認知的変動性（所要時間と方略上の変動性）と結びつきうるのだろうか。年少児の場合，変動性は向上を予測するよい指標になったが，年長児の場合には両者の関係はプラスの方向性はあったがその関係の強さは弱かった。また特にすべての子どもたちにとって，事前テストで多くの方略を用いることは事後テストでのパフォーマンス向上と結びついていた。時間要因が学習に対してもつ予測性は強くもなければ一貫してもいなかった。さらに，変動性が他者とのやりとり活動に影響するかどうかについての分析からは以下の点が示された。すなわち，変動性は情報の提供とは結びついていない。あるいは，変動性は，協同中の互いに相互依存し合う程度に結びついていない。それゆえに，解決者の解決時間と方略使用の増加の間には異なる関係があることが示された。最終的にザント（Zandt, 1999）が示したことは以下のようなことであった。まず，やりとりに関する大部分の測度は，どんな子どもに対しても事前テストから事後テストにかけての向上を予測できなかった。そしてやりとりの間に見られた，解決者同士

の異なる面だけが学習を予測しえたのである。

　結果として，この研究において，事前テスト段階で利用可能であった方略の数で測定された変動性が予測しえたのは，比例問題では事前テストから事後テストにかけてパフォーマンスが向上すること，および協同の中で解決者がどのような情報提供スタイルをとるのかという2点であった。子どもにとって利用可能な方略が増えれば増えるほど，やりとり場面での同意や特に不同意が生起する確率がより高くなる。結果としてこの方法を用いれば，やりとりから事前テスト，事後テスト間の向上を予測できるようになった。（ザントによって定義され測定された）個人の変動性が果たす役割は相対的に弱く，そしておそらく間接的なものであろう。この研究では，子どもの学習を規定する個人の認知的変動性の役割がもつ可能性が強調されていたが，結果的にこの研究からは，子どもたち同士の変動性の違いがもつ直接的・間接的，いずれの予測力も明確に解明されなかった。ザント自身は，予測通りの結果が得られなかった研究上の問題点を以下のように述べている。第1に，変動性は課題の性質に依存する。そして，比例問題は変動性の測定に役に立つ問題であることは確かだが，この問題には次第に難易度が上がる複数の種類があり，それにともなって解決に必要な認知能力の水準も高くなる。難易度が異なった複数の問題間で，方略上の変動性を直接比較することは可能である。だが，ここではこの比較はなされていない。したがって，異なる難易度水準をもつ問題間の方略比較に関するデータがない。ただ，特定の水準内での個人間比較，事前テスト段階での個人間比較がなされているのみである。この点は，解決時間がどの程度予測に関する有効性をもつのかという証拠がないことからも裏づけられている。繰り返すが，事前テスト段階での測定データがあるだけなので，比較するにも強く主張するにもデータ不足なのである。結論として言えるのは，ザントの研究では変動性に関する2つの測度が用いられているが，これら2つの測度の関連は，ホーセンフェルドら（Hosenfeld et al. 1997）の研究から推測されるほどには強くはないということである。特に年長の子どもたちにとってはそうであった。したがって，これらの測度をもって子どもたちの理解水準を示す唯一の指標と見なすことはできない。

　やりとりの必然性は，社会的な営みであり，個人的なものではない。こうしたやりとりの中で，子どもたちの変動性は，彼らが使っている言葉を通して明らかになった。しかし，先に引用した以前の研究と違って，こうしたやりとりからもたらされる教授上（子どもの能力）または情報上の要素（使用方略，解決時間）は，親，実験者，教師といった大人とのやりとりからもたらされるほど一貫性も正確さもなかった。こうした一貫性のなさは，方略的な変動性を増加させはするが，必ずしも真の意味での学

習が成立させるとは限らない。

仲のよさと社会性

　協同的問題解決研究において現在までずっと続いている論争に，ペアを組む子どもたちが友だちであることの重要性がある。仲のよさは，とりわけ，最も仲のよい友だちを3人あげてほしいという質問を教師と子どもたちに行ない，それにもとづくソシオグラム分析によって決めることができる。仲のよさに関しては，友だち同士だと協同がうまくいく可能性が高いという主張が可能である。その理由として，友だち同士であれば（もし交渉が必要だった場合でも）それほど交渉せずに，互いにもっている知識を共有したり，コミュニケーションのパターンや互いがとりうる役割分担を成立させたりできるからである。しかし，大部分の協同的問題解決研究では，性別や能力のレベルといった特徴にもとづいてペアを作り，仲のよさは無視されていた。それどころか，友だち関係にある子どもは明らかに問題解決のペアから排除されていることがよくある。

　仲のよさを重視した議論の多くは，アズミティア・モントゴメリー（Azmitia & Montgomery, 1993）による仲のよさと科学推論との関係を検討した論文の中にまとめられている。特に彼女らが検討したのは，友人同士の協同は，単なる知り合い同士のそれと比べてより大きな認知的向上をもたらすかという点である。彼女らがさらに調べようとしたのは，仲のよさに含まれるメカニズムが科学推論の発達を媒介するかどうかという点であった。アズミティア・モントゴメリー（Azmitia & Montgomery, 1993）が注目したのは，まず仲のよさにもとづくやりとりや会話は，友だちではない者同士との場合よりも相互依存であり，互いの関わり合いの程度が深いという点である。そして，仲の良い者同士による協同の場合，質の高い他者との学習や個々人の学習は容易に形成されるだろうということである。それにもかかわらず，彼女らは，仲のよさという特徴が多くの場合，認知発達の枠組みではなく，社会・情動的枠組みの中で検討されてきたと指摘している。

　彼女らの研究では11歳〜11歳半の子どもたちがペアを組み，「変数分離問題」に取り組んでいる。この問題は科学的の推論問題で，正解を得るためには多くの変数を操作しなければならない。さらにこの問題では，難易度の操作が可能であった。ペアを組んだ子どもたちは同性で互いに親しかった。ペアを組むにあたっての親しさは，相手指名法によって決められた。単なる知り合いによるペアは，互いに嫌いではない者同

士で作られた。研究は事前テスト・協同期・事後テストというデザインが用いられ，仲よしペア，知り合いペアともに18組ずつであり，実験は1週間おきに実施された。

やりとり期での様子は，相互交流的対話（transactive dialogue）を使って分析された。ここでの仮説は，仲良し同士であれば，方略使用や解法に関する相手の判断にうまく適応することができるだろうというものであった。相互交流的対話は，やりとりの中で各個人の推論が相手の推論に対する信頼と依存にもとづきながら展開している状態と定義された。この研究で用いられたアプローチの方法は，クルーガー（Kruger, 1992）が道徳判断における他者指向的交流の重要性を実証した際に構築した方法である。アズミティア・モントゴメリー（Azmitia & Montgomery, 1993）は，この方法を科学的推論に敷衍し，次のような予測をたてた。つまり，仲よしの友だちであれば相手の推論を緻密にモニターできるので，彼らの協同では，単なる知り合い同士の対話に比べて高い認知的向上がもたらされるだろうというものである。この研究では，この全体的な予測にもとづいて，7つの具体的な仮説が検証された。

結果からは，仲よしペアと知り合いペアとの推論課題のパフォーマンスの違い，対話の違い，相互交流的対話の質と量，認知活動との間の関係が検討された。そこでアズミティア・モントゴメリー（Azmitia & Montgomery, 1993）が見いだしたことは，仲よしペアでは，協同期と個別に実施された事後テストの両方で，変数分離問題の得点が高かったことである。ただし，この高得点は難易度の高い問題で見いだされただけであった。予想通り，仲よしペアでは，知り合いペアに比べて，自発的に互いの方略と解答をチェック・評価・判断するという活動が頻繁に行なわれていた。仲よしペアでは，特に他者志向的交流が生まれやすく，交流的な葛藤が起こった場合でもそれがプラスの方向に展開し，確実に正解につながっていった。説明や疑問といった他のタイプの交流は，問題解決の向上につながることはなかった。アズミティア・モントゴメリーは，これらの知見の意味や解釈について議論をしているが，自らの予測が全面的に支持されたかどうかという点にはかなり慎重な姿勢を示している。その理由としてまずあげられるのは，問題解決の向上につながった交流のタイプは葛藤型のみであったということである。彼女らは，コード化システムに問題があったのではないかという説明を割り引いて考え，むしろ葛藤型ではない対話，つまり通常の説明型の対話を継続していくことを，この年齢層の子どもたちのもつ限られた推論スキルが制限したのではないかと述べている。どのような葛藤や反駁も，より多くの相互交流的対話をもたらしていたのかもしれない。そして彼女らは以下のように考えた。子どもは成長し大人になるにつれて，他者との対話に参加し反応を示す能力を高めていくだろう。そしてこうした現象は，相手が友だちであるか，単なる知り合いであるか，見知

らぬ人であるかということには無関係に見られるようになるのだろうと。

　2番目の補足的な説明としては，友情そのものが，強さや持続期間といった様々な特徴を有しているということである。アズミティア・モントゴメリー（Azmitia & Montgomery, 1993）の研究に参加した若者たちの友情は少なくとも7ヶ月以上続いているので，この研究の知見は最近の友情関係や不安定な友情関係にはあてはまらないのかもしれない。こうした視点は，われわれが小さな子どもたちを対象とし，その友情が協同的あるいはそれ以後の個別的な問題解決の支援に果たす役割を考える場合に特に的を射たものになると言える。よく知られていることだが，年少児の友情は不安定で長続きせず，かなり表面的なものである。こうしたことが意味するのは，年少児同士でペアを組ませる場合，それが仲よし，単なる知り合い，あるいはこれら以外のペアであっても，こうした研究からの知見はすべて大人のペアほど核心をつくものではないのだろうし，友情に起因するといえるメリットも大人ほど明瞭ではないのだろう。

　若者に焦点を当てたその他の研究では，ストロウ・バーグ・ミーガン（Strough, Berg, & Meegan, 2001）が，問題の捉え方の違いや学級での協同時に生じる対人的な問題に，性別と友情がどのように関係するかを調べている。短期の縦断研究の形で行なわれたこの研究では，若者たちが，スパニッシュ・プロジェクトに従事している間の6週間にわたって検討されている。この研究では課題要求*と社会的要求**とが検討対象となっている。なぜなら，これらは協同的問題解決を定義づける特徴であると考えられ，同時に調査研究で操作される要素でもあるからである。しかしこれまでの協同研究においては，協同に臨む若者たちが，協同に必要な要請をどの程度研究者の意図どおりに解釈し，把握する姿勢をもっていたかについては明確な確認がなされないままであった。したがって，ストロウらの調査のねらいの1つには，解決者が自分の考え方として，協同をどのように捉えているかを調べることであった。ストロウらは，課題要求と社会的要求に対する個々人の捉え方がわかれば，彼らが日常生活における課題と社会的活動をいかなる形で経験し，それらにアプローチしているかを知ることができるという，理論面での発展に裏づけられた信念をもっていた。社会的要求には，役割，責任，仕事の分担が含まれ，一方，課題要求には，管理，課題遂行の

訳者注

*課題要求とは，課題を解くに際して解決者にかかる認知面での負担の程度のことである。例えば，知識が必要，記憶量が多い，操作や手順が煩雑，所要時間が長いといった面が課題要求になる。

**ここでの社会的要請とは対人面での要求である。すなわち，協同における対人的やりとりを円滑に進めるために参加者に求められる負担の程度のことである。役割の重要さ，責任の重さ，仕事の分担の割合といったものである。

第5章　子どもは課題に取り組むときに何を持ち込むのか

ために必要な材料を収集し整理することと設計（企画・立案）することが含まれている。人によっては，特定の捉え方を他の捉え方より重要だと見なすだろうし，課題要求と社会的要求に含まれる要求の捉え方は人によって異なってしまう可能性もある。そのためストロウら（Strough et al.）は，ペアの性別と友情という要因にもとづき，課題要求と社会的要求における重要項目を操作した*。

特に社会問題に関して性別と一般的な若者たちの友情を扱った研究を紹介する中で，ストロウら（Strough et al.）は，この領域が複雑であることと，日常生活で生じる協同的問題解決場面で友情と性別を直接扱った研究が少ないことを指摘している。研究の中で彼らが検討対象としたのは，自分たちでメンバーを選んだグループであり，このことによって性別と友情にもとづいて若者たち自身が築いた協同を調べることが可能である。さらに彼らが検討したのは，問題の捉え方の焦点が，協同の中での課題要求や社会的要求にもとづいて決まるかどうかという点である。具体的には，グループの中の友情や性別構成が，課題要求と社会的要求における重要項目の認知にどのように関係しているのか。そしてこれらすべてのことがらが，課題のパフォーマンスとどのように関連しているのかといった点である。

平均13歳〜13歳半の82人の若者たちが，授業の課題に取り組むための協同プロジェクトに参加した。プロジェクトは，寸劇の台本をスペイン語から英語に翻訳すること，台詞をスペイン語で覚え，劇の稽古をすること，小道具と衣裳を作り，その劇をクラスメートの前で演じることであった。生徒は自分たちでメンバーを選び，24のグループが作られた。メンバー数はグループで異なり，2人から6人のグループであった。1つのグループを除き，すべてのグループのメンバーは同性であった。友情ネットワークの形成は，最も親しい5人の友だちを選んでもらうという友だち指名法でなされ，そこからネットワークの強さ得点（1つのグループ内での友情の程度）が算出できた。

訳者注

*通常，研究者は，課題要求と社会的要求とを操作することによって問題状況を設定する。そして参加者たちに研究者の意図どおりにその状況を捉えていることが研究にあたっての前提になる。つまり参加者たちはみな同じ問題状況の捉え方をしている，ということが前提になる。このことは，研究者が操作する課題要求と社会的要求に含まれる負担度や顕著さをすべての参加者が同じように認知していることを意味する。しかし参加者は1人ひとり自分に固有の方法で協同に臨む。したがって問題状況の捉え方には個人差が生じる。そしてこの捉え方が協同時のやりとり，参加者達が用いる方略に影響する。このとき参加者たちが課題要求と社会的要求とに含まれる特徴のうち，どのようなところを重要な要求として捉えているのか，については参加者によって違いが生じる可能性がある。つまり参加者全員が一様に研究者の意図どおりの捉え方をしているという保証はない。ここに問題状況の捉え方の違いを検討する必要性が生じる。そして本文中での重要項目とは，課題要求と社会的要求とに含まれる重要な要求項目をさす。以上の点を踏まえ，この研究では，参加者の協同的問題解決状況の捉え方を把握するために，参加者に重要な要求として捉えられている課題要求と社会的要求を調べている。

課題要求と社会的要求に含まれる重要項目の把握は質問紙にした要求項目の評定というかたちでなされた。すなわち若者たち（参加者）は，（訳者注：質問紙のかたちで示された重要項目に対し）協同のなかで実際の自分たちの経験にもとづき各項目の重要度を評定した。そしてこの項目に若者たちが与えた得点にもとづいて，重要項目の重要度が計算された*。

　重要項目は（若者によって協同時における作業分担の負担の程度が異なるといった）社会的要求と（翻訳は困難で時間がかかるといった）課題要求という両項目の一覧からなっていた。重要項目の評定は，協同の後，週に2回，個別に実施された。実際に，協同研究が実施された週は同じではなかったので，評定に要した時間の効果はすべて最小限に抑えられていた。若者には協同のなかでの課題の出来具合に応じて1人ひとり個別に成績点が与えられた。そしてこの成績点がパフォーマンス測定のために使われた**。

　予想したとおり，グループは仲のよさ（友情）と性別にもとづいて作られていた。仲のよさのレベルとグループの大きさに関しては，性別による違いはなかった。若者たちが重要であると評定した課題要求と社会的要求の項目は，性別，仲のよさ，重要項目を評定した時期によって異なっていた。全体的な傾向として，時間とともに重要性に関する特徴は目立たなくなったが，課題要求への重要度の認知は下がり，逆に，社会的要求への重要の認知は上がっていた。グループの成員同士の仲のよさ（友情度）が増せば増すほど，課題要求がもつ重要度評定値と社会的要求がもつ重要度評定値はともに低下した。社会的要求についての重要度評定は男性よりも女性が低かった。性差，友情，社会的要求の重要度評定値は最終パフォーマンスと関連があった。すなわち，研究の前半に高い重要度をもつと評定された社会的要求に対して，若者はよいパフォーマンスを示したが，逆に研究の後半に高い重要度をもつと評定された社会的要求に対しては，若者のパフォーマンスは低かった。全体的に女性の方が男性よりも高いパフォーマンスを示したが，男性でも友情から多くのよい影響を受けている場合はパフォーマンスがよかった。

　ストロウら（Strough et al., 2001）は，この結果を，友情，性別，課題要求と社会的要求が若者の協同の捉え方に及ぼす相対的影響の強さを検討した研究と関連づけ，そして6週間にわたる授業での課題解決活動のパフォーマンスへグループ編成の

───────────訳者注───────────
*つまりこの項目に若者たちが与えた点数が，重要項目の重要度レベルということになる。
**課題の出来具合とは，具体的には，翻訳の出来具合，台詞の記憶の程度，劇における発音の明瞭性，小道具の使い方，といった類の仕事がどの程度できているかをさす。

違いが生み出すよい影響について考察している。協同時における作業分担の負担の程度などといった社会的要求への評定は，女性よりも男性に顕著に現れていた。さらにこれは社会的性役割の研究には一貫して見られることであるが，男性の方が自らの役割を明確に定義し，自らの役割を遂行することへの欲求が高かった。すなわち，他者への優位性や自己主張へ関心を向ける傾向がある。一方，女性は，同意，合意，協同を促進するためにコミュニケーションや協応操作（協力）を使う傾向が高い。その結果，女性は社会的要請に対する関心が低かったと言える。加えて，グループの成員同士の（客観的に測定された）友情度が高い場合（つまり，非常に仲が良い場合），問題の重要度についての認知は全体的に減少し，課題解決上の問題もあまり見られなかった。教師は，友だち同士（特に男子間）で作業をさせない理由として，友だち同士だと互いに邪魔をして作業を乱すからということをよくもち出すが，このことはその理由が適切ではないことを示している*。

　ここでもストロウらは，研究の知見に関して，いくつかの問題点の指摘と結論の保留を行なっている。まず彼らは，グループ経験の結果として生じた，個人の協同に対する捉え方の間には，統計的な相互依存関係があることを認めている。グループ分析を行なうと，各個人の結果には似たようなパターンが生じる。比較グループが小さくなって検定力が落ちた場合でさえもそうなのである。統計上の相互依存関係は，やりとりとプロセスのデータの分析にあたってはよく見られる問題であり，同時にこの問題は，個人やグループの平均を調べる場合よりもむしろ協同的問題解決における個人差を調べる際に，さらなる議論をもたらしている。ストロウらは，すべてのデータを包括的に扱うために，時間のかかるアプローチではあると認めつつ，個人への量的分析とグループへの質的分析の両方を使うことを薦めている。第2の問題点は，研究で描かれた友人があくまで教室内に限られているという点である。というのは，これらの友情は特定の物理的場所以外の状況や授業科目にまでは及ばないからである。スペイン語という科目は選択科目であり，友人指名は，スペイン語を選択していない生徒が認知していた能力と学業パフォーマンスにもとづいている可能性がある。たとえ学業パフォーマンスが課題要求と社会的要求の重要度評定と関係がないとしても，特に研究対象となった科目が選択科目でなく必修科目であった場合，学業パフォーマンス

訳者注

*仲よし同士だけでグループワークを行なうことに教師が許可を出さないことがある。その理由は，友情関係によって本来の課題指向的活動が失われるからである。しかし参加者1人ひとりの捉え方から見た場合，このことは事実ではなかった。つまり仲のよい者同士でグループを作った場合，課題遂行上，特に問題は生じないという捉え方になっていたのである。このことは，グループのメンバー同士の仲がよい場合，課題遂行時の負担度や作業の困難度にかかわらず作業を行なうことができるということである。

は結果に影響する変数となるかもしれない。したがって,学業能力と社会的（対人的）能力は,両方とも,協同的問題解決において考慮すべきである。

最後の問題点として,データが表しているものは,あくまで課題上,社会上,個人が認知したものであり,問題が現実に及ぼした影響ではないという点があげられる。若者自身の解釈を使うことには利点もあるが,それらはあくまで大人によってもたらされた概念装置（ものの見方の枠組み）であり,若者自身の見方を正確に反映したものではない。このジレンマの解決への見通しはすぐには立たない。やりとりのビデオテープに対してなされる解釈でさえ,大人の見方を反映しているかもしれない。ここでもまた,複数のアプローチの組み合わせが必要となる。この論文では,多くの変数を考慮することで,青年期（思春期）の問題解決研究の際の広範囲にわたる論理的視点を取り入れている。この研究とそれ以前の研究（アズミティア・モントゴメリー,Azmitia & Montgomery, 1993）の主な問題点は,青年を対象に行なわれていたことである。彼らの友情のパターン,安定性,持続可能な期間は,子どもたちに見られるものとはかなり異なっている可能性がある。というのは,もしこれまでの友情形成とその発達に関する研究が適切に行なわれているならば,子どもたちは同質的なグループを作らないということも指摘できるかもしれないからである。

ダ-シルヴァ・ウィニーカメン（Da Silva & Winnykamen, 1998）は,6歳から7歳までの子どもの研究の中で,子どもたちの社会性得点,協同的問題解決行動,およびそれ以後の単独でのパフォーマンスとの関係を調べている。社会性は,1人ひとりの子どもに休み時間は誰と一緒に遊び,誰とよく話すかを尋ねる形で調べられている。子どもたちは性別にかかわらず,自分の好きな仲間を何人でも指名することができた。子どもたちはそれぞれ,他の子どもから友だちとして指名された回数に応じて得点を与えられた。社会性が高いとされたのは分散の上位3分の1に入った子どもたちで,社会性が低いとされたのは下位3分の1に属する子どもたちであった。そして問題解決能力は,2つの空間課題を用いて調べられた。この課題は,子どもがモデルにしたがっていろいろな形の物を置くというものだった。

仮説は,子どもたちの社会性の程度と協同問題解決のタイプに関係するものであった。子どもたちの友情と人気度に関する論文では,人気のある子どもは対人的やりとり場面での協応操作的行動で高い能力を示しており,他方,それほど人気がない子どもたちはひとりでいることが多く,競争的でかつ単独で行動していた。ダ-シルヴァ・ウィニーカメン（Da Silva & Winnykamen, 1998）の主なリサーチの問いは,ペアの子どもの問題解決レベルがそれぞれ低い場合,もしくはペアのうち1人が高いスキルをもっておりもう1人が低いスキルをもっていた場合,社会性の高い子ども同

第5章 子どもは課題に取り組むときに何を持ち込むのか

士，または低い子ども同士がペアを組んだ場合に，どうなるのかということであった。特に，研究者の仮説は以下の通りであった*。

- それぞれの能力が異なるペアの場合，社会性が高い子ども同士が協同的問題解決を行なうと，能力の高い子どもは自分のスキルを，能力の低い子どもの水準に合わせようとする。そしてその後の単独でのパフォーマンスが向上するというように，どちらの子どももプラスの効果を得るだろう。
- それぞれの能力が同等レベルのペアの場合，社会性の高い子ども同士なら，同じ答えを得るために一緒に作業しようとする。一方，能力は同等レベルだが社会性の低い子どもたちは，個別的に問題に取り組むだろう。その結果，この場合は社会性が高い子どもたちにおいて，最も効果が見られるだろう。
- 全体的に，社会性が高い子どもたちが異なる能力レベルの相手とやりとりする場合，より質の高い情報を提供するだろう。なぜなら，それぞれの能力が同等レベルのペアに比べて，この場合はペアの片方の子どもが知識とスキルをもっているからである。
- 社会性が低い子ども同士の間でやりとりされる情報の性質は，ペアのタイプにかかわらず同質の情報になるだろう。

80人の子どもたちで，社会性の高い子ども同士のペアを20組，社会性が低い子ども同士のペアを20組作った。この20組のうち10組は混合能力レベルペアで，あとの10組は同能力レベルのペアであった。同能力レベルのペアはすべて能力が低い子ども同士で構成された。同性ペアでは半分が女子，あとの半分が男子であった**。

やりとり期で見られた'主に言葉を中心とした'行動が調査項目にしたがってコード化された。これらの行動には，相手の注意をひこうとする行動や質問行動といった協応操作的行動，そして支配的な指示，命令といった個人主義的な行動が含まれていた。2つの凝視行動もコード化された。興味深いデータは，事前テストから事後テストにかけてのパフォーマンス測度における低水準の子どもが見せた上達であった。

ダ-シルヴァ・ウィニーカメン（Da Silva & Winnykamen, 1998）の研究では，ペアのタイプにかかわらず，社会性の高い子どもたちは，低い子どもたちに比べて，大きな向上を示していた。一方，混合能力レベルペアでの低いレベルの子どもたちは，

訳者注

*以下の文では，問題解決レベルを能力と表示している。したがって，この研究では社会性と問題解決レベルとしての能力との2つの面をとりあげている。

**80人の中で男子40人，女子が40人である。混合能力レベルのペアを10組作成しているので，高低ペアを男子10組，女子10組作成したことになる。同能力レベルのペアはすべて低水準なので，低低ペアを男子10組，女子10組作成したことになる。ここで男女のペアを合計して考えると社会性が高い子どもを含む高低ペアは20組で，社会性が高い子どもを含まない低低ペアが20組，ということになる。

自分と同じレベルの相手と活動した子どもたちよりも、大きく向上していた。結論として、社会性とペアのタイプとの間には関連が見られた。特に、混合能力レベルのペアでの社会性の高い子どもは、協同の後、大きな向上を示していた。この研究結果から、社会性の高い子どもとの言葉のやりとりは、低い子どもの能力を向上させるという主張がなされている。こうしたやりとりは、子どもたちが問題の解答について話している限りは協応操作的なものとなる。そして予想通りに、社会性の低い子どもは（高い子どもよりも）単独行動を示した。こうしたことをふまえ、ダ-シルヴァ・ウィニーカメン（Da Silva & Winnykamen, 1998）は、これらの結果が、人気があり社会性が高い子どもたちは、社会性が低い子どもたちに比べて、迅速に、容易に、様々な社会的状況になじみ、順応することができるという見解を支持したと主張している。それどころか、対話のつながりを作るということは、社会性の顕著な特徴であり、ピアジェ学派の解釈によれば、自己中心性が少なくなり、他者の視点をとることができるようになるという、脱中心化の能力を示すものである。

ヴィゴツキー学派の枠組みで言うと、社会性の高い子どもたちは、互い別々に並行的に活動する傾向にある社会性の低い子どもとは違って、問題を解くために相手とともに、協応操作的に活動していたということになる。社会性が低い子どもたちの問題解決の様子は、スキル水準のズレ、換言すれば、最近接発達領域を特定するための役には立たない。しかし、社会性にかかわらず、能力が同等レベルのペアで子どもたちが示した向上は（社会性が高い子どもが示した向上と）同種のものであった。つまり、社会性の高い子どもの協同的問題解決も、社会性が低い子どもの単独行動のどちらもが向上をもたらしたのである。ただし、このことは混合能力レベルのペアにはあてはまらなかった。したがって、結論としては、'社会的媒介作用（social mediation）は異なる様相で生じ、子どもたちが日常生活で社会性を示すかどうかに左右される'（ダ-シルヴァ・ウィニーカメン、Da Silva & Winnykamen, 1998, p.268から引用）ということになる。つまり、社会性のある子どもにとってペアは対話と交流の機会を提供してくれるものであった。社会性が低い子どもは単独に活動し、相手に頼らず、内面的に自らの思考を再構築していった。

ロウク・ウォズニアック・キャシィディ（Rourke, Wozniak, & Cassidy, 1999）は就学前児童を対象に、相手との葛藤場面における対パートナー敏感性（感受性）について調べている。彼らは、幼児の葛藤行動やそうした葛藤の統制場面では、広範囲にわたる様々な活動がなされていると考えている。また彼らが注目しているのは、子どもたちが、自分が葛藤状態に陥りやすいタイプの相手（例えば、親に対して兄弟、妹に対して友だち）に対してもっている敏感性である。しかし、こうした敏感性が関係

第5章 子どもは課題に取り組むときに何を持ち込むのか

性のなかでどの程度変化するかについての研究はほとんどなされていない。ロウクらは，子どもたちに他者とペアを組ませ，自由遊びをさせることによって，この問題を検討している。1つのグループは4セッションを通して同じ相手に会った。もう1つのグループは，3セッションまでは同じ相手に会ったが，4回目のセッションでは違う相手に会った。彼らが比較したのは，最初の3セッションでの行動がどの程度4回目のセッションでの行動を予測できるかという点であった。検討した行動は，葛藤の始まり，葛藤の持続時間，葛藤テーマ（対象指向的か対人関係的か）の頻度，そしてその葛藤の解決／未解決の割合であった。ロウクらは，従順（譲ったり，従属したりする状態）行動は，相手に対して敏感であることを意味し，したがって，同じ相手のままで4回目のセッションを迎える子どもたちの行動の方が予測しやすくなるだろうという仮説をたてた。

　ロウクらの研究は，就学前児童の葛藤行動を扱ったこれまでの研究結果と一致していた。彼らの研究から示されたのは，葛藤は生じやすく，仮に起きたとしても一時的なもので，子どもたち自身で解決できたという点であった。葛藤の半分は，一方が他方に従属することによって解決されていた。さらに，これらの葛藤行動は，誰か特定の人と一緒にいることによって敏感になった。第4セッションまで相手がずっと同じであった子どもたちもまた，相手が変わった子どもたちと同じタイプの行動を示していた。しかし大きな違いは，第4セッションで相手が変わらなかった子どもたちは，変わった子どもたちよりも，従順な行動をより数多く示していた。葛藤行動は全般的に極めて類似していた。ロウクらは，次の2つのことを主張している。第1に，これらの幼児たちは，非常に洗練された社会的気づきを示したということ，第2に，この社会的気づきは，（攻撃行動のタイプといった）あらゆる個人特性よりも強いものであったということである。さらに，相手が同じだった群と違う群との両方の群がやりとりの過程で示した諸要素（すなわち，葛藤の始まり，葛藤の持続時間，葛藤テーマ（対象指向的か対人関係的か）の頻度，そしてその葛藤の解決／未解決の割合）でも，このことは支持された。子どもたちの葛藤には，多岐にわたる行動が含まれている。さらに子どもたちは社会的に敏感である。それはすなわち，彼らが非常によく発達した社会的理解をもっているということであり，個人特性だけのレベルではなく，社会的状況に応じて異なった反応を示すことができるということである。この研究から見ると以下のような考えはこれまで以上の支持が得られる。つまり，まず子どもたちは何らかの形で対人的敏感性をもっており，しかもそれらは測定可能であるということである。次にその対人的敏感性は，葛藤の解決や協同的問題解決といった結果にも影響するということである。

オコナー（O'Connor, 2000）は，次のような点に焦点を定めている。それは，どのような社会的要因が協同的問題解決場面で使われる言葉やそうした活動後に得られる認知的な促進と関係するだろうかという点である。この研究では特に，52人の9歳児が他者に対してもっている対人的敏感性が事前テストの段階で測定されている。子どもたちはこの結果によって，高・中・低の3つの対人的敏感性群に分けられた。比例推理課題を使った事前テストの認知面でのパフォーマンスによって，子どもたちはさらに分類された。やりとりの際に使われた発話は，ガートン・プラットのカテゴリーにもとづいてコード化された。この結果から，認知的能力の高い相手と組んだ認知的能力の低い子どもたちには，自分と同程度の相手と組んだ子どもたちよりも，事前テストから事後テストにかけての認知的向上が大きいという傾向が確かに見られた。また，高い対人的敏感性をもつとされた子どもたちは，中・低水準の敏感性をもつ子どもたちよりも協同後の問題解決において高い認知的向上を示す傾向にあった。加えて，高い敏感性をもつ子どもたちは，相手に合わせて言葉を多く生み出す傾向が見られ，問題解決を自分に有効なものとして経験していた。中水準の敏感性をもった子どもたちは，低い群の子どもたちに比べて，相手に合わせて言葉を多く用いたが，その体験後の認知的向上は示さなかった。これらの結果が示していることは，対人的敏感性，使用する言葉，体験後の認知的向上という諸側面間に見られる関係は，複雑で線形的関係ではないということである。しかし，対人的敏感性と協同的問題解決の際に使われた言葉との間には明確な関係性が見られた。すなわち，高い社会的気づきを示した子どもたちにとっては，直接的であれ間接的であれ，やりとりすることが，相手に合わせて言葉を使用することにはよい影響を与えている。

　ガートン・ハーヴェイ（投稿中）の研究では，8歳児を対象に，4つの群が形成された。問題解決ペアを作るにあたり，振り分け基準は，事前テスト用問題解決課題のパフォーマンスと社会的・対人的敏感性についての分類との2つであった。すなわち，4つの群の組み合わせは以下の通りである。

1．高い推論能力と高い対人的敏感性をもつ子どもたちは，低い推論能力と高い対人敏感性をもつ子どもたちとペアを組んだ。
2．高い推論能力と高い対人的敏感性をもつ子どもたちは，低い推論能力と低い対人敏感性をもつ子どもたちとペアを組んだ。
3．高い推論能力と低い対人的敏感性をもつ子どもたちは，低い推論能力と高い対人敏感性をもつ子どもたちとペアを組んだ。
4．高い推論能力と低い対人的敏感性をもつ子どもたちは，低い推論能力と低い対人敏感性をもつ子どもたちとペアを組んだ。

この研究は社会性の役割を調べるものであったが，この社会性は相手の指名を通してではなく，複数のシナリオに対する反応にもとづいて測定された。これらのシナリオは対人的敏感性や共感性を測定するために開発されたものである。そしてこれらの能力は，①測定結果は，他者と関わる子どもたちの能力と，②相互にコミュニケーションや共有を作り，維持していく特性と結びついていると仮定されていた（オコナー，O'Connor, 2000）。シナリオを用いた質問項目の目的は，子どもたちがどの程度他者への援助と言える行動や援助の必要性への気づきを示す行動を支持するかを調べるものであった（ロゴフ，Rogoff, 1998）。質問項目は，紙と鉛筆で実施する形式のもので，5つの異なったシナリオが使われていた。これらのシナリオの内容は，子どもたちになじみのある学校場面が使われていた。各シナリオに対して，子どもたちは，学校で困っている相手を援助する状況への反応を求められた。例えば，「君のクラスメートが教室で失ったものを探しています。クラスメートは君に自分が探しているのは図書館で借りた本だと言いました。クラスメートが本を探すのを手伝うことはあなたにとってどれほど大切な行為ですか？」といった内容であった。女子は女子が登場するシナリオに，男子は男子が登場するシナリオに答えた。

　事前テスト・やりとり期・事後テストというデザインが用いられ，すべての段階で紙と鉛筆で実施する形式の課題が与えられた。全体的に，最初の段階で低い推論能力・高い敏感性群の子どもたちは，彼らが誰とペアを組もうと，事後テストにおける課題パフォーマンスが向上していた。これとは対照的に，低い推論能力・低い敏感性群の子どもたちも，事後テストで向上を示したが，その効果が見られたのは，高い推論能力・高い敏感性をもった子どもたちと（ペアを）組んだときだけであった。予想していたことだが，高い推論能力群の子どもたちは，彼らが誰と（ペアを）組んだかに関係なく，事前テストから事後テストにかけて有意な認知的向上が見られなかった。事前テストのパフォーマンスは，開始段階で高い推論能力群の子どもたちの事後テストのパフォーマンスを予測しうることがわかり，そしてこの事後テストのパフォーマンスは，子どもたちが協同の中で到達した水準を反映している。

　研究者たちが出した結論とは，対人的敏感性は，問題解決課題で求められるスキルを獲得あるいは使用する能力に対して直接的な効果はもたないが，間接的にはかなり役に立っているというものであった。この結論は，以下の2つの知見にもとづいている。

1．高い対人敏感性をもつ推論能力の低い子どもは，対人的敏感性の高低にかかわらず，高い推論能力をもった子どもとペアを組んだ場合，やりとりの後に認知的向上を示し

ていた。すなわち，高い対人敏感性をもつことは，能力の低い子どもが，自分より高い推論能力をもつ相手とのやりとりからよい影響をうることに役立ち，そしてそれ以後の個人で行なう推論能力の向上に役立った。
2. 低い対人敏感性をもつ推論能力の低い子どもたちは，高い対人敏感性をもつ推論能力の高い子どもたちとペアを組んだ後の事後テストでは，パフォーマンスの向上を示していた。この場合，高い対人敏感性をもつ推論能力の高い子どもたちとのやりとりは，その後の低い推論能力群の子どもたちのパフォーマンス向上をもたらしたように見える。この結論は，低い対人敏感性をもつ推論能力の高い子どもたちとペアを組んだ場合，低い推論能力の子どもたちには向上が見られなかったことによっても，強く支持される。

　この知見のパターンから示唆されることは，対人的敏感性は，上に特記した2組のペアによい影響をもたらすことができたということである。高い対人的敏感性をもつ推論能力の低い子どもたちは，相手の敏感性水準にかかわらず，自分より高い推論能力をもつ相手とのやりとりによって提供される学習機会から効果を得るために，自分の対人的敏感性をうまく役立てることができる。低い対人的敏感性をもつ推論能力の低い子どもたちは，高い対人的敏感性をもつ推論スキルの高い子どもたちとの協同が効果的な経験となっていた。

　推論能力が高い子どもたちは，推論能力が低い相手との協同の後，事前テストから事後テストにかけての問題解決活動において認知的向上は示さなかったが，ガートン・ハーヴェイ（Garton & Harvey, 投稿中）が着目しているのは，推論能力が高い子どもたちの敏感性と相手の敏感性とは，事後テストでの問題解決水準に寄与する可能性があるということである。加えて，推論能力の低い子どもたちに対する敏感性とその効果は，推論能力が高い子どもたち自身の問題解決スキルそれ自体よりもむしろ，問題解決スキルの低い子どもたちの解決水準に寄与するように見える。

協同に対する意欲

　個人的なスキルの水準，社会性，やりとりを行なっていく能力といった要因に加えて，協同的問題解決に参加したいという意欲（動機づけ）や望みの問題がある。ガブリエル・モンテシノス（Gabriele & Montecinos, 2001）は，9歳と10歳の低い能力の子どもたちが，高い能力の子どもたちと一緒に問題を解いた際のパフォーマンスを通して，意欲面での目標の役割を検討している。この研究では，協同の過程とその結

第5章 子どもは課題に取り組むときに何を持ち込むのか

果として生じる認知的よい影響については，十分な知見が得られないだろうという前提から始まっている。特に，混合グループ（能力差のあるグループ）にとっての協同経験の有効性は，よい影響を得られなかった子どもたちがいたことで明らかにはならなかった。このことは，混合グループの子どもたちが相手の能力について異なった見方をしていたと解釈されてきていた。すなわち，低い能力の子どもたちは，高い能力の子どもたちはよくできると思い，他方，高い能力の子どもたちもまた自分たちは優秀だと思っている。したがって，それは自分が高い能力と高い地位をもっているとの自己成就的予言（self-fulfilling prophecy）であり，そういった子どもたちは，混合グループでのやりとりから最大のよい影響を得られる立場にある。こうした背景によって，協同における認知発達に影響する可能性をもつ能力的地位の要因を調べる研究がなされるようになった。

ガブリエル・モンテシノス（Gabriele & Montecinos, 2001）は，達成目標がいかに重要になるかについての理論的説明に焦点を当てている。それは，子どもたちが，高い地位（それがどのように定義されていようとも）にいる相手とのやりとりを，どのようにまたなぜ行ない，そしてそこから何を学ぼうとするのかを説明するためである。彼らは，学習目標とパフォーマンス目標とを区別している。学習目標は，子どもたちが自らの課題を理解し，他の子どもと比較して自身のパフォーマンスを評価するためのものであり，一方，パフォーマンス目標とは，少なくとも子どもたちにとっては，仲間と比べてよいパフォーマンスを示せたか，低いパフォーマンスになったか，そして社会的比較や準拠集団を用いることが含まれる。換言すれば，パフォーマンス目標の場合，子どもたちは課題に取り組んだ結果，有能感をもつか無力感を味わうかのどちらかであり，したがって，協同的問題解決から得られる学びの利点とは異なる水準で遂行していることになる。そしてこの研究で検討されたことは，学習目標とパフォーマンス目標とが，低い能力の子どもたちが相手の相対的能力をいかに捉えるかという点に影響を与えるかということ，および高い能力をもった相手と協同的問題解決を行なった場合の低い能力の子どもたちの参加状況と学習状況に影響を与えるかということであった。特に予測される点は以下のようなことがらである。つまり，低い能力の子どもたちがパフォーマンス目標よりも学習目標の方を選択した場合，彼らはより積極的に学習し，そしてより積極的に活動に参加するようになり，高い能力の子どもたちとの体験を有意義なものとするだろう。また，これらパフォーマンスの低い子どもたちは，パフォーマンスの高い子どもたちを自分と身近な存在として捉えるだろう。

研究には70人の子どもたちが参加した。彼らは4年生と5年生であり，年齢は10

歳前後であった。パフォーマンスは標準化された数学のスクリーニング・テスト（あらかじめ行なわれた）の得点によって決められていた。すなわち、全国共通テストでパーセンタイル順位が40以下の子どもは、パフォーマンス地位が低いと見なされ、80以上ではパフォーマンス地位が高いと見なされた。加えて、研究に参加する資格として、研究の手続きの中にも子どもたちが満たすべきハードルが設定された。参加者は同性、同学年の相手とペアを組んだ。35人の低い能力の子どもたちは、高い能力の子どもたちとペアを組み、その後ランダムに学習目標群とパフォーマンス目標群とに振り分けられた。ペアリングにおける男女比は同じであった。

　目標操作のための教示は、一般の教示に挿入される形で、2人一緒に算数の文章題問題を解き始める前と協同中のある時点で与えられた。質問紙を通して測定された従属変数の1つは、操作によって子どもたちがどの程度の学習目標とパフォーマンス目標とをそれぞれ設定したかを調べるものであった。加えて、ペアの学習状況が調べられた。これは（1人ひとりの子どもたちのパフォーマンスに対して）一組としてのパフォーマンス、およびペアの相手の能力をどのように捉えているかで調べられた。3番目に、問題解決中の言葉のやりとりが、話者のターンを分析単位としてコード化された。これらのターンは、少なくとも3秒以上の空白か、話者の交替によって区切られた。これらの言葉のやりとりの分析によって、各子どもたちの参加状態が分類された。高水準の参加状態には、プランニングについてや、答えの共有、質問に関する発話が含まれていた。中水準の参加状態とは、質問に対する大雑把な答え、相手の貢献への簡単な礼の言葉、発話の繰り返しなどである。

　データの分析にあたっては、低い能力の子どもたちのデータのみが分析された。そして最初に注目されたのは、学習目標の教示を受けた子どもたちだけが、自らの学習に与えられた教示を取り入れたことが実証されたことだった。学習目標の教示を受けた低い能力の子どもたちは、単独での事後テストにおいて、パフォーマンス目標の教示を受けた子どもたちよりも問題解決得点がよかった。目標に関する2つの異なる教示を受けた子どもたちの間では、言葉のやりとりから見た参加状態に違いは見られなかった。このことは、意欲面での目標は、協同の際の言葉の面から見た取り組みの様子には関連がないことを示唆している。また、実験にあたっては、次の諸点が予想されていた。つまり、学習目標によって動機づけられた低い能力の子どもたちは、高い能力の相手とともに取り組んだ問題解決においては、積極的な参加の姿勢を見せる。他方、パフォーマンス目標の教示を受けた低い能力の子どもたちの姿勢は、受け身的で高い能力の子どもたちが出した答えをそのまま受け入れるであろうというものだった。しかし、これらの予想は立証されなかった。この点について、ガブリエル・モン

テシノス（Gabriele & Montecinos, 2001）は，パフォーマンス目標の教示は，学習目標の教示に比べて，パフォーマンス目標を明確にするのには有効ではないと推測した。

また，もう1つの仮説，すなわち，2つの異なる動機づけ面での教示（学習目標とパフォーマンス目標）を受けた低い能力の子どもたちの学習結果の違いには，学習結果と対応する形で言葉のやりとりから見た参加状態の水準にも違いが出るという仮説も，この研究結果からは支持されなかった。これらいずれの仮説も支持されなかったことから，ガブリエル・モンテシノスは，言葉のやりとりから見た参加状態によって学習面での子どもたちの受けたよい影響を説明しようとしたことは不適切だったのかもしれないと考えた。それに代わり彼らが主張したことは，学習目標の教示に関係なく，低いパフォーマンスの子どもたちは有能な子どもたちとの活動を利用することができるということである。彼らが示唆するには，パフォーマンスのよい相手から受けた援助がパフォーマンスの低い子どもたちによってどのように非言語的に使われたのかというところに違いがある。学習者が協同の中で目標水準の設定とその活用を考えるという仮説は，多少の理論的支持を得たが，さらなる検討が必要である。

ガブリエル・モンテシノス（Gabriele & Montecinos, 2001）が述べているように，特に興味をひく点は，ペアがすべて同性，同学年の子どもたちだったことである。結果としてこのことは，互いのパフォーマンス上の地位を相対的にはっきりさせることになったことを示している。しかし実際の教室ではこうしたことはいつも実現できるわけではないし，必ずしも望ましいということでもない。なぜなら教師は，教育・社会上の多様な成果を得るために，子どもたちの様々な個性にもとづいてグループを構成するからである。実験研究には当然限界がある。実験という点を考えれば，協同的問題解決研究で考慮しなければない一つの点は，実験上の操作をいかに教育上の，学級の中での実践に生かしていくかということである。

この章で紹介した研究によって示したことは，子どもたちの協同的問題解決を考える際に，多様な'入力'特徴を考慮する必要があるということである*。学習経験からよい影響を受けようとするレディネス，認知的柔軟性や変動性，社会性，対人的敏感性，動機づけなどにおける個人差は，実際の認知能力の測定と同じくらい重要である。友情や性別はもちろん，これらの要因のそれぞれ，あるいはすべては，特定の相手と一緒に活動する能力にとって重要な役割を果たしている可能性がある。協同的問題解決を扱った初期の研究の大部分は，友だち間や同性間でペアを組む価値について

━━━━━訳者注━━━━━

*入力特徴とは，つまり，実験に参加する子どもたちの個性，諸能力である。

は暗黙の仮定しか設けてこなかった。しかしこれらの要因には今後検討する必要がある。おそらくこれまで考えられている以上の細かで捉えにくい面がある。社会性や柔軟性といった，心理学的構成概念上の個人特性は，それ自体が大きな影響力をもっているだろう。しかしこうした個人特性は，能力，性別，友情と相互作用しながら，やりとりの性質に効果をもたらす。そして，そのやりとりの性質が認知的成果に結びついてくるのである。確信をもって言いうる唯一のことは，協同的問題解決は子どもたちにとってよい影響のある活動であり，特に十分な能力をもたないで取り組む子どもたちにとっては効果がある。しかし，広範囲にわたる一連の研究を概観してみると，個人特性とやりとりとの関係，そしてそれらがいかに結びついて認知的成果に影響するのかについては，自信をもって述べることはできない。

第6章

要約と示唆

　これまでの章では，子どもを問題解決者として捉えている研究を取り上げ，子どもの認知発達理論を探求してきた。特に，子どもが協同して何かに取り組んでいるときや学んでいるときの問題解決や人とのやりとりが，いかに認知面での発達に影響を与えるかに焦点を当ててきた。これらの研究全体を概観することを通して，われわれは認知発達についてのいろいろな理論に対して何が言えるだろうか。

　第2章では，認知発達の二大理論であるピアジェとヴィゴツキーの理論が，子どもの学習を説明する際に，直接的に間接的にどのように影響を与えてきたかを見てきた。子どもの認知発達に関する説明は，ほとんどすべてがピアジェもしくはヴィゴツキーの理論から考察されており，ここで紹介した多くの研究もその2つの理論による解釈を比較してきた。他にも理論があったことは否定しないが，それらのほとんどは子どもたちの協同的問題解決に適用できないという限界があった。別の言い方をすれば，子どもの社会的問題解決に関する研究は，必然的にこれまで影響力をもってきた理論やアプローチを限定してきた。一般に，社会的問題解決は，やりとりそのものや，子どもが課題に持ち込むスキル（すなわち課題に関係のある子どもの能力）に焦点を当ててきた。そのため，ある研究は，やりとりにおける葛藤や協応操作そしてコミュニケーションを分析対象にしており，またある研究は子どもがもともと備えている問題解決のスキル（方略運用を含む）にもとづいて，協同課題にいかに取り組むかといったあり方を探るものになった。

　私が本書で詳細に扱うことができなかった領域に，子どもの認知発達に関する情報処理理論的アプローチがある。その理由は主に，課題で利用される特定の材料に対して，子どもがどのように知覚し認知的な処理を施すかに焦点を当てるのではなく，協同して取り組んでいる子どもに焦点を当ててきたからである。情報処理理論的アプローチでは，学習やその向上を説明するために，計算モデルによる考え方を開発し，そ

れを子どもの認知発達研究に適用してきた。第3章で考察したシーグラーらによる研究成果はこのアプローチを用いて，彼らが開発したモデルによって，ある特定の学習場面における子どもの方略選択の変化を説明するのが狙いであった（シーグラー・シップリー, Siegler & Shipley, 1995；シーグラー・シュレイガー, Siegler & Shrager, 1984）。しかし，より精巧な発達プロセスを説明するために，コネクションやネットワーク，時にこれは（ソフト・ウェアの基本構造の設計法である）「アーキテクチャ（architecture）」として表現されることもあるが，それらを用いて学習の数理モデルを構築した研究はかなり多い。そのようなモデルは非常に緻密であったとしても，通常はかなり抽象的で，知覚や言語のような認知発達の基本的メカニズムを取り扱っている。また，それらは，説明しようとする領域を通常限定しており，たとえば語彙処理のような領域のみに適用されている。その一方で，それらのモデルは，認知発達が急激に変化したり，あるいは後退したりするという非線形的な発達のみならず，発達段階や移行という現象も説明することができる。

その結果，社会的問題解決や子どもの学習を支援し励まし促進することに対してやりとりが果たしている役割に，以前から多くの関心が寄せられていた。だが最近の研究は，1人ひとりの子どもの特性を詳細に吟味するようになってきた。そして，最近の研究では，子どもの認知的処理能力を詳細に見る代わりに，協同からよい影響を得やすい子どもにはどのような特徴があるかが検討されている。それらの特徴には，やりとりからよい影響を受けるためのレディネス，認知的柔軟性，問題解決の速さ，そして性別さえも含まれている。言い換えるなら，能力そのものを検討するよりも，他の参加者の有能さに気づき，やりとりの中で他の参加者たちの多様な役割を取り入れて，人とのやりとりをうまく利用できる力を詳細に見ていくほうが，能力だけを切り離して研究することよりも，子どもの学習にとって有益なのである。

紹介した文献には，もう1つ別の特徴がある。それは，子どもの平均的な能力を研究することをやめ，どんな課題であっても加齢とともに子どもの問題解決の力が向上するという前提から脱却していこうとする傾向である。徐々にではあるが，1人ひとりの子どもはどのような学習行動（パフォーマンス）のパターンをとるか，そしてそれがいかに協同して問題を解決する子どもの有能さや学ぶ力につながっていくのかを説明する研究が増えてきた。これらのパターンには，認知能力，方略利用，協同で取り組む相手と関わりながら一緒にやっていける力，学びたいという欲求などが含まれている。これらのうちのいくつかは，個別に，あるいは組み合わされて検討されており，その結果，特定の問題解決場面のみならず普遍的な問題解決場面での子どもの認知発達の全体像が明らかになっている。

第6章　要約と示唆

何がそしてどのように，再び問題にされるか

　本書の冒頭で取り上げた問いは，「何が発達するのか」，そして「どのように発達するのか」であった。「何が発達するのか」を考えるためには，認知的変化，認知発達，そして学習という3つの側面が，どのように異なるのかを明確にしておかなければならない。これまでも，それらの3つの用語を明確に区別しようとしてきたが，これらの使い方はいくぶん'いいかげんなもの'であった。また，これらの用語を明確に区別しないでいると，生得的な能力が発達にどのように関わっているかという問いにもつながってくる。「何が発達するのか」という問いに，生得的なあるいは生物学的な立場から説明するのは簡単である。すなわち，認知的スキルが予定されたタイムテーブルにそって発達してくると説明すればよい。またこの説明は，「なぜ認知発達が前進的でしかも洗練された筋道で大人の能力へと発達するのか」という問いの答えにもなる。しかし，このような考え方では，子どもが多様な領域にわたって多様なスキルや知識を示すという事実を説明できない。一般的に子どもの認知発達に関する研究は，いくつかの領域にわたって大きな変化が生じることを見いだしている。たとえば，保存課題がうまくいくときには，また類推的推論もうまく達成できる。（現在見られる変形型も含め）ピアジェ理論は，もともとの理論には完全に普遍的な理論であるとは言えないところもあるが，現在の見方では，一般に領域一般の理論として見なされている。

　発達に関する領域固有の理論は，次のような条件がある場合，生得的なものであると考えられてきた。それは，材料（それがどのように定義されていようとも）や，あるいは研究されている認知領域で何とか処理しようとする子どもの能力に限界があるため，発達するものが制約されているような場合である。このような制約は，生得的な要素と学習による要素とを伴った内的メカニズムであると信じられている。このような制約の性質やその影響のあり方に関する論争が繰り広げられているが，ここでは，直接取り上げなかった。というのは，人とのやりとりを基本とした学習という観点にたつ場合，理論や検証の目的は，やりとりの役割を明らかにすることであるからである。領域固有の理論，しかも部分的には生得的な面から説明される理論を，学習を人とのやりとりから捉える研究に統合しようとすることは不可能であるとは言えないが，方法論的にもそれをつなぐ概念的枠組みもかなり異なっているため，その試みはおそらく無駄なものとなるであろう。

　それゆえ，認知発達の「何が」を詳細に検討するにあたって，本書は次の2つのこ

とを手がかりに書き進めてきた。第1に，協同での問題解決における最新の成果である。第2に，この領域（この領域と表現できるのならば，いわゆる人に開かれた性質をもつと考える）が，子どもの発達や学習についてのわれわれの理論化や，そこでなされたもっともな説明をどのようにより発展させるかということであった。しかし，ゴスワミ（Goswami, 1998）は，「何が発達するのか」に関して，また別の区別の仕方，すなわち認知における質的変化と量的変化とを区別することについて指摘している。質的変化は急激に発生し，新しい思考様式と関わる。他方，量的変化はよりゆっくりと生じる。この違いは先に考察した2つのタイプの研究にも反映されている。すなわち，加齢に伴うパフォーマンスのパターンにおける変化を見る研究と，加齢に伴う平均的なパフォーマンスの向上の研究とである。認知的変化の研究上のアプローチと説明の仕方には完全な一致はないが，質的変化は，たとえば特定の問題解決場面での方略利用パターンや加齢に伴ってこれらがいかに変化するかを見ようとすることなどから説明されている。それとは対照的に，量的変化は，ある年齢での問題解決や特定の能力を測定し，その能力が加齢に伴ってどう向上していくのかを描くことから説明されている。

　さらにこの違いは，使われている用語にも反映されている。'認知的変化'とは，短期間の発達のことを指し，時によく知られた前兆を伴っている。それは，短期間の発達が急激に発生し，前兆が一般に行動パターンによって記述されるため，子どもの発達に対する質的アプローチに適している。'認知発達'とは，あまりよく知られていない前兆を伴う長期間の発達のことを指し，量的アプローチに適している。そして，そのアプローチでは「パフォーマンスにつながる能力や社会的要因とは何か」という問いにほとんど関心が払われず，平均的な成績に焦点が当てられている。したがって，'認知発達'とは，子ども全体にわたってパフォーマンスが向上したときに用いられるが，'認知的変化'は，子ども1人ひとりのパフォーマンスを，何がそれに影響を与えているのかも同時に考慮しながら取り上げたときに用いられる。しかし'学習'とは認知的変化を説明する際に用いられる。すなわち，短期間で測定できるほどのパフォーマンスの伸びが子ども1人ひとりに生じている場合である。しかしその場合，前兆についてはそれほど関心が払われない。すなわち学習とは，結果に焦点を当てている場合である。学習としての認知発達は，これらの前兆を無視している。そしてどんな場合であれ，前兆は，発達の中に含まれている拡張された時間の枠組みにおいて評価することが難しい。

　認知的変化や認知発達は，それゆえ区別されうるし，その違いは，他の理論的考察ともつながりがあった。しかし，'学習'は認知発達と認知的変化の両方に適用でき

るようである。さらに，学習は 'obuchenie（教授学習）'，すなわちヴィゴツキーにより教授／学習プロセスを説明するために用いられたロシア語の言葉の一部分として見なすことができる（ガートン，Garton, 1992）。このことは，まだ一般には承認されてはいないが，子どもを中心において発達や変化を説明する場合，学習には人とのやりとりによって成立するところがあることを暗示している。人とのやりとりを考慮することによって，また人とのやりとりを詳細に吟味することによって，子どもが学習する際の他者の役割が研究対象となるのである。学習とは他人と関わることであり，それゆえに伝統的な認知発達や認知的変化からもたらされる研究の背景と区別されうるのである。

　とりわけ協同に焦点を当てること，そしてより一般的には人とのやりとりに焦点を当てることによって，「どのように」についての意味（あるいはメカニズム）を探求することが可能となる。'認知発達' という用語は，この本のタイトルにも使われている。なぜなら，研究は，普通，短期間の変化の間隔において認知的変化ばかりを見てきたが，学習は長期の認知的向上をもたらし，長期間の観点を導入することが必要不可欠だからである。これによって，子どもたちは，互いにあるいは大人と協同を通して何かに取り組む際に，促され支持され，あるいは認知的に成長するようサポートされ，知識を強固なものにしていくのである。

　それゆえに，「どのように」認知が発達するのかは，人とのやりとりという成り立ち状況を考えざるを得ない。すなわち，サポートと影響を相互に与え合うものとして説明されている。異なる年齢の子どもたちが様々な問題に取り組むとき，いかに子ども同士や大人が彼らの学習を促進するのかを検討した様々な研究がなされてきた。シーグラー（Siegler, 1998）が見いだし，そして第1章でも紹介された動向と一致して，その研究の焦点は，学習，特に協同での学習におかれている。やりとりの性質は，学習の機会を制約すると同時に促しもする。これまでの多くの研究は，いかに社会的文脈が学習を促し支えていくかを説明しようとするものから，子どものどのような特性が学習を促し支えていくかを解明する方向へと転換していった。この転換は，やりとり前のパフォーマンスの平均をやりとり後のパフォーマンスと比較するという研究（これと同じく，普通，異年齢の子どもたちをANOVAやMANOVAの混合モデルを用いて比較する研究）から，やりとり前の関連する行動パターンを，いわゆる事前・事後テストのパフォーマンスである結果ややりとり中のパフォーマンス，あるいはやりとりそのものの他の特徴の両者を比較する研究への変化にも見ることができる。別の言い方をするならば，変化に注目して「どのように」という点を研究したり，変化に影響を与えていると考えられるやりとりとは「何か」を研究するのではなく，研究

者たちは，子どもがすでに備えている行動の諸側面と結果とを直接関連づけ，そしてこの段階に至っては，子どもの様々な特性がどのようにやりとりに影響を与えているのか，それゆえどのように結果に影響を与えているのかについても検討し始めたのである。

残された課題

　この領域では研究成果が次々と生みだされつつあるが，今の段階での大きな問題の1つは，多くの研究が多様な問題解決課題を用いているということである。ほとんどの課題には次のような共通した特徴がある。それは，明確に定義され測定できる形で目標や結果があったり，目標を達成できる手段や方略があったり，おそらく即座に解決できないような障害もあれば，時には協同する相手のように手助けしてくれる他のリソースがあったりもするということである。本書では，それらの変数の操作を，研究上の問い（リサーチ・クエスチョン）や理論的な立場を説明しながら示してきた。本書で説明してきたすべての課題は，子どもたちが手で扱えるものであり，いわゆる紙と鉛筆で行なう筆記テストのように視覚的に提示された課題に対する答えを記述することを求めるようなものである。課題の提示の仕方は，子どもの年齢に関連していることもあれば，検討している問題解決のタイプに直接関連していることもある。

　ここでは，子どもたちの年齢を学校に通っている子どもたちに限定して考察してきた。したがって，彼らは少なくとも同じ教育場面にいるという点においては同じように社会化され同じ文化を体験しているということで，実施されてきた研究の中には，初等教育の子どもや青少年を対象にしたものもある。用いられた課題もその提示の仕方も多様であったことを考えると，子どもたちの材料に対する熟知度も，非常にばらついていた。この多様さが，今度はやりとりの性質に，特に引き起こされるコミュニケーション・パターンに影響を与えることになる。抽象的な科学的推論課題では，子どもたちがその課題をどうやって進めればよいのかを話し合うのに必要とされる適切な言語ラベルを用いることができないかもしれない。他方，カラー・ブロックや玩具の家具の分類課題では，たとえば'赤'や'青'というような色であるとか，'ベッド'や'椅子'というように，すぐに使える共通した言葉が必要であったりする。それゆえ子どもたちは，最初に，共通の言葉を見つけだそうとするよりも，どうしたら一緒に取り組めるかを考え始めるようである。さらに，材料を手で操作することを要求する課題と紙と鉛筆で回答する形式の課題の質は異なる。このような問題のいくつ

かは，現在の研究の焦点となっている。以前述べたことであるが，一般的に課題というのは大人の実験者の目を通して定義され，そして子どもたちがそこに課題があると知覚するか否かが重要なことなのである。通常の実験場面では，子どもたちに対してその材料は'ゲーム'であり，一緒に取り組むように紹介され，そしてそれからルールがいくつか示される。また，通常，課題には努力すれば達成できるとか，実験者しか目標を知らないということは，子どもには知らされていない。

解決課題の性質に違いがあるだけでなく，そこで生じる協同のタイプにもいろいろな違いがある。協同は大人と子どものペアの時もあれば，子ども同士がペアであるときもある。通常，大人とペアにされるのは年少児であり，大人は親で，ほとんどの場合が母親である。他方，年長児の場合は学校のクラスメイトとペアを組み，場合によっては同じような教育レベルにある子どもとペアを組むことが多い。様々なペアの組み合わせが理論にもとづいて，もしくはより理論的にきっちりと正当化された形でなされているが，それよりも利便性からペアを作ることもしばしば見受けられる。大学の研究室でするとなれば，駐車が難しく，そのうえ研究室の机は大学生用だったりと，場所自体がかなりプレッシャーを与えてしまう。そのような場所に子どもを連れてくるように母親を説得することよりも，学校で簡単に依頼できる子どもたち同士をペアにして取り組ませるほうがずっと容易なのである。われわれの研究は，小学校就学前の子どもたちを比較することもある。保育所から子どもを募り，保育所と同じような環境で子ども同士，あるいは母親とやりとりをさせることもある（ガートンら，Garton, Harvey & Pratt, 投稿中）。しかし，そのように直接比較することはまれであり，取りまとめるのも難しい。

本書で検討してきたことだが，研究するうえでのさらなる困難さは，やりとりの中で何が進行しているのか，また何かが実際に生じているとするならば，それがやりとりの効果といかに関連しているのかを測定することにある。ほとんどの研究は社会的影響アプローチをとっており，そこから，やりとりのいろいろな側面が子どものパフォーマンスと関連があることがわかってきた。一般的に協同に関する研究は，やりとりの性質を検討する際，子どもの学習に効果があると考えられる要因から検討することがよくある。しばしば，そこでは，より熟達した参加者がやりとりをうまく取りまとめるありさま，特に実際に問題を解決するという側面と相互の役割をうまく調整していく側面との両方に焦点をおいている。そのため，現実には，やりとりの過程（訳者注：その内面過程で何が生じているのか）に焦点をおくのではなく，参加者たちの行動，そして言語的・非言語的コミュニケーション，すなわち学習を有利に進める心理的な構成概念として分類されるようなものに焦点を当てている。さらに，このよう

な参加者の行動は，協同においてあまり熟達していない参加者の学習を支援し促すものとして見なされている。

すでに述べたことだが，最近の研究は，人とのやりとりに見られる大きな分析単位（すなわち，個人そのものではなく，やりとりそのもの）を取り上げようとしている。学習は，やりとりを通してのみ生じるのである。そのようなときには，協同は，そこに参加している者たちに，等しく共有された知識を作り上げていく。どんな発達的変化であったとしても，それは質的なものであり，そこには，やりとりや子どもたちがそこに持ち込んだり適応させたりする役割が反映されている。個人の成長と発達は，多様な文化を認め合う社会文化的な枠組みの中で形作られるのである。このように，協同とは，参加者の能力を媒介するものとして見なされるのであり，ただ単に，能力的にやや劣った参加者を支援したり励ましたりすることではない。認知にとっては，人との間で媒介され，そして人とのやりとりが媒介として機能するようなあり方が，かなり重要なのである。必然的に，やりとりそのものに向けてなされたある特定の分析は，熟達，スキルそして知識レベルでの個人の変化に関心を持ってなされた分析とはまったく異なっている。

示　唆

子ども同士の協同による問題解決の研究から言える大切なことがある。特に教室で生じていることに教育上の観点から言えることがある。また，チームで，短期・長期のプロジェクトを組んである課題に従事している大人や，（オーストラリア国内だけでなく国際的な広がりを見せる）グローバリゼーションによって新たに作り出された仮想環境で作業したりすることが望まれている職場という環境にいる大人に対しても言えることがある。そして，発達心理学の理論に対しても言えることがある。1つずつ順に述べていくことにしよう。

教育という点では，教師たちは，子どもたちの協同的問題解決に関する研究成果を，とりわけペア学習や集団作りという実践面で応用することができる。互いに，あるいは参加者全員が最大限によい影響を受けるためには，いかに子どもたちを組み合わせるべきなのだろうか。教師たちがこの協同での問題解決を教授や学習に利用しようと考えるならば，そのことを知る必要があるだろう。だが，やりとりのために子どもがどれくらいの力や性質を備えているのかを教師たちがあらかじめ評価できないことは明らかである。また，協同的学習を促したいと思ったときに，毎回認知能力のレベル

を評価できるわけではない。しかし，教師たちは協同的学習の練習のためにどのような内容を用いるべきかという側面を考慮することはできる。たとえば，性差，年齢，子ども同士の友人関係，そして言語的・非言語的コミュニケーションがどの程度やりとりにおいて育ち得るか，あるいは伸ばすことができそうかなどを考えることができる。別の言い方をするならば，教師たちはこれまで研究が協同的学習において重要であると見いだしてきた原理を受け入れる必要があるだろう。一般的に言えば，様々なペアの組み方や集団作りに影響を与えている要因を考えることである。そうは言っても，30人の5歳児がいる教室を何とかしようとするときに，これらのあらゆることを念頭において取り組むことは不可能だろう。しかし，少なくとも，教師たちには，教授／学習方略としての協同的学習の価値を知らされるべきである。そして，協同的学習の機会を最大限にする方法やどのようなカリキュラム領域が，人とのやりとりにより適しているかなども知らされるべきだろう。

　やりとりがあるからこそ，他者と積極的に関わり，そのことが確かな学習へとつながっていく。このような考えは，ミドル・スクール運動のように，学校の構造やプロセスを変化させてきた現在の教育哲学を支えてきた。さらに，問題解決という文脈が提示されてきたことによって，少なくとも小学校高学年／中学校低学年の児童や生徒には，批判的思考や論理的推論，また自立した意思決定や自律性を育てることになっている。

　大人に対して広く言えることについて述べよう。われわれは労働者として，特定のプロジェクトやサービス産業において管理上の支援を提供するために，チームで取り組むことがますます重要になってきた。それは大学での教授活動についても同じである。現代の職場の業務において，協同する能力が必要であると強調され，求人広告では，'チームで仕事ができる能力' が不可欠であると明記されている。すなわち，仲間の労働者は 'チーム・プレイヤーである' 同僚について話し，これが利点として語られるのである。協応操作（協力）や協同は，チーム・ワークの要となる。役割と責任を明確にできたり，課題を理解するために協議し，共通理解を得ることができ，そして，チーム・メンバー内の義務をはっきりと示せるスキルと専門性をもつことはすべて成功するために必要なのである。成功は，レポートや新しい企画のように実のある結果を生むこと，業績に対して同僚から高い評価を得ること，そしてもちろん，金銭的な報酬や昇進などから測ることができる。

　チーム・ワークは，多くの職場環境で強調される一方，通常は，差し向かいで行なわれる業務であり，時に果てしない会議（ミーティング）と思えるようなものを通して，意思決定は個人的になされる。会議とは，しばしば物笑いの種となることもある

が，そこはプランニング，交渉，そして役割と責任の配分を取り決め，しかもいかに目標が達成されるべきかの意思決定が共有されているフォーラムである。会議の構造は，協同的問題解決と同じである。このようなスキルを仮想的な環境に翻訳していくことが，国内・外でチームが結成されうるグローバル経済に対する新たな挑戦となるのである。ビデオ会議が利用されるようになってしばらく経つが，リアルタイムの視覚的なインターネットが今ではより頻繁に使われている。このようなコミュニケーション形態は，共有された焦点を確立し維持するための，さらには言葉の真の意味で協同するための，多様なスキルを必要とする。

　最後に，子どもを問題解決者として見なすこの探求の旅は，発達心理学における理論の広がりを考察することにつながり，また21世紀に台頭してきた理論を把握することにもつながる。研究の方向性が，平均的な子どもを文脈から切り離す研究から，社会的で文化的な文脈にいる子どもの研究へと変化していることは間違いない。この流れがあるからこそ，子どもたちの発達を詳しく吟味する他の方法がないかを探り，依然として大人の実験者と1対1で取り組んでいる子どもの研究に取って代わるものがないかを見いだそうとしているのである。理論は，実験方法，デザイン，そして質的・量的な分析方法を発展させると同時に，それが理論の広がりにもつながっていく。科学的な方法へのこだわりが，子どもを研究するための方法を逆に制約してしまい，その結果，理論そのものの展開のあり方に限界をもたらすことがある。社会文化的な理論は，分析単位をやりとりにすることによって，すなわち参加者の心の社会的構築という分析単位をもつことによって，子どもの発達を詳細に見る新しい方法を提供している。

　結論として，子どもを問題解決者として見なすパラダイムは，多様な発達の理論を評価する機会を，そして子どもたちの認知発達研究に新しい方法を考え利用する機会を，さらに，おそらく子どもの認知的変化，認知発達と学習についての新たな理論を展開し広げていく機会を与えてくれているといえよう。

用語の解説

作成：假屋園昭彦

*以下に訳者が作成した「用語の解説」「引用研究の説明」を示す。
*太字部分は本文中に出てくる語句とそのページを示す。ページの順序は若干前後している箇所があるが，解説の順に読んでもらうほうが理解しやすい。
*引用研究の説明に出てくる特定語句についてもここで解説する。したがって，「引用研究の説明」の内容と重複している部分もある。

＊1．カタストロフィー理論（catastrophe theory）〔☞p.120〕

不連続な変容，突然の急激な変化を説明するための理論である。1960年代に数学者のトム（Rene Thom）によって提唱された。それ以来，生物学，社会学など多くの分野への適用が試みられてきた。

心理学における認知発達の領域においては，安定した特定の発達段階から次の発達段階に移行する際の質的変容を記述，把握するためにカタストロフィー理論が用いられるようになった。この理論では認知発達を次のように捉えている。すなわち，特定の発達段階から次の発達段階への移行は，現象としては，突然の非連続的な行動変容という形ですすむ。

そしてこうした考えに立脚し，変容を捉えるための指標（transition criteria：catastrophe flag）が作成された。この基準は，最初ギルモア（Gilmore, 1981）によって数学理論の形で作成された。その後，ヴァン-デアー-マース・モールナー（van der Maas & M. Molenaar, 1992）が，この数学理論による指標を認知発達の領域に適用可能な形に再構築した。

＊2．カタストロフィーの指標（catastrophe flag）〔☞p.120〕

カタストロフィー理論にもとづく突然変容を捉えるために，ギルモア（Gilmore, 1981）が提出した概念である。変容を捉えるための基準（transition criteria），非連続性を示す指標（indicators of discontinuities）として用いられる。すなわち，カタストロフィーの存在を示す典型的な特性，指標，目印をさす。ギルモア（Gilmore, 1981）の指標は数学理論の形であったので，ヴァン-デアー-マース・モールナー（van der Maas & M. Molenaar, 1992）が認知発達用の概念に再構築した。彼らは，特定の発達段階から別の発達段階への移行，変化（transitions）を見つけるため，認知発達研究に適用可能な8つのカタストロフィーの指標（Catastrophe flags）を提案している。そしてこのカタストロフィーの指標の発見のためにはあくまで行動上の測度を用いる。さらに発達段階の移行が生じる際には，ある指標（flag）が発見されると他の指標（flag）も同時に発見されることが予想されている。

＊3．変化を示す5つの指標（five indicators of behavioural transition）〔☞p.120〕

8つのカタストロフィーの指標（catastrophe flags）のうち，以下に，本文中のホーセンフェルドら（Hosenfeld, van der Maas & van den Boom, 1997）の研究で取り上げられている5つのカタストロフィーの指標について，マース・モールナー（1992）の論文にもとづきながら解説する（van der Maas & M. Molenaar, 1992）。

(1) **2種類の明確に区別される様相**（bimodality）〔☞p.120〕

2種類の明確に区別される様相とは，認知発達で考えると，2つの安定した，明確に区別される特定の発達段階をさす。具体的には，特定の発達段階から次の段階への移行は，漸進的なものではなく，連続性の見られない（中間段階が見られない）突然の変容として現われる。そして，それぞれの発達段階は，現象的には2種類の明確に分かれた2つの様相として捉えることができる。そしてこれらの様相は，特定の発達段階に特徴的な行動（様相）として現われる。

たとえば，ピアジェの保存課題の遂行作業の場合，非保存，部分的な保存，保存，というように3段階に分かれて少しずつ発達していくのではなく，非保存段階と保存段階の割合が高く，その中間段階は少ない，という現象が指摘されている。

(2) **接近の不可能性**（inaccessibility）〔☞p.120〕

2つの，安定した特定の発達段階の中間段階である。変容への動きが生じ始めてから，まさに変容をとげている段階そのものをさす。この時期，生体の認知構造は非常に不安定になり，変動性を示す。

また，実験上，独立変数によって統制することが困難な部分である。接近という語は外部からの操作が可能という意味で使われている。そしてこうした外部からの統制や操作が困難という意味で，接近の不可能性という名称になっている。

(3) 跳躍現象（sudden jump）〔☞ p.120〕

様相が変化する場合，段階的，漸進的に少しずつ変化していくのではなく，非連続的に急激に変容する現象をさす。認知発達で言うと，特定の発達段階から不安定で中間的な状態（inaccessibility）を経て，急激に次の発達段階へと移行する現象をさす。

実験場面においては，独立変数の小さな変化によってもたらされる従属変数としての行動（現象）の大きな変化をさす。この場合，独立変数は連続的に変化しても，従属変数としての行動（現象）は突然の変容を示す。

たとえば，周囲の温度が上昇して氷が溶解する現象を考えてみよう（Hosenfeld, van der Maas, & van den Boom, 1997）。独立変数としての温度は連続的に変化する。一方，従属変数としての氷の溶解は急激な変化として非連続的に現われる。すなわち水分子の様相は，固く結びついた結晶状と結びつき方がゆるく分子がランダムに動いている液状の2種類がある。これら2種類の様相は安定的である。そしてこれが上述の「2種類の明確に区別される様相（bimodality）」に相当する。溶解現象では，これら2種類の水分子の変容は連続的に少しずつ生じるのではなく，急激な変化として現われる。すなわち，2種類のうちのどちらか一方の様相を安定的に呈している状態が長い。様相の半分が結晶状，半分が液状といった中間状態は短く，状態も不安定である。

こうした跳躍現象は，複数の行動面で同時に生じることもよく見られる。

(4) 変則的変動（anomalous variance）〔☞ p.120〕

変容ポイント（catastrophe point）に近づくほど大きくなる行動の不安定性，変動性をさす。

認知発達で考えると，この不安定性，変動性は，特定の課題に対する方略，反応（行動）のぶれ，ゆらぎとして捉えることができる。つまり課題解決に用いる方略が安定せず，特定の方略を一貫して用いることができなくなる。その他の反応としては，言葉による説明が曖昧になる，発話と身振りとの両方の内容が一致しなくなるといった現象が見られる。そしてこれらの現象は，変容ポイント（catastrophe point）に近づくほど頻繁に見られるようになる（Hosenfeld, van der Maas, & van den Boom, 1997）。

(5) 不明確な減速期（慎重な方略適用）（critical slowing down/mode softening）〔☞ p.120〕

生体が発達段階を移行する際，変容ポイント（catastrophe point）前後の時期では，生体の認知状態は不安定になる。そして，変容ポイントを経て，次の発達段階に達したとき，変容直後の不安定な状態を経て次の安定した状態におちつくまでの時期をさす。

認知発達実験における課題解決場面では，変容期にある児童の解決時間が安定期にある児童に比べて長くなるという現象が見られる。これは，新しい発達段階に移行した場合，あるいは移行しようとしている場合，これまで使わなかった新しい方略を適用し，それを安定した形で使いこなしていくまでに時間がかかるためである。つまり，児童は新しい方略を最初はゆっくりと，慎重に使い始めるのである。そのためこうした傾向を表現するために「slowing down」という言葉が使われている。

＊4．類推方略の突然の増加（sudden increase of analogy performance），**一貫しない解決行動の一時的な増加**（a temporary increase of inconsistent behavior），**解決行動の一時的な慎重さ**（a temporary slowing down of solution behavior）〔☞ p.121〕

これらは，Hosenfeld, Van der Maas and van den Boom（1997）の研究に見られた現象である。研究の詳細は「引用研究の説明4」に記している。そこで以下では簡単に上記の語句の意味を記す。

(1) 類推方略の突然の増加

この語句は，類推方略は連続的，漸進的に出現するのではなく，非連続的に，突然類推方略の使用が急増するという形で出現するという現象をさす。これはHosenfeldら（1997）の研究で，8回のセッションの過程でテスト得点が高低の2つの水準にはっきり分かれるという現象に示されている。

(2) 一貫しない解決行動の一時的な増加

これは変則的変動（anomalous variance）を示す現象である。すなわち，跳躍現象（変容ポイント）（sudden jump）の前後では，同一課題に対する使用方略が一貫，一定しないで解決のたびに別々の異なった方略の使用が見られる。Hosenfeldら（1997）の研究では，同じセッションの中で二度呈示された同一課題に対する使用方略が一致しないという現象が見られた。

(3) 解決行動の一時的な慎重さ

問題解決場面で移行期にある被験者の方略適用行動が慎重になり，その結果，解決時間が長くなるという現象をさす。Hosenfeldら（1997）の研究では，解決時間の曲線が跳躍現象（変容ポイント）（sudden jump）時点を最大値とする一峰曲線を描いており，この現象が支持された。

*5．**単一次元的思考**（unidimensional thinking），**多次元的思考**（multidimensional thinking）〔☞ p.120〕
　単一次元的思考とは，問題の中のひとつの側面にのみ注意を向ける現象であり，多次元的思考とは，同時に複数の側面を考慮することができるという現象である。

*1〜5までの引用文献
van der Maas, H. L. J., & Molenaar, P. C. M　1992　Stagewise cognitive development: An application of catastrophe theory. *Psychological Review*, **99**, 395-417.
Hosenfeld, van der Maas, & van den Boom, 1997　Indicators of discontinuous change in the development of analogical reasoning. *Journal of Experimental Child Psychology*, **64**, 367-395.

*6．**ウィスコンシン・カード分類課題**〔☞ p.11, 112〕
　ウィスコンシン・カード分類課題は，概念の形成，変換，維持に関する能力を検討するカード分類課題である。元来，この検査は，思考の柔軟性を調べる心理学的研究のために作成されたものであり，現在では脳の遂行機能野検査としては最も有名である（五十嵐・加藤，2000）。
　以下，船橋（2000）にもとづき，この課題について述べてみよう。この課題は全部で128枚あるカードを実験者の答え（YESかNO）にもとづいて被験者に正しく分類させる課題である。1枚1枚のカードには，特定の図形（丸印，星形，十字，三角形）が特定の数（1，2，3，4個），特定の色（赤，緑，黄，青）で描かれている。被験者の前には4枚のサンプルカードを置く。被験者は積み重ねられたカードを上から順にとり，各カードが示す属性（形，数，色）をもとに，実験者が決めた分類カテゴリーにしたがって分類する。実験者は，被験者に分類カテゴリーを直接教えることはなく，被験者が分類した結果にしたがって，「YES」「NO」，のみ返答し，被験者に実験者が考えている分類カテゴリーを推測させる。つまり，被験者は自分のとったカード（たとえば緑色の三角形が4個）を，実験者の分類カテゴリーが色であれば右から2番目のカードのところに，形であればいちばん左のカードのところに，数であればいちばん右のカードのところに置くと，実験者から「YES」の返答がもらえる。
　被験者は正答した分類カテゴリーで次々とカードを分類していくことが求められる。ここで被験者が10回程度連続して正答すると，実験者は被験者に知らせることなく分類カテゴリーを変更する。すなわち実験者は被験者の分類に対して「NO」とだけ答え，分類カテゴリーが変更されたことを知らせる。そこで被験者は，実験者の「YES」「NO」の返答だけを頼りに新しい分類基準を探すことになる。
　船橋（2000）によれば，正常な被験者では，分類基準が変更された後1〜2試行で新しい分類基準を探しあて，それを維持することができる。しかし前頭連合野に損傷のある人では，変更後も同じ分類カテゴリーに固執する傾向があったり，ランダムに分類するのみで新しい分類カテゴリーを見出すのに多くの試行が必要になったり，最後まで新しい分類カテゴリーを見出すことができない，という傾向が見られる。こうした障害の原因として，カテゴリーの変換能力の障害や反応抑制の障害があげられている（船橋，2000）。

*6の引用文献
船橋新太郎　2000　ワーキングメモリの脳内機能　苧阪直行（編著）　脳とワーキングメモリ　京都大学学術出版会
五十嵐一枝・加藤元一郎　2000　ワーキングメモリの発達　苧阪直行（編著）　脳とワーキングメモリ　京都大学学術出版会

引用研究の説明

作成：假屋園昭彦

　以下に引用されている研究の説明を行なう。この説明はあくまで本文の論理展開に沿っている。したがって訳者によって本文だけではわかりづらいと判断された箇所を中心に記してある。したがって、各研究の説明量は研究によって異なる。また、本文の記述内容から訳者の方で詳細に補足説明する必要があると判断した研究は、実験内容を詳しく記した。

* 1．Bonino, S., and Cattelino, E（1999）の研究説明〔☞ p.11，112〕
　この実験でのペアは同性同士、すなわち男子ペア、女子ペアという形で作られていた。また柔軟性についてはウィスコンシン・カード分類課題（特定語句の解説6）にもとづいて、高群同士、低群同士でペアが作られた。こうしたペアの作成方法によって、男子ペアは柔軟性高群の14組、柔軟性低群の14組、女子ペアは柔軟性高群の14組、柔軟性低群の14組が作成された。すなわち4種類のタイプのペアが作成されたことになる。
　また、本文中では、競争的行動として2つのやりとりの例、協応操作的行動として2つのやりとりの例が示されている。
　本文中には明確に述べられていないが、これら4種類のやりとりの様相は、この実験の中ではやりとりを評価する際の基本的な基準になっている。すなわち、これらの4種類のやりとりはその頻度によって0点から4点が付与され、各班の得点が出された。

* 2．Blaye & Bonthoux（2001）の研究説明〔☞ p.114〕
　従来の研究から、児童は、主題上、分類学上、知覚上の基準にもとづいて対象をカテゴリー化できることが示されている。しかし、同じ1つの対象に対して、複数のカテゴリー基準を使えるかどうかについてのデータはほとんど得られていない。
　この研究では、幼児、児童が課題要求や文脈上の要求に応じて、同じ1つの対象に対して、2つのカテゴリー基準を使い分けることができるか否かを検討した。
　実験材料はすべて絵で示された。そして上記の2つのカテゴリー基準の1つは主題面での基準であり、もう1つは分類面での基準であった。たとえば対象が魚であった場合、主題面から捉える場合は「魚釣り」、分類面から捉える場合は「魚類の絵」という使い分けになる。
　刺激呈示の方法は以下のとおりであった。すなわち、カテゴリー化の対象となる絵、およびカテゴリー基準を示す絵が2種類、さらに文脈情報を示す絵として2種類の中の1つが呈示された。最後の文脈情報を示す絵は、上記の文脈上の要求を示すために用いられた。たとえば対象がライオンである場合、カテゴリー基準を示す絵は、分類面から捉える場合のために鳥とキリン、主題面から捉える場合のために調教師と鞭、が示された。文脈情報を示す絵として、動物園とサーカスが示された。
　実験手続きは、プレテスト、テスト、ポストテストの3回のテストが実施された。1回のテストにつき9種類のカテゴリー化対象があった（実験1）。実験群では3回ともに文脈情報が呈示された。統制群ではテスト段階で文脈情報がなかった。テスト段階で示す文脈情報はプレテストで選択したカテゴリー基準とは違った方が呈示された。ポストテストはプレテストと同じ文脈情報が呈示された。
　実験結果は本文にあるとおりであるが、本文中にある適応的柔軟性と偶発的柔軟性について説明しておきたい。本研究では複数のカテゴリー基準を適用する際に、文脈上の要求に応じた形で適用できるか否かの検討を目的としていた。したがって、文脈情報として提示された絵によって活性化されるカテゴリーで捉えることができた場合を適応的柔軟性とした。一方、文脈情報の絵とは無関係な発想や連想にもとづく場合を偶発的柔軟性と定義している。
　次に本文中の「この柔軟性は'自然に、偶発的に変わっていくという形から適応的な柔軟性へ'（Blaye & Bonthoux，2001，p.409を参照）、と変化することである。そしてこれらの現象は、提示された文脈手がかり（分類対象）が類似している場合は、一貫して観察された」という文章の補足説明を以下に行なう。
　年長児は呈示された文脈情報の種類に対応したカテゴリー化を行なうことができた。したがって、テスト段階でプレテストとは違う基準の文脈情報が示された場合はその時点でカテゴリー化の基準を変更することができた。
　さらにプレテストとポストテストでは呈示された文脈情報は同種であった。つまり、同種の情報が2回呈示さ

れることになる。したがって，この操作によって柔軟性が偶発的なものか，適応的なものかを判別することが可能になる。すなわち，柔軟性が偶発的なものであれば文脈情報が同種であってもカテゴリー基準が変化するからである。上記の文はこうした方法にもとづいて得られた結果を述べている。

＊3．Alibali（1999）の研究説明〔☞ p.115〕

　この研究では2つの目的について検討している。第一に認知的変化の源泉は何かを問い，第二に認知的変化が漸進的か飛躍的かという，認知的変化の姿を問うものである。

　第一の目的については，認知的変化の源泉は子どもたちの変動性の初期水準および教示であるという仮説が設定された。そして教示の種類と変動性の初期水準の違いとが，子どもたちの方略の生成と破棄，すなわち方略変化の違いに及ぼす影響を検討した。つまりこの研究では認知的変化を方略の生成と破棄という現象から捉えようとした。

　具体的には，子どもたちが異なる種類の教示に対する反応として自らの方略レパートリーをどのように変えるかを調べるという方法が用いられた。

　教示の種類は次の4種類であった。すなわち，(1)答えの正誤についてのフィードバック，そして以下の3群は正誤についてのフィードバックに加え，(2)特定の問題解決方法についての教示，(3)問題の原理についての教示，(4)類推を用いた原理についての教示，があった。これら4種類の教示群に加え，統制群が設けられた。統制群は正誤についてのフィードバック，教示のいずれも示されなかった。これら5種類の処遇は介入期として実施された。

　第二の目的についての，認知的変化の姿は，子どもたちが自らの問題解決過程を説明する際の発話内容と身振りとの対応関係が調べられた。この研究では，身振りを1つの方略表現として捉えている。したがって発話と身振りとのミスマッチは2つの方略の葛藤を表している。そして身振りの方は発話で表現される以前の暗黙的で最先端の知識状態，これから今まさに新しく生成されようとしている方略を表している。そして本文中の変動性という言葉は，発話と身振りとのミスマッチを指す。

　こうした考えのうえで，認知的変化の姿に関しては，方略変化が漸進的，あるいは飛躍的になる条件とは何か，という問題が検討された。

　実験手続きは，筆記プレテスト（筆記による問題解決）と説明プレテスト（解決過程の口頭での説明），介入期（フィードバックと教示），筆記ポストテスト，説明ポストテストという形式がとられた。筆記テストと説明テスト，介入期の問題は，それぞれ異なっていた。介入期では，子どもは問題を解いた後，上記5種類の処遇を受けた。

　本文中の初期段階の変動性という言葉は，プレテスト期の説明段階における発話と身振りとのミスマッチおよびそれぞれの中に出現した方略数を指す。

　方略数は発話と身振りに現われた方略の合計であった。また方略の維持，生成，破棄については以下のように定義された。プレテスト，ポストテストの両方の説明段階をとおして発話か身振りかのどちらかに現われた方略を維持，プレテストには現われずポストテストのみに現われた方略を生成，プレテストには現われていたがポストテストには現われなかった方略を破棄，と定義した。

　本文中の「教示を与えることで学習と転移のパターンのバリエーションは豊かになるが，これは子どもたちが利用できる方略数が変わったということではない」という記述について以下に補足説明を行なう。

　Alibaliは，介入期で使われた問題とポストテスト問題との問題構造の類似関係によって，ポストテストにおける成績向上，つまり転移を以下のように分類した。まず最も類似性が高い問題間で生じた転移を「simple learning」と呼ぶ。なぜならポストテストと類似性が高い問題についての教示をすでに受けているからである。次に類似性が低くなった問題間で生じた転移を「near transfer」と呼び，類似性が最も低い場合を「far transfer」と呼んだ。

　実験の結果，子どもたちが受けた教示の種類によって，上記のどの転移が生じるかが異なったのである。どの教示も介入期で使われた問題とポストテスト問題との類似性に関係なく同じ効果を上げるというのではなく，教示の種類や類似性によって効果に違いが見られた。こうした結果を受けて，「同一のパターン」ではなく「パターンのバリエーション」と表現している。

　また，本文中には初期段階の変動性は方略の生成にはつながらなかったという結果を受け，「教示は，初期段階の変動性がもっている効果をなくしている可能性がある」という記述がある。

　この点についてAlibaliは，初期の変動性の効果が教示の種類に左右されるのではないかという可能性を指摘している。教示の効果については，方略生成とつながった教示は主に解決方法の教示であった。

　また「変動性の初期段階の水準は，特定の状況での新しい方略の生成」という記述がある（p.117）。この「特

定の状況」というのは実験の実施時期のことを指す。発話の中での正しい方略の生成率は，3年次，4年次の後半よりも3年次の前半の方が高かったのである。

さらに，「多くの方略が使用可能な場合の方略の破棄に対して重要な役割を果たしている」という記述がある。これは，プレテスト時のミスマッチと方略数が多かった子どもほど多くの方略破棄をしていたという結果をさす。

＊4．Hosenfeld, Van der Maas and van den Boom（1997）の研究説明 〔☞p.120〕

この論文はカタストロフィー理論にもとづいて行なわれている。この理論の中で使われている用語の詳細は「用語の解説1〜4」に記してあるので，そちらも参考にしてほしい。またこの理論について，はじめてふれる読者も多いと思われるのでこの研究についてはやや詳細に紹介する。

以下に研究の概要を述べる。児童期の類推能力の変化は，一般には連続的であり，量的であると考えられている。しかし，類推能力の発達的変容は類推にもとづかない自由連想型から構造上の対応関係を考慮した類推型へと非連続的に移行していく可能性がある。こうした類推能力の移行は，単一次元型思考から多次元型思考への移り変わりと考えられる。

類推研究の多くは横断研究である。こうした研究からは，類推能力の発達が連続的なのか非連続的なのかについての明確な結論は得られない。こうした理論的背景のもと，この研究では，6ヶ月という長期的な縦断研究を実施し，類推能力の発達が非連続的なのか否かを検討している。

この研究がもとづく理論は，カタストロフィー理論による変容モデルである。そしてこの理論で提唱されているカタストロフィーの8つの指標のうち，長期にわたる縦断研究に適用可能な5つの指標（「用語の解説」の1〜3を参照）を用いることにする。すなわち，2種類の明確に区別される様相（bimodality），接近の不可能性（inaccessibility），跳躍現象（sudden jump），変則的変動（anomalous variance），急な慎重性（critical slowing down）の5種類である。

この研究では，児童の類推能力の変容過程は非連続的な様相を示し，安定した2つの段階（bimodality）に明確に分かれると仮定している。この2つの段階として研究の中では2種類の解決方略を想定している。すなわち，最初の様相は自由連想による解決方略である。次の段階が組織的な類推能力を示す方略である。

さらに，こうした2つの段階の移行（transition）は，跳躍現象（sudden jump）により短い期間で生じるであろうと予測している。

次に方法について述べる。被験者は，6歳，6歳半，7歳，7歳半の児童が80名参加した。

課題は，A：B＝C：D型の類推課題であった。この問題には，特定の領域に関する既有知識の影響を避けるために幾何学図形が用いられた。課題は，AとBとの間でなされている図形の変形関係と同じ関係にもとづく図形の変形作業をCとDとの間で施すという内容であった。また課題の困難度のレベルは3種類設定された。

実験は3週間ごとに6ヶ月継続された。6週間で8回の実験セッションが実施された。1回の実験セッションで1人の被験者に対し20個の課題が実施された。回答方法は自由回答で個別に実施された。

結果と考察にうつる。被験者の回答パターンは次の3群に分けられた。すなわち，8回の実験セッション中ひとつでも（したがってその範囲は1回から7回まで）正答率50％未満があれば移行期群，8回すべて正答率50％以上であれば類推群，8回すべて正答率50％未満であれば非類推群，とした。結果は以下の3つの視点からまとめられた。

(1) 2種類の明確に区別される様相（bimodality），接近の不可能性（inaccessibility）

まず，2種類の明確に区別される様相（bimodality）の存在を，テスト得点の度数分布によって検証した。もしこの現象が存在すれば度数分布は双峰分布を示すであろう。

最初の1回目と最後の8回目以外の各実験セッションにおけるテスト得点の度数分布は，2つの大きな峰に分かれていることが確認された。つまり類推能力の発展的変容は2つに分かれた様相を示すことが確認された。

(2) 移行期にある被験者の特徴

移行期群にある被験者の解決方略の特徴は，全8回の実験セッションのうち，1回目は類推方略に比べ自由連想方略が優勢であるが，2回目から3回目にかけては類推方略が急増するというものであった。

つまり移行期群は，1つの特定の方略を用いていることで明確に特徴づけられる同質的な集団ではなかった。

(3) 跳躍現象（sudden jump），変則的変動（anomalous variance），急な慎重性（critical slowing down）

① 跳躍現象（sudden jump）

各実験セッションの正答率が50％未満（9個以下）であれば移行前（before the transition），50％（10個）以上であれば移行後（after the transition）と定義した。方略面では，移行前が非類推の自由連想型，移行後が類推

型となる。そのうえで，移行前期と移行後期のテスト得点との間には明らかな断層が見られた。つまり順次，漸進的にテスト得点が伸びていくのではなく，移行後期に入ると突然高い水準でテスト得点が維持されるという現象が見られた。こうした結果から，跳躍現象は存在すると見なされた。

② 変則的変動（anomalous variance）

各セッションの20個の課題の中の4個は2度呈示された。これら2度呈示された課題に対する回答が一致しているか否かを変則的変動の指標とし，一致していない場合を変則的変動とみなした。つまり同一課題に対する方略，回答が一貫していないということである。

この変則的変動の出現率を，非類推群，移行期群，類推群の3群間で比較したところ，移行期群が最も高かった。この結果から，移行期において変則的変動は存在すると見なされた。

また，変則的変動の出現率曲線は跳躍現象の直前で最大値を示す一峰型曲線になっていた。この結果から，変則的変動は変容ポイントに近づくほど頻繁に見られるという仮説も支持された。

③ 急な慎重性：慎重な方略適用（critical slowing down）

急な慎重性の指標として解決時間を分析した。その結果，解決時間の曲線は跳躍現象時点を最大値とする一峰型曲線になっていた。この結果から回復現象は存在すると見なした。

* 5. Azmitia and Montgomery（1993）の研究説明〔☞ p.124〕

本文中にある変数分離問題について補足説明を行なう。この問題では，毒入りピザの毒がピザに含まれるどの食材に含まれていたのかを特定する作業を行なう。具体的には，6つに切り分けられたピザの絵が問題用紙に描かれていた。そしてひときれ，ひときれのピザには，そのひときれを食べた人の生死，およびそのひときれのピザに含まれている食材が記されていた。たとえば，きのこ，たまねぎ，オリーブの実，などの食材である。そしてどの食材に毒が入っていたのかを特定するという課題である。

難易度は，原因変数となる食材が結果（生死）と完全に一致するか不完全か，という面を操作することによって行なわれた。

次に本文中にある相互交流的対話，他者指向的交流という用語について補足説明する。これらの概念はこの研究の理論的柱になっている。したがって本文中に，「やりとり期での様子は，相互交流的対話（transactive dialogue）を使って分析された」，という記述にあるように，相互交流的対話，なかでも他者指向的交流の有無，水準がやりとり評価の指標になっている。

そしてこれまで主として道徳の課題で検討されてきた相互交流的対話を科学的推論課題に適用した点もこの研究の特徴となっている。

まず相互交流的対話とは，個人の思考が他者の思考に働きかける，あるいは影響を及ぼすようなやりとり，として定義されている。またこの相互交流的対話は自己指向的交流と他者指向的交流とに分類されている。自己指向的交流とは自己の思考内における矛盾や葛藤を自分自身で明瞭化する作業である。一方，他者指向的交流とは自分の思考と相手の思考との葛藤，矛盾，ずれに気づき，これらを解消していこうとする過程をさす。そして本文中にもあるように，単なる知り合いよりも仲良し同士の方が互いの思考に対して綿密なモニタリングを行なうことになるので，他者指向的交流が生じやすいという仮説を設けている。

では次に相互交流的対話の内容を見ていくことにしよう。これはやりとりを評価する指標にもなっているところである。相互交流的対話は具体的には以下のような種類に分類される。(1)交流的発話である。これは，言い換え・明瞭化，精緻化，批判，自己と他者との統合からなる。(2)交流的質問である。これは根拠の明示，精緻化，明瞭化を自発的に他者に求めるという発話である。(3)交流的反応である。これは交流的質問に対する反応としてあげられている。(4)葛藤である。上記の相互交流的対話の中で生じる葛藤，不一致をさす。

さらに本文中に「7つの具体的な仮説が検証された」という記述にあげられている7つの仮説を以下に記す。(1)協同作業期，ポストテスト期における変数分離問題の成績は，仲良しペアの方が知り合いペアよりも高くなるであろう。(2)仲の良い友だちと協同を行なうということの発達上の利点は，変数分離問題の難易度が高い場合に顕著になるであろう。(3)仲良しペアのやりとりがメタ認知スキルの獲得を促進する場合は，知り合いペアよりも仲良しペアの方が解決過程のチェックや評価を頻繁に行なうであろう。(4)仲良しペアの方が知り合いペアよりも相手の要求や推論に合わせる傾向が強いという傾向が見られた場合，仲良しペアの方は自らが提案した方略や解答に対する根拠，理由づけを知り合いペアよりも自発的に行なうであろう。(5)仲良しペアの方は，葛藤，非葛藤場面にかかわらず，相手の要求や提案に応じ，それらを処理，実行しようとする姿勢（他者指向的交流）をみせるであろう。(6)こうした他者からの要求に積極的に応じる他者指向的交流は課題解決においての高得点につ

ながるであろう。(7)特に葛藤場面における交流は，他のタイプの交流よりも問題を正しく解くという点に結びついているであろう。

＊6．Strough, Berg and Meegan（2001）の研究説明 〔☞ p.126〕
　この研究では，協同的問題解決状況で参加者に求められる負担，いわゆる課題要求を参加者がどのように認知したかが検討されている。ここでは課題要求を認知面と対人面とに分類して検討している。すなわちこの研究では認知面での要求を課題要求（task demand），対人面での要求を社会的要求（social demand）という用語で表現している。
　そこでまず研究の中で定められているこの2つの用語の定義を以下に記す。課題要求とは，課題を解く際に解決者にかかる認知面での負担の程度のことである。たとえば知識が必要，記憶量が多い，操作や手順が煩雑，所要時間が長いといった面が課題要求となる。次に社会的要求とは，協同作業における対人的やりとりを円滑に進めるために参加者に求められる負担の程度のことである。つまり，役割の重要さ，責任の重さ，仕事の分担の割合といった面が社会的要求となる。
　こうした定義のもと，この研究の論理展開，実験の内容は以下のとおりである。通常，実験者は，課題要求と社会的要求とを操作することによって問題状況を設定する。そして参加者たちも研究者の意図どおりにその状況を捉えていることが研究にあたっての前提となる。つまり，参加者たちはみなほぼ同じ問題状況の捉え方をしているということが前提になる。このことは，実験者が操作する課題要求と社会的要求に含まれる負担度や重要度をすべての参加者が同じように認知しているということを意味する。
　しかし，参加者は1人ひとり自分に固有のやり方で協同に臨む。したがって問題状況の捉え方には個人差が生じる。そしてこの捉え方が協同時のやりとり，各参加者が用いる方略に影響する。このとき，各参加者が課題要求と社会的要求に含まれる特徴で，どのようなところを重要な要求として捉えているのかについての違いが生じる可能性がある。つまり参加者全員が一様に実験者の意図どおりの捉え方をしているという保証はなく，ここに問題状況の捉え方の違いを検討する必要性が生じる。
　これまで，参加者たちが協同をどのように捉えているかを調べた研究はほとんどなされていない。こうした点を踏まえ，この研究では，参加者の協同的問題解決状況の捉え方を把握するために，参加者に重要な要求として捉えられている課題要求と社会的要求を調べることを目的としている。
　従来の研究から，こうした要求に影響を与える要因として性別と友情の有無とが指摘されている。そこで本研究においても，参加者が自ら選択したグループの友情と性別と，協同的問題解決のための重要な課題要求と社会的要求の認知との関係を検討した。具体的には，①各参加者は自ら選択した友情と性別とにもとづくグループの中で，自分の協同状況をどのように構築していくか，②各参加者の問題状況の捉え方は，協同における課題要求と社会的要求にもとづいて構築されているか，③グループ内の友情と性別は，課題要求と社会的要求との重要度の認知の時間経過にともなう変化といかに関係しているか，④時間経過にともなう問題の捉え方，友情，性別，若者が自ら選択したグループの成績との関係，の4点の検討を行なった。
　研究実施の方法にあたって，協同プロジェクト，グループ編成の方法，課題要求と社会的要求との重要度の程度の評定については，本文に記されているとおりである。
　ここで重要度の評定に使われた質問紙の詳細は以下のとおりであった。個人にとっての課題要求と社会的要求との重要度の程度の評定には，Session Description Questionnaireという尺度が使われた。この質問紙の各項目は協同場面で発生する課題要求と社会的要求とが記されている。項目数は12個で，その中の6個が課題要求，残りの6個が社会的要求を記述していた。そこで各参加者は，各項目がグループ内で生じた出来事をどの程度十分描写しているかを評定した。つまり，十分描写しているという高い評定が付与された項目は参加者たちが重要であると認知した要求ということになる。
　これらの要求の中で重要なものとしてあげられた要求は，課題要求が「必要な情報がみつからない」，「劇を翻訳するのがむずかしい」，「劇の台詞を覚えること」，「スペイン語の意味がわからない」といった内容であり，一方社会的要求では「やるべきことに対して意見の統一がとれない」，「仕事がはかどらない」，「グループのメンバーが仕事をしない」という内容であった。
　Session Description Questionnaireは，本研究と同じ内容のスペイン語プロジェクトを扱った先行研究の中で作成された尺度であった。この尺度は，このプロジェクトの参加者たちが協同の中で体験した問題についての口述報告をまとめるという形で作成された。
　全体的な結果については本文に記されているとおりである。ただし以下の諸点についての補足説明をしておきた

引用研究の説明

い。

　本文中に「課題の出来具合に応じて1人ひとり個別に成績点が与えられた」とある。この課題は具体的には以下のような内容であった。具体的には，翻訳の出来具合，台詞の記憶の程度，劇における発話の明瞭性，小道具の使い方といった類の仕事がどの程度できているかをさす。

　また本文中（p.129, 11行目）に記載されている「教師は，友だち同士（特に男子間）で作業をさせない理由として，友だち同士だと互いに邪魔をして作業を乱すからということをよくもち出すが，このことはその理由が適切ではないことを示している」という部分を，より具体的に述べると次のようになる。

　友情度が高い仲良し同士だけでグループワークを行なうことに教師が許可を出さないことがたびたびある。その理由は，生徒同士の友情関係によって本来の課題指向的活動が失われるからである。しかし，参加者1人ひとりの捉え方から見た場合，このことは事実ではなかった。すなわち，友情度が高い者同士で作ったグループの場合，課題要求の重要度の評定は低いという結果であった。つまり，グループのメンバー同士の仲がよい場合は，課題遂行時の負担度や作業の困難度にかかわらず作業を行なうことができるということである。

　さらに本文に記載されている「研究対象となった科目が選択科目でなく必修科目であった場合，学業パフォーマンスは結果に影響する変数となるかもしれない」という部分について，補足説明を行なう。

　協同作業の実験がすべての生徒が選択する必修科目の時間に実施され，その実験の内容が当該科目で扱われている領域（スペイン語）に関連があった場合，各参加者たちは互いの学業パフォーマンスがわかっているし，その領域に関する参加者全員の知識水準も協同の遂行に直接関与してくる。その結果，協同を行なうメンバーの選択，および協同時の要求の重要度の認知に，各参加者の能力や学業レベルが影響する可能性が生じるのである。

引用文献

Alibali, M.W. (1999). How children change their minds: Strategy change can be gradual or abrupt. *Developmental Psychology*, 35, 127-45

Alibali, M.W., & Goldin-Meadow, S. (1993). Gesture-speech mismatch and mechanisms of learning: What the hands reveal about a child's state of mind. *Cognitive Psychology*, 25, 468-523

Azmitia, M. (1988). Peer interaction and problem solving: When are two heads better than one? *Child Development*, 59, 87-96

Azmitia, M., & Montgomery, R. (1993). Friendship, transactive dialogues, and the development of scientific reasoning. *Social Development*, 2, 202-21

Bearison, D.J., & Dorval, B. (2002). *Collaborative cognition: Children negotiating ways of knowing*. Westport, CT: Ablex Publishing

Blaye, A., & Bonthoux, F. (2001). Thematic and taxonomic relations in preschoolers: The development of flexibility in categorisation choices. *British Journal of Developmental Psychology*, 19, 395-412

Bonino, S., & Cattelino, E. (1999). The relationship between cognitive abilities and social abilities in childhood: A research on flexibility in thinking and cooperation with peers. *International Journal of Behavioral Development*, 23, 19-36

Bronfenbrenner, U. (1979). *The ecology of human development*. Cambridge, MA: Harvard University Press

Bruner, J.S. (1983). *Child's talk: Learning to use language*. Oxford: Oxford University Press

Carey, S., & Spelke, E. (1994). Domain-specific knowledge and conceptual change. In L.A. Hirshfeld & S.A. Gelman (Eds), *Mapping the mind: Domain specificity in cognition and culture* (pp. 169-200). Cambridge: Cambridge University Press

Carpendale, J.I.M., & Lewis, C. (2004). Constructing an understanding of mind: The development of children's social understanding within social understanding. *Behavioral and Brain Sciences*, 27(1), 79-96.

Case, R. (1985). *Intellectual development: A systematic reinterpretation*. New York: Academic Press

Case, R. (1992). *The mind's staircase: Exploring the conceptual underpinnings on children's thought and knowledge*. Hillsdale, NJ: Erlbaum

Castles, K., & Rogers, K. (1993). Rule-creating in a constructivist classroom community. *Childhood Education*, 70, 77-81

Chapman, M. (1991). The epistemic triangle: Operative and communicative components of cognitive development. In M. Chandler & M. Chapman (Eds), *Criteria for competence: Controversies in the conceptualisation and assessment of children's abilities* (pp. 209-28). Hillsdale, NJ: Erlbaum

Chen, A., & Siegler, R.S. (2000). Across the great divide: Bridging the gaps between understanding of toddlers' and older children's thinking. *Monographs of the*

Society for Research in Child Devleopment, 65 (serial number 261)

Crowley, K., & Siegler, R.S. (1999). Explanation and generalization in young children's strategy learning. *Child Development*, 70, 304-16

Da Silva, E., & Winnykamen, F. (1998). Degree of socialibility and interactive behaviours in dyadic situations of problem solving. *European Journal of Psychology of Education*, XII, 253-70

De Lisi, R., & Golbeck, S.L. (1999). Implications of Piagetian theory for peer learning. In A.M. O'Donnell & A. King (Eds), *Cognitive perspectives on peer learning* (pp. 3-37). Mahwah, NJ: Lawrence Erlbaum Associates

DeLoache, J.S., Miller, K.F., & Pierroutsakos, S.L. (1998). Reasoning and problem solving. In D. Kuhn & R.S. Siegler (Vol. Eds), W. Damon (Ed. In Chief), *Handbook of child psychology. Volume two: Cognition, perception and language* (5th edn, pp. 801-50). NY: John Wiley & Sons

Doise, W. (1978). *Groups and individuals: Explanations in social psychology*. Cambridge: Cambridge University Press

Doise, W., & Mugny, G. (1984). *The social development of the intellect*. Oxford: Pergamon Press

Donaldson, M. (1978). *Children's minds*. London: Fontana

Druyan, S. (2001). A comparison of four types of cognitive conflict and their effect on cognitive development. *International Journal of Behavioral Development*, 25, 226-36

Fawcett, L.M., & Garton, A.F. (submitted). The effect of peer collaboration on children's problem solving

Ferrari, M., & Sternberg, R.J. (1998). The development of mental abilities and styles. In D. Kuhn & R.S. Siegler (Vol. Eds), W. Damon (Ed. In Chief), *Handbook of child psychology. Volume two: Cognition, perception and language* (5th edn, pp. 899-946). NY: John Wiley & Sons

Flavell, J.H. (1979). Metacognition and cognitive monitoring. *American Psychologist*, 34, 906-11

Flavell, J.H. (1999). Cognitive development: Children's knowledge about the mind. *Annual Review of Psychology*, 50, 21-45

Flavell, J.H., & Miller, P.H. (1998). Social cognition. In D. Kuhn & R.S. Siegler (Vol. Eds), W. Damon (Ed. In Chief), *Handbook of child psychology. Volume two: Cognition, perception and language* (5th edn, pp. 851-98). NY: John Wiley & Sons

Fodor, J.A. (1983). *The modularity of mind*. Cambridge, MA: MIT Press

Freund, L.S. (1990). Maternal regulation of children's problem-solving behavior and its impact on children's performance. *Child Development*, 61, 113-26

Gabriele, A.J., & Montecinos, C. (2001). Collaborating with a skilled peer: The influence of achievement goals and perceptions of partners' competence on the participation and learning of low-achieving students. *The Journal of Experimental Education*, 69, 152-78

Garton, A.F. (1992). *Social interaction and the development of language and*

cognition. Hove: LEA
Garton, A.F. (1993). Representation in problem solving. In C. Pratt & A.F. Garton (Eds), *Systems of representation in children: Development and use* (pp. 251-69). Chichester: Wiley
Garton, A.F. (2003). Cognitive development. In J.P. Keeves and R. Watanabe (Eds), *The Handbook on Educational Research in the Asian Pacific Region* (pp. 365-78). Dordrecht: Kluwer
Garton, A.F., & Harvey, R. (submitted). Social sensitivity as a predictor of the benefits of collaborative problem solving in children
Garton, A.F., Harvey, R., & Pratt, C. (submitted). The role of language during children's collaborative problem solving
Garton, A.F., & Pratt, C. (2001). Peer assistance in children's problem solving. *British Journal of Developmental Psychology,* 19, 307-18
Garton, A.F., & Renshaw, P.D. (1988). Linguistic processes in disagreements occurring in young children's dyadic problem solving. *British Journal of Developmental Psychology,* 6, 275-84
Gauvain, M. (2001a). Cultural tools, social interaction and the development of thinking. *Human Development,* 44, 126-43
Gauvain, M. (2001b). *The social context of cognitive development.* New York: Guilford Press
Gelman, R. (2000). Domain specificity and variability in cognitive development. *Child Development,* 71, 854-6
Gelman, R., & Williams, E.M. (1998). Enabling constraints for cognitive development and learning: Domain specificity and epigenesis. In D. Kuhn & R.S. Siegler (Vol. Eds), W. Damon (Ed. In Chief), *Handbook of child psychology. Volume two: Cognition, perception and language* (5th edn, pp. 575-630). NY: John Wiley & Sons
Goldin-Meadow, S., Alibali, M.W., & Church, R.B. (1993). Transitions in concept acquisition: Using the hand to read the mind. *Psychological Review,* 100, 279-97
Goodnow, J.J. (2001). Directions of change: Sociocultural approaches to cognitive development. *Human Development,* 44, 160-5
Gopnik, A., & Wellman, H.M. (1994). The theory theory. In L.A. Hirshfeld & S.A. Gelman (Eds), *Mapping the mind: Domain specificity in cognition and culture* (pp. 257-93). Cambridge: Cambridge University Press
Goswami, U. (1998). *Cognition in children.* Hove: Psychology Press
Hatano, G., & Wertsch, J.V. (2001). Sociocultural approaches to cognitive development: The constituents of culture in the mind. *Human Development,* 44, 77-83
Hogan, D.M., & Tudge, J.R.H. (1999). Implications of Vygotsky's theory for peer learning. In A.M. O'Donnell & A. King (Eds), *Cognitive perspectives on peer learning* (pp. 39-65). Mahwah, NJ: Lawrence Erlbaum Associates
Hosenfeld, B., van der Maas, H.L.J., & van den Boom, D.C. (1997). Indicators of discontinuous change in the development of analogical reasoning. *Journal of*

Experimental Child Psychology, 64, 367–95

Kail, R. (1979). *The development of memory in children.* San Francisco: W.H. Freeman

Karmiloff-Smith, A. (1992). *Beyond modularity: A developmental perspective on cognitive science.* Cambridge, MA: MIT Press

King, A. (2002). Structuring peer interaction to promote high-level cognitive processing. *Theory into Practice,* 41, 33–9

Kruger, A.C. (1992). The effect of peer and adult–child transactive discussions on moral reasoning. *Merrill-Palmer Quarterly,* 38, 191–211

Kruger, A.C. (1993). Peer collaboration, conflict, cooperation, or both? *Social Development,* 2, 165–82

Kruger, A.C., & Tomasello, M. (1986). Transactive discussions with peers and adults. *Developmental Psychology,* 22, 681–5

Kuhn, D. (1998). Afterword to Volume 2: Cognition, perception and language. In D. Kuhn & R.S. Siegler (Vol. Eds), W. Damon (Ed. In Chief), *Handbook of child psychology. Volume two: Cognition, perception and language* (5th edn, pp. 979–81). NY: John Wiley & Sons

Kuhn, D. (2001). How do people know? *Psychological Science,* 12, 1–8

Kuhn, D., Garcia-Mila, M., Zohar, A., & Andersen, C. (1995). Strategies of knowledge acquisition. *Monographs of the Society for Research in Child Development,* 60 (serial number 245)

Lerner, R.M. (1998). Theories of human development: Contemporary perspectives. In R.M. Lerner (Vol. Ed.), W. Damon (Ed. In Chief), *Handbook of child psychology. Volume one: Theoretical models of human development* (5th edn, pp. 1–24). NY: John Wiley & Sons

Levin, I., & Druyan, S. (1993). When sociocognitive transaction among peers fails: The case of misconceptions in science. *Child Development,* 64, 1571–91

Nelson-Le Gall, S.A. (1985). Necessary and unnecessary help seeking in children. *Journal of Genetic Psychology,* 148, 53–62

Nelson-Le Gall, S.A., DeCooke, P., & Jones, E. (1989). Children's self-perceptions of competence and help seeking. *Journal of Genetic Psychology,* 150, 457–9

Nelson-Le Gall, S.A., Kratzer, L., Jones, E., & DeCooke, P. (1990). Children's self-assessment of performance and task-related help seeking. *Journal of Experimental Child Psychology,* 49, 245–63

O'Connor, J. (2000). The relationship between interpersonal sensitivity and language use in children's collaborative problem solving. Unpublished BA Honours thesis, University of Melbourne

O'Donnell, A.M., & King, A. (Eds) (1999). *Cognitive perspectives on peer learning.* Mahwah, NJ: Lawrence Erlbaum Associates

Palincsar, A.S., & Herrenkohl, L.R. (2002). Designing collaborative learning contexts. *Theory into Practice,* 41, 26–32

Perret-Clermont, A.-N. (1980). *Social interaction and cognitive development in children*. London: Academic Press

Perry, M., Church, R.B., & Goldin-Meadow, S. (1988). Transitional knowledge in the acquisition of concepts. *Cognitive Development*, 3, 359-400

Perry, M., & Lewis, J.L. (1999). Verbal imprecision as an index of knowledge in transition. *Developmental Psychology*, 35, 749-59

Piaget, J. (1932). *The moral judgment of the child*. London: Routledge and Kegan Paul

Puustinen, M. (1998). Help-seeking behaviour in a problem-solving situation: Development of self-regulation. *European Journal of Psychology of Education*, XIII, 271-82

Radziszewska, B., & Rogoff, B. (1991). Children's guided participation in planning imaginary errands with skilled adult or peer partners. *Developmental Psychology*, 27, 381-9

Reeve, R.A., Garton, A.F., & O'Connor, J. (2002). The role of interpersonal sensitivity in collaborative problem solving interactions. Poster presented at the 17th Biennial meetings of ISSBD, Ottawa, Canada

Reynolds, F.J., & Reeve, R.A. (2002). Gesture in collaborative mathematics problem-solving. *Journal of Mathematical Behavior*, 20, 447-60

Rogoff, B. (1990). *Apprenticeship in thinking: Cognitive development in social context*. New York: Oxford University Press

Rogoff, B. (1998). Cognition as a collaborative process. In D. Kuhn & R.S. Siegler (Vol. Eds), W. Damon (Ed. In Chief), *Handbook of child psychology. Volume two: Cognition, perception and language* (5th edn, pp. 679-744). NY: John Wiley & Sons

Rourke, M.T., Wozniak, R.H., & Cassidy K.W. (1999). The social sensitivity of preschoolers in peer conflicts: Do children act differently with different peers? *Early Education and Development*, 10, 209-27

Shrager, J., & Siegler, R.S. (1998). SCADS: A model of children's strategy choices and strategy discoveries. *Psychological Science*, 9, 405-10

Shweder, R.A., Goodnow, J.J., Hatano, G., Levine, R.A., Markus, H., & Miller, P. (1998). The cultural psychology of development: One mind, many modalities. In R.M. Lerner (Vol. Ed.), W. Damon (Ed. In Chief), *Handbook of child psychology. Volume one: Theoretical models of human development* (5th edn, pp. 865-937). NY: John Wiley & Sons

Siegler, R.S. (1976). Three aspects of cognitive development. *Cognitive Psychology*, 8, 481-520

Siegler, R.S. (1981). Developmental sequences within and between concepts. *Monographs of the Society for Research in Child Development*, 46 (serial number 189)

Siegler, R.S. (1995). How does change occur: A microgenetic study of number conservation. *Cognitive Psychology*, 25, 225-73

Siegler, R.S. (1996). *Emerging minds: The process of change in children's thinking*. New York: Oxford University Press

Siegler, R.S. (1998). Forward to Volume 2: Cognition, Perception and Language. In D. Kuhn & R.S. Siegler (Vol. Eds), W. Damon (Ed. In Chief), *Handbook of child psychology. Volume two: Cognition, perception and language* (5th edn, pp. xxi–xxiv). NY: John Wiley & Sons

Siegler, R.S. (2000). The rebirth of children's learning. *Child Development*, 71, 26–35

Siegler, R.S., & Jenkins, E. (1989). *How children discover new strategies*. Hillsdale, NJ: Erlbaum

Siegler, R.S., & Lemaire, P. (1997). Older and younger adults' strategy choices in multiplication: Testing predictions of ASCM via the choice/no choice method. *Journal of Experimental Psychology: General*, 126, 71–92

Siegler, R.S., & Shipley, C. (1995). Variation, selection and cognitive change. In T. Simon & G. Halford (Eds), *Developing cognitive competence: New approaches to process modeling* (pp. 31–76). Hillsdale, NJ: Erlbaum

Siegler, R.S., & Shrager, J. (1984). Strategy choices in addition and subtraction: How do children know what to do? In C. Sophian (Ed.), *Origins of cognitive skills* (pp. 229–93). Hillsdale, NJ: Erlbaum

Siegler, R.S., & Stern, E. (1998). A microgenetic analysis of conscious and unconscious strategy discoveries. *Journal of Experimental Psychology: General*, 127, 377–97

Strough, J., Berg, C.A., & Meegan, S.P. (2001). Friendship and gender differences in task and social interpretations of peer collaborative problem solving. *Social Development*, 10, 1–22

Teasley, S.D. (1995). The role of talk in children's peer collaborations. *Developmental Psychology*, 31, 207–20

Thelen, E. (2000). Motor development as foundation and future of developmental psychology. *International Journal of Behavioral Development*, 24, 385–97

Thelen, E., & Smith, L.B. (1994). *A dynamic systems approach to the development of cognition and action*. Cambridge, MA: MIT Press

Thornton, S. (1995). *Children solving problems*. Cambridge, MA: Harvard University Press

Thornton, S. (1999). Creating the conditions for cognitive change: The interaction between task structures and specific strategies. *Child Development*, 70, 588–603

Tryphon, A., & Vonèche, J. (Eds) (1996). *Piaget – Vygotsky: The social genesis of thought*. Hove: Psychology Press

Tudge, J.R.H. (1992). Processes and consequences of peer collaboration: A Vygotskian analysis. *Child Development*, 63, 1364–79

Tudge, J.R.H., & Rogoff, B. (1989). Peer influences on cognitive development: Piagetian and Vygotskian perspectives. In M. Bornstein & J.S. Bruner (Eds), *Interaction in human development* (pp. 17–40). Hillsdale, NJ: LEA

Tudge, J.R.H., & Winterhoff, P. (1993). Can young children benefit from collaborative problem solving? Tracing the effects of partner competence and feedback. *Social Development*, 2, 242–59

Tudge, J.R.H., Winterhoff, P.A., & Hogan, D.M. (1996). The cognitive consequences of collaborative problem solving with and without feedback. *Child Development*, 67, 2892-909

Valsiner, J. (1998). The development of the concept of development: Historical and epistemological perspectives. In R.M. Lerner (Vol. Ed.), W. Damon (Ed. In Chief), *Handbook of child psychology. Volume one: Theoretical models of human development* (5th edn, pp. 189-232). NY: John Wiley & Sons

Van Meter, P., & Stevens, R.J. (2000). The role of theory in the study of peer collaboration. *The Journal of Experimental Education*, 69, 113-27

Vygotsky, L. (1978). *Mind in society: The development of higher mental processes.* Cambridge, MA: Harvard University Press

Vygotsky, L. (1986). *Thought and language.* Cambridge, MA: MIT Press

Webb, N.M. (1989). Peer interaction and learning in small groups. *International Journal of Educational Research*, 13, 21-39

Webb, N.M., & Favier, S. (1999). Developing productive group interaction in middle school mathematics. In A.M. O'Donnell & A. King (Eds), *Cognitive perspectives on peer learning* (pp. 117-49). Mahwah, NJ: Lawrence Erlbaum Associates

Wellman, H.M. (1990). *The child's theory of mind.* Cambridge, MA: MIT Press

Wellman, H., & Gelman, S. (1998). Knowledge acquisition in foundational domains. In D. Kuhn & R.S. Siegler (Vol. Eds), W. Damon (Ed. In Chief), *Handbook of child psychology. Volume two: Cognition, perception and language* (5th edn, pp. 523-74). NY: John Wiley & Sons

Wertsch, J.V. (Ed.) (1985). *Culture, communication and cognition.* Cambridge: Cambridge University Press

Wertsch, J.V., McNamee, G.D., McLane, J.B., & Budwig, N.A. (1980). The adult-child dyad as a problem-solving system. *Child Development*, 51, 1215-21

Wood, D., Bruner, J.S., & Ross, G. (1976). The role of tutoring in problem solving. *Journal of Child Psychology and Psychiatry*, 17, 89-100

Woodward, A.L., & Markman, E.M. (1998). Early word learning. In D. Kuhn & R.S. Siegler (Vol. Eds), W. Damon (Ed. In Chief), *Handbook of child psychology. Volume two: Cognition, perception and language* (5th edn, pp. 371-420). NY: John Wiley & Sons

Wozniak, R.H. (1996). Qu'est-ce que l'intelligence? Piaget, Vygotsky and the 1920 crisis in psychology. In A. Tryphon & J. Vonèche (Eds), *Piaget - Vygotsky: The social genesis of thought* (pp. 11-24). Hove: Psychology Press

Zandt, F. (1999). Effect of initial variability in problem solving on children's collaborative learning. Unpublished BA Honours thesis, University of Melbourne.

■引用文献のうち邦訳のあるもの

ブロンフェンブレナー, U.（1979）　磯貝芳郎・福富護（訳）　1996　人間発達の生態学（エコロジー）：発達心理学への挑戦　川島書店
フォーダー, J. A.（1983）　伊藤笏康・信原幸弘（訳）　1985　精神のモジュール形式：人工知能と心の哲学　産業図書
ゴスワミ, U.（1998）　岩男卓実（訳）　2003　子どもの認知発達　新曜社
カーミロフ-スミス, A.（1992）　小島康次・小林好和（監訳）　1997　人間発達の認知科学：精神のモジュール性を超えて　ミネルヴァ書房
ピアジェ, J.（1932）　大伴茂（訳）　1954　児童道徳判断の発達　同文書院
ヴィゴツキー, L. S.（1986）　柴田義松（訳）　2001　新訳版 思考と言語　新読書社

人名索引

●A
Alibali, M. W.（アリバリ, M. W.） 115-117, 121, 155
Andersen, C.（アンダーセン, C.） 13, 71
Azmitia, M.（アズミティア, M.） 34, 41, 47, 124-126, 130, 157

●B
Bearison, D. J.（ベアリソン, D. J.） 42, 45, 46
Berg, C. A.（バーグ, C. A.） 126, 158
Blaye, A.（ブレイ, A.） 114, 154
Bonino, S.（ボニーノ, S.） 11, 112, 113, 154
Bonthoux, F.（ボンソックス, F.） 114, 154
Bronfenbrenner, U.（ブロンフェンブレナー, U.） 17
Bruner, J. S.（ブルーナー, J. S.） 10, 40
Budwig, N. A.（バドウィグ, N. A.） 97

●C
Carey, S.（ケアリー, S.） 51
Carpendale, J. I. M.（カーペンデイル, J. I. M.） 16, 93
Case, R.（ケイス, R.） 38
Cassidy, K. W.（キャシィディ, K. W.） 132
Castles, K.（キャッスルズ, K.） 90
Cattelino, E.（キャテリーノ, E.） 11, 112, 113, 154
Chapman, M.（チャップマン, M.） 15
Chen, A.（チェン, A.） 66, 67
Child, I.（チャイルド, I.） 42
Church, R. B.（チャーチ, R. B.） 116, 117
Crowley, K.（クローリー, K.） 76, 77

●D
Da Silva, E.（ダ-シルヴァ, E.） 11, 130-132
De Lisi, R.（デ-リシ, R.） 84, 89
DeCooke, P.（デクック, P.） 101
DeLoache, J. S.（デゥローチ, J. S.） 4, 5, 51, 52, 54, 80
DeVries, R.（デヴリース, R.） 89
Doise, W.（ドワーズ, W.） 8, 18, 80

Donaldson, M.（ドナルドソン, M.） 21
Dorval, B.（ドーヴァル, B.） 42, 45, 46
Druyan, S.（デゥルヤン, S.） 81-83, 85-88

●F
Favier, S.（ファヴィエ, S.） 80
Fawcett, L. M.（ファーセット, L. M.） 107, 108
Ferrari, M.（フェラーリ, M.） 55
Flavell, J. H.（フレーベル, J. H.） 14, 68, 94
Fodor, J. A.（フォーダー, J. A.） 56
Freund, L. S.（フロイント, L. S.） 98-100, 103, 106

●G
Gabriele, A. J.（ガブリエル, A. J.） 136-139
Garcia-Mila, M.（ガーシア-ミラ, M.） 13, 71
Garton, A. F.（ガートン, A. F.） 4, 15, 18, 23, 24, 29, 41, 47, 48, 50, 85, 92, 95, 103, 105, 107, 108, 122, 134, 136, 145, 147
Gauvain, M.（ゴーヴェイン, M.） 10, 42, 44, 110
Gelman, R.（ゲルマン, R.） 1, 51, 52, 54, 55, 60
Gelman, S. A.（ゲルマン, S. A.） 1, 51
Gilmore, R（ギルモア, R） 151
Golbeck, S. L.（ゴールベック, S. L.） 84, 89
Goldin-Meadow, S.（ゴールディン-メドウ, S.） 116, 117
Goncu, A.（ゴンチュ, A.） 89
Goodnow, J. J.（グッドナウ, J. J.） 24, 43
Gopnik, A.（ゴプニック, A.） 51
Goswami, U.（ゴスワミ, U.） 55, 144

●H
Harvey, R.（ハーヴェイ, R.） 48, 92, 95, 105, 107, 134, 136, 147
Hatano, G.（ハタノ, G.） 24, 42
Herrenkohl, L. R.（ヘレンコール, L. R.） 6
Hogan, D. M.（ホーガン, D. M.） 33, 35, 79, 84, 91, 92
Hosenfeld, B.（ホーセンフェルド, B.） 120, 121, 123, 151-153, 156

●J
Jenkins, E.（ジェンキンズ, E.） 75, 76
Jones, E.（ジョーンズ, E.） 101

●K

Kail, R.（ケイル, R.） 68
Karmiloff-Smith, A.（カーミロフ-スミス, A.） 14, 15, 56, 59, 114
King, A.（キング, A.） 6, 84
Kratzer, L.（クラッツァー, L.） 101
Kruger, A. C.（クルーガー, A. C.） 18, 26-30, 38, 48, 79, 83, 84, 125
Kuhn, D.（クーン, D.） 13-15, 71-75, 78

●L

Lemaire, P.（ルメア, P.） 69
Lerner, R. M.（ラーナー, R. M.） 19
Levin, I.（ルヴァイン, I.） 85-88
Levine, R. A.（レヴァイン, R. A.） 24
Lewin, K.（レビン, K.） 113
Lewis, C.（ルイス, C.） 16, 93
Lewis, J. L.（ルイス, J. L.） 118, 119

●M

Markman, E.（マークマン, E.） 1
Markus, H.（マルクス, H.） 24
McLane, J. B.（マックレーン, J. B.） 97
McNamee, G. D.（マックナミー, G. D.） 97
Meegan, S. P.（ミーガン, S. P.） 126, 158
Miller, K. F.（ミラー, K. F.） 4, 50
Miller, J.（ミラー, J.） 24
Miller, P. H.（ミラー, P. H.） 94
Molenaar, P. C. M.（モールナー, P. C. M.） 151, 153
Montecinos, C.（モンテシノス, C.） 136-139
Montgomery, R.（モントゴメリー, R.） 124-126, 130, 157
Mugny, G.（ミュニー, G.） 18
Mussen, P.（マッセン, P.） 19

●N

Nelson-Le Gall, S.（ネルソン-ルガール, S.） 101

●O

O'Connor, J.（オコナー, J.） 48, 95, 134, 135
O'Donnell, A. M.（オドンネル, A. M.） 84

●P

Palincsar, A. S.（パリンサー, A. S.） 6
Perret-Clermont, A-N.（ペレ-クレモン, A-N.） 3, 8, 18, 80

Perry, M.（ペリー, M.） 117-119
Piaget, J.（ピアジェ, J.） 7, 8, 18, 21, 23-25, 34, 38
Pierroutsakos, S. L.（ピエールツァコス, S. L.） 4, 50
Pratt, C.（プラット, C.） 29, 47, 48, 92, 95, 105, 107, 108, 134, 147
Puustinen, M.（プースティネン, M.） 100-102

●R

Radzisewska, B.（ラディスゼウスカ, B.） 80
Reeve, R. A.（リーヴ, R. A.） 48, 117, 118
Renshaw, P. D.（レンシャウ, P. D.） 122
Reynolds, F. J.（レイノルズ, F. J.） 117, 118
Rogers, K.（ロジャース, K.） 90
Rogoff, B.（ロゴフ, B.） 1, 18, 23-25, 39-43, 80, 90, 109, 135
Ross, G.（ロス, G.） 10
Rourke, M. T.（ロウク, M. T.） 132, 133

●S

Shipley, C.（シップリー, C.） 69, 142
Shrager, J.（シュレイガー, J.） 69-71, 142
Shweder, R. A.（シュウェーダー, R. A.） 24, 42
Siegler, R. S.（シーグラー, R. S.） 1, 2, 4, 14, 15, 19, 31, 48, 61, 64, 66-71, 75-78, 82, 115, 117, 142, 145
Smith, L. B.（スミス, L. B.） 24, 46, 47
Spelke, E.（スペルク, E.） 51
Stern, E.（スターン, E.） 117
Sternberg, R. J.（スタンバーグ, R. J.） 55
Stevens, R. J.（スティーブンズ, R. J.） 79
Strough, J.（ストロウ, J.） 126-129, 158

●T

Teasley, S. D.（ティーズリー, S. D.） 15, 29, 48, 80, 92, 103-106
Thelen, E.（セーレン, E.） 24, 46, 47
Thom, R.（トム, R.） 151
Thornton, S.（ソーントン, S.） 18, 62, 63
Tomasello, M.（トマッセロ, M.） 27
Tryphon, A.（トリフォン, A.） 23
Tudge, J. R. H.（タッジ, J. R. H.） 18, 29-35, 37, 38, 47, 48, 79, 84, 86, 88, 91, 92, 106

●V

Valsiner, J.（ヴァルシナー, J.）　17, 18
Van den Boom, D. C.（ヴァン-デン-ブーム, D. C.）　120, 151-153, 156
Van der Maas, H. L. J.（ヴァン-デアー-マース, H. L. J.）　120, 151-153, 156
Van Meter, P.（ヴァン-メーター, P.）　79
Vonèche, J.（ヴォネシュ, J.）　23
Vygotsky, L. S.（ヴィゴツキー, L. S.）　8-10, 18, 21, 23-25, 34, 38

●W

Webb, N. M.（ウェブ, N. M.）　80
Wellman, H. M.（ウェルマン, H. M.）　1, 51, 64
Wertsch, J. V.（ワーチ, J. V.）　23, 42, 47, 92, 97, 103
Whiting, J. W. M.（ホワイティング, J. W. M.）　42
Williams, E. M.（ウィリアムズ, E. M.）　1, 52, 54, 55, 60
Winnykamen, F.（ウィニーカーメン, F.）　11, 101, 130, 131
Winterhoff, P.（ウィンターホフ, P.）　33-35, 47, 48, 79
Wood, D.（ウッド, D.）　10
Woodward, A. L.（ウッドワード, A. L.）　1
Wozniak, R. H.（ウォズニアック, R. H.）　20-22, 132

●Z

Zandt, F.（ザント, F.）　115, 121-123
Zohar, A.（ゾハー, A.）　13, 71

事項索引

●あ
足場作り (scaffolding)　6, 10, 80, 105
誤った科学概念 (scientific misconception)　86
誤った信念 (false belief)　94

●い
意思決定モデル (decision-making model)　67
一方向のプロセス (unidirectional process)　6
一般的変化 (general change)　12
異文化間研究 (cross-cultural work)　41

●う
ヴィゴツキー学派の解釈
　(Vygotskian interpretation)　86
ヴィゴツキーの最近接発達領域理論
　(Vygotsky's ZPD)　96
ヴィゴツキーの社会的理論 (Vygotsky's social theory)　89
ヴィゴツキー学派の社会文化的な解釈
　(Vygotskian social and cultural interpretation)　81
ヴィゴツキーの発達理論 (Vygotsky's theory of development)　8
ヴィゴツキー（学派の）理論 (Vygotskian theory)　18, 21, 24, 29, 30, 33, 82-84, 91, 92, 96, 100, 101, 141
ウィスコンシン・カード分類課題 (WCST ; Wisconsin Card Sorting Task)　11, 112

●え
ASCM (Adaptive Strategy Choice Model)　14, 69
SCADS (strategy choice and discovery simulation)　70, 71
演繹的推論 (deductive reasoning)　35
援助を求める行動 (help seeking)　100, 101

●お
応答的柔軟性 (reactive flexibility)　11

丘登り方略 (hill climbing problem-solving strategy)　52, 54
思っていることを声に出す発話 (think-aloud speech)　103
親の感受性 (sensitivity of a parent)　10

●か
階段メタファー (staircase metaphor)　64
階段モデル (staircase model)　64
回転式コンベア問題
　(common carrier problem)　87
概念的位相 (conceptual phase)　14
科学的推論 (scientific reasoning)　82, 85
科学的推論課題 (scientific reasoning task)　104, 105
科学的方法 (scientific method)　39
学習 (learning)　2, 3, 5, 142-145, 150
「学習者コミュニティ」のモデル ('community of learners' model)　41
学習しやすくしてくれる制約
　(enabling constraint)　55
学習や発達の水準 (level of learning and development)　5
仮想（的な）環境 (virtual environment)　148, 150
課題 (task)　4, 5, 9
課題に何を持ち込んだのか (What does the child bring to the task?)　10
課題の管理 (management of the task)　9
課題の定義 (task definition)　9
カタストロフィー理論 (catastrophe theory)　120
葛藤 (conflict)　7, 8, 15, 85
カテゴリー化能力 (categorisation)　114
感覚－運動的 (sensorimotor)　7
環境的相対性の原理 (principle of environmental relativity)　21
環境とのやりとり
　(interacting with the environment)　16
間主観性 (intersubjectivity)　9, 24, 25, 27, 29, 30, 31, 37, 40, 46, 109
間主観的なプロセス
　(process of intersubjectivity)　108
感受性 (sensitivity)　5, 12

●き
帰納的アプローチ (inductive approach)　17
既有の知識 (existing knowledge)　13
協応操作 (co-operation)　6, 83-85, 89, 108

事項索引

協応操作的（協調的）行動（co-operative behaviour） 12
狭義（specific definition） 4
教授学習（obuchenie） 145
教授方略（teaching strategy） 6
協調（coordination） 7
協同（collaboration） 6, 8, 10, 108
協同学習の種類
　（types of collaborative learning） 6
協同構成（collaboration） 8, 9, 35, 83, 111
協同参加としての認知
　（cognition as participatory collaboration） 45
協同的過程（collaborative process） 1
協同的認知（collaborative cognition） 46
協同的問題解決（collaborative problem solving） 1, 6, 7, 18, 31, 32, 38, 39, 47, 52, 76, 77, 80, 92-94, 97, 101-103, 106, 141, 144
協同による学習（collaborative learning） 90
均衡化（equilibrium） 115
均衡化のメカニズム
　（mechanism of equilibration） 22
均衡化モデル（equilibration model） 18

● く
具体的操作の段階（concrete operational stage） 33
繰り返し測定（multiple-occasion assessment） 13

● け
結果の評価（evaluation of the outcome） 4
研究上の問い（リサーチ・クエスチョン）
　（research question） 146
言語獲得（language learning） 40

● こ
広義（broad definition） 4
構成主義的な授業（constructivist classroom） 90
構成主義的モデル（constructionist model） 18
行動の変化（behavioural change） 14
合理的選択モデル（rational choice theory） 67
誤概念（misconception） 86, 87
互恵性（reciprocity） 46
心の理論（theory of mind） 14, 15, 93-95,

101, 103
個人差（individual difference） 2
個人主義的なアプローチ
　（individualistic approach） 6
個人主義的な見方（individual perspective） 3
個人の変化（individual change） 3
個体発生的問題（ontological issue） 20
子どもたちの問題解決（children's problem solving） 5
子ども同士の教えあい（peer tutoring） 6, 80
子ども同士の学習（peer learning） 84, 91
子ども同士の協同（peer collaboration） 83
子ども同士のやりとり（peer interaction） 16, 18, 26, 27
コミュニケーション（能力）（communication） 12, 15, 95, 103, 104, 108
コンピテンス（competence） 98-101, 106

● さ
最近接発達領域（理論）（ZPD；zone of proximal development） 9, 10, 24, 32, 33, 35, 39, 80, 83, 89, 91, 96, 98, 101, 132

● し
資源（resource） 4
試行錯誤方略（trial and error problem solving） 52, 53
思考の柔軟性（flexibility in thinking） 11
思考法（ways of thinking） 13
自己成就的予言（self-fulfilling prophecy） 137
自己制御（self-regulation） 96, 97, 99-102, 108
自己中心性（egocentricity） 25
自己中心的発話（egocentric speech） 23
実践的知能（practical intelligence） 22
質的な技法（qualitative technique） 21
失敗に駆動されている（failure-driven） 14
社会的均衡化モデル（social equilibration model） 46
社会性（sociability） 11, 12
社会的影響（social influence） 147
社会的学習（social learning） 85
社会的葛藤（social conflict） 82
社会的葛藤の解決の仕方（solution to social conflict） 11
社会的気づき（social awareness） 111

173

社会的交換（social exchange） 87
社会的コミュニティ（social community）
  44
社会的支援（social support） 16
社会的推論（social reasoning） 84, 89
社会的説明（social explanation） 7
社会的側面（social aspect） 1
社会的認知（social cognition） 94
社会的能力（social ability） 11
社会的・文化的文脈（social and cultural context）
  8
社会的文脈（social context） 6
社会的文脈の中での子ども（individual child in
  the social context） 10
社会的文脈の中にいる個人としての子ども
  （children as individuals within a social
  context） 6
社会的要請や期待
  （social demand and expectation） 3
社会－道徳的な理解（socio-moral understanding）
  89
社会－認知的葛藤（socio-cognitive conflict）
  85, 89, 91
社会文化的アプローチ（sociocultural approach）
  24, 42-45
社会・文化的側面（social and cultural aspect）
  39
社会文化的視点（sociocultural view, perspective）
  41, 42
社会文化的・社会的影響（sociocultural or
  social influence account） 3
社会文化的メカニズム（sociocultural mechanism）
  12
社会文化的理論（sociocultural theory） 41,
  42, 49
社会－歴史－文化的説明（social-historical-
  cultural explanation） 7
社会－歴史－文化的文脈（social-historical-
  cultural context） 6
社会－歴史－文化的要因（social, historical,
  cultural factor） 8
社会－歴史－文化的理論（socio-historico-
  cultural theory） 21
柔軟性（flexibility） 5, 14
手段－目的略（means-ends strategy）
  53, 54
手段－目的分析方略（means-ends analysis
  strategy） 52
使用傾向（分布）（distribution of use） 14

情報処理理論（information-processing theory）
  79
情報処理理論的アプローチ（information
  processing approach） 141
自律的な運動（の）問題（autonomous motion
  problem） 86, 87
心的操作（mental operation） 7

●す
随伴的応答性（contingent responding） 10
ズレ（不一致）（discrepancy） 5

●せ
成功に駆動されている（success-driven）
  14
生得（性）（innateness） 56, 143
生得的傾性（innate predisposition） 55
生得的なバイアス（innate bias） 2
制約（constraint） 1, 12, 13
責任（responsibility） 9
責任を移行（transfer of responsibility） 9
折衷主義（eclecticism） 19
説得的スタイル（persuasive style） 28
前操作的思考（pre-operational thought） 7
全体論的アプローチ（holistic approach） 8

●そ
相互交流的対話（transactive dialogue）
  125
相互性（mutuality） 6, 46
相互に教えあう（reciprocal teaching） 6
操作的思考（operational thought） 7
素朴心理学（folk psychology） 93

●た
退行（regression） 86-88
対人関係能力（interpersonal capacity） 11
ダイナミック・システムズ・アプローチ
  （dynamic systems approach） 24
ダイナミック・システムズ理論
  （dynamic systems theory） 46
他者に対する高い感受性（higher levels of
  sensitivity towards others） 90
脱均衡化（disequilibrium） 115
脱中心化（decentering） 82, 85
単位の分析方法（method of analysis into units）
  24

●ち

チーム・ワーク (team work)　149
知識獲得 (knowledge acquisition)　13
知識に依存しない方略
　　(knowledge-lean problem-solving strategy)
　　52, 53
知識に強く依存した方略 (knowledge-intensive
　　problem-solving strategy)　52
知識表象 (representation of knowledge)
　　18
重畳波メタファー
　　(overlapping waves metaphor)　64
重畳波モデル (overlapping waves model)
　　66, 67, 70
重畳波理論 (overlapping waves theory)
　　66, 67, 70

●て

定義 (definition)　4, 9, 13
ディスカッション (discussion)　8
ディスカッション・スタイル (discussion style)
　　28
適応的方略選択モデル (ASCM；Adaptive
　　Strategy Choice Model)　14, 69
手続き的位相 (procedural phase)　14
天秤課題 (balance beam task)　31, 35, 82

●と

同化 (assimilation)　20
統計的分析 (statistical analyses)　17
道徳性ジレンマ課題 (moral dilemma)　83
道徳性の理解 (understanding of morality)
　　8
道徳的・科学的推論
　　(moral and scientific reasoning)　89
道徳的ジレンマ (moral reasoning dilemma)
　　26, 28
道徳的推論 (moral reasoning)　84, 85
道徳的推論の発達
　　(development of moral reasoning)　26
特定の知識領域
　　(specifiable domain of knowledge)　12
ともに作り上げていく (共同構成) 行為 (co-
　　construction)　29

●な

内的発話 (private speech)　103
何が発達するのか (what does develop?)
　　1

●に

認識的三項関係 (epistemic triangle)　15
認識論的問題 (epistemological issue)　20
認知構造 (cognitive structure)　7
認知的課題 (cognitive task)　4
認知的葛藤 (cognitive conflict)　7, 24, 25,
　　81, 83
認知的葛藤研究 (cognitive conflict research)
　　41
認知的均衡化 (cognitive equilibrium)　115
認知的柔軟性 (cognitive flexibility)　11,
　　111, 113, 114
認知的能力 (cognitive ability)　11
認知的変化 (cognitive change)　2, 3, 7, 10,
　　13, 25, 82, 83, 85, 89, 91, 93, 95, 105, 109,
　　143-145, 150
認知的変化のメカニズム (mechanism for
　　cognitive change)　8
認知的変動性 (cognitive variability)　115,
　　116, 123
認知における質的変化 (qualitative cognitive
　　change)　144
認知における量的変化 (quantitative cognitive
　　change)　144
認知発達 (cognitive development)　1-3, 7,
　　19, 143-145, 150
認知発達の主要なメカニズム
　　(major mechanism for cognitive development)
　　8
認知発達理論の限界 (limitation of theory of
　　cognitive development)　19
変化への潜在能力 (potential to change)
　　13

●は

場当たり性 (opportunism)　5
バイアス (bias)　1
発達の位相モデル (phase model of development)
　　57
発達の非可逆的性質 (the irreversible nature of
　　development)　17
発達理論 (theory of development)　14
発話 (speech)　103-107
パフォーマンス (performance)　5, 11
反省的知能 (reflective intelligence)　22

●ひ

ピアジェ学派の葛藤タイプの解釈 (Piagetian
　　conflict-type interpretation)　81

ピアジェ（学派の）理論（Piagetian theory）
　18, 33, 79, 84, 85, 89, 91, 92, 141, 143
ピアジェ学派や新ピアジェ学派の理論
　（Piagetian and post-Piagetian theory）
　8
微視発生的分析（microgenetic analyses）
　74
微視発生的（方）法（microgenetic approach）
　62, 63, 67, 71, 72
非線形型ダイナミック・システムズ（non-linear dynamic systems）　46
人と一緒にする問題解決（social problem solving）　79, 80
人とのやりとり（社会的相互作用）（social interaction）　7, 9, 25, 26, 145
人への気づき（awareness of the other）
　15
表象の書き換え
　（representational redescription）　57-59
表象の書き換えに関するモデル（model of representational redescription）　57
表象の変化（representational change）　14
平等主義的スタイル（egalitarian style）
　28

● ふ
フィードバック（feedback）　33-37, 76, 78
不一致の状態（discrepancy）　5
複合的慣習（custom complex）　42
複数の課題（multiple-task）　13
複数の心の出会い（meeting of minds）　9
普遍的原理（universal principle）　59, 60
プラン（planning）　9
ブリコラージュ（bricolage）　50
ブリコルール（bricoleur）　50
文化的道具（cultural tool）　82
分析単位（unit of analysis）　2
分類課題（sorting task）　99, 105, 107

● へ
平均的な（average）　6
平均的な子ども（the average child）　2
変化する可能性（potential to change）　11
変化のしやすさ（propensity to change）
　11

● ほ
法則照合モデル（matching law model）　67

方略（strategy）　4, 9, 13, 14
方略使用（strategy use）　13
方略選択（strategy choice）　15, 61, 62, 67, 69, 70
方略選択・発見シミュレーション（SCADS；strategy choice and discovery simulation）
　70, 71
方略選択モデル（strategy choice model）
　67, 69, 70
方略の変化（strategy change）　14
方略を選択し使用する（strategy selection and use）　13
保存課題（conservation task）　85

● み
ミドル・スクール運動（middle school movement）
　149

● め
メカニズム（mechanism）　1, 2
メタ手続き的位相（metaprocedural phase）
　14
メタ認知（的）（metacognitive）　68, 72
メタ認知的過程（metacognitive processes）
　71
メタ認知的方略（metacognitive strategy）
　35
メタ認知的要素（metacognitive component）
　71
メタ認知モデル（metacognitive models）
　14, 68, 70
メタファー（metaphor）　2

● も
目標（goal）　4
目標志向的（goal-oriented）　4
目標見取り図（goal sketch）　75
モジュール（module）　56
モデリング（modelling）　85
モニター（monitoring）　9
物語ジレンマ課題（story dilemma）　83
問題（problem）　4, 5, 10, 12
問題解決（problem solving）　1, 4, 5
問題解決課題（problem solving task）　5
問題解決過程（problem-solving process）　4
問題解決者（problem solver）　3
問題解決者としての子ども（child-as-problem-solver）　3
問題解決と推論を区別（difference between

problem solving and reasoning） 4
問題の定義（task definition） 9
問題への適合性（adequacy） 14

● や
役割の分担や配分（role division and allocation） 15
役割や責任の平等性
　（equality of role and responsibility） 6
役割をしっかり分けておくこと
　（demarcation of roles） 9
やりとり（interaction） 8-10, 15

● ゆ
誘導による参加（guided participation） 39

● り
領域（domain） 51, 55-57, 59, 72, 73, 77, 144
領域固有（domain-specific） 1, 12, 54, 55, 57, 64, 72
領域固有性（domain-specificity） 51, 52, 54-56, 72, 74
領域固有な知識・学習
　（domain-specific knowledge or learning） 2
領域固有な方略（domain-specific strategy） 52, 61
領域固有の知識（domain-specific knowledge） 12
領域固有の理論（domain-specific theory） 143
領域普遍（domain-general） 52, 55, 57, 64, 72
領域普遍的方略（domain-general strategy） 52, 61

● る
ルール評価アプローチ（rule-based thinking） 31

● れ
歴史的アプローチ（historical approach） 22
レディネス（readiness） 111
連合的過程（associative process） 71
連合的要素（associative component） 71
連合分布モデル（distributions of associations model） 69, 70
連続性／非連続性（continuity/discontinuity） 22

● ろ
論理的推論（logical reasoning） 84

訳者あとがき

　子どもが動けば世界が動く，世界が動けばまた子どもは異なる動きを示す。そうした絶え間なく往還する双方向の動きの中で，子どもは新たな知識やスキルを身につけていく。その知識やスキルは，外界を探索するときの重要な道具となるだけに，知識やスキルが発達すればするほど，子どもの知的探索の世界は広がり・深まりを示す。これがまさに，子どもが，学び，発達していく過程にみられる変化の様相である。換言するならば，子どもの認知発達の過程，それは今の自分が持っている道具ないしは認知的枠組みに従って外界を知り，外界に適応していく過程である。と同時に，新しい知との出会いを通して，知るための道具や認知的枠組みそのものを絶えず修正し，作り直していく（再構築する）過程である。

　そうした，子どもの認知発達のメカニズムに関心を示す研究者は多い。だが，その研究領域において，いま新たな動きが生じている。その動きの特徴をいくつか，簡単に指摘してみよう。

　1つは，どのような視点からアプローチしていくかの変化である。

　"認知発達のメカニズムはどのように展開していくのか？"という「問い」のもとに，認知発達心理学の基礎を作り上げた巨匠ピアジェは，1)"発達するとは，認知構造の質的な変化である"，2)次の認知構造へのステップ・アップのためには自分の現在の認知構造ではうまく対処できないような"認知的葛藤（「不均衡化」）を体験する"ことであり，3)その不均衡化は「調節」（「調節」とは，外界の問題状況や情報に合わせて，自分の認知構造を変えること）という知の働きで均衡化へと変容していく，4)その発達の変化のあり方は文化普遍である，という発生的認識論を構築した。新たな知の営みへと学習者を駆動する"認知的葛藤"は，一般には「主体と外界との関わり」の中で，あるいは「主体と他者との関わり」の中で起こる。だが，ピアジェは，理論構築過程の中で，"外界に主体的に働きかけながら意味を構成していく子どもの頭の中では，一体何が起きているのか"，といった「主体と外界との関わり」の解明にまず力を注いだのである。決して，ピアジェは，"他者との間に生じる認知的葛藤"が子どもの認知発達に及ぼす重要な機能や役割を全く無視していたわけではない。

　ところが，その後のネオ・ピアジェシャンたちは，ピアジェの基本的考え方を踏襲しつつも，ピアジェが手がけずに残していたもう1つの認知的葛藤（主体と他者との間に生じる）に注目し始めたのである。ここでは，認知構造の異なる子ども同士が一緒になって，1つの課題に取り組みながら解決していく過程での相互作用の形態が，

子どもの認知発達にどのような影響を与えるかを問題にするようになった。研究者の関心が，"ものとの関わり"から"人との関わり"へと移行していったのである。しかし，ピアジェとネオ・ピアジェシャンとの間には，どのような状況での認知的葛藤に注目するかに違いはあるものの，両者が"個人の頭の中に閉じた知の営み"の解明に焦点を定めていた点では共通している。

だが，1980年代になり，"認知発達とは精神間活動から精神内活動への内在化の過程である"という，ヴィゴツキーの基本的考えを踏襲した新たな動きが現れ始めた。その動きが，"学習の営みや発達の過程を社会・文化・歴史的な構成過程として捉える"社会構成主義ないしは社会文化論的アプローチである。

"他者との相互作用やモノを媒介とした活動の中で，新たな知や学びが生じる"というように，子どもたちの問題解決の過程や発達の過程を，「個人の頭の中に閉じた知の営み」として捉えるのではなく，「他者や状況に開かれた知の営み」として捉える。新たな知は，子どもの頭の中にあるのではなく，道具を使う状況の中に，あるいは他者とのやり取りという場の中に「立ち現れてくる」ものであり，「やりとり」そのものが極めて重要になる。「やりとり」といっても，単にインタラクションすればよいというわけではなく，"自分が生きていくうえで必要不可欠な意義／意味ある文化的な営みに参加する過程の中にこそ，新たな知が生まれてくる"というのである。ということは，子どもが取り組む学習の場や問題解決状況は，ものの見方や考え方という認知的な側面だけではなく，価値観や自己存在そのものの意義をも同時に実感したり問い直したりする場であり，まさに自分作り（自己アイデンティティの形成）の過程である，ということになる。

いまや，この社会構成主義的な観点からの認知発達研究が主流であり，1）どのような文脈の中での，どれくらいの時間的スパンの中での変化を，どのような視点から分析するのか，2）どの指標で何を主張するのかなど，データの質の多様性やそのダイナミックな動きの捉え方に，従来とは異なる「切りとり方」が1人ひとりの研究者に問い直されている。

第2には，"発達変化のどの側面に焦点を定めるか"という変化である。ピアジェ理論に立脚していた1980年代までの発達研究の多くは，領域普遍性のメカニズムの解明に，その主な焦点がおかれていたと言ってよい。しかし，1980年の後半から1990年代にかけて，「乳幼児は生まれながらにして，ある特定の領域において有能性を発揮する」という新たな知見が出現し始め，次第に領域普遍性の認知発達のメカニズム論が疑問視されるようになった。そこに登場したのが「領域固有の知識」の獲得過程をめぐっての新たな考え方である。その1つが，"人間の新生児は生まれながらにして，

ある領域についてはその構造を理解する認知的枠組みの骨組みがビルドインされている"のであると主張するハードな「生得的な認知的制約説」である。この考えが提唱されたのを機会に，1) どのようなドメインにそうした「領域固有な知識」がみられるのか，2) 認知発達は「領域固有の知識」の蓄積ないしは拡大なのか，3)「領域固有の知識」から「領域普遍への知識」への質的変化があるのか，質的変化があるとすればそこにはどのようなメカニズムが働いているのか，などといった動きが生じているのである。

第3には，"ある発達段階の子どもはどのような特異な現象を示すか"というメルクマール把握研究から，"ある発達段階からある発達段階への変化過程には何が関係しているのか"といったプロセス解明研究への動きである。当然のことながら，プロセス解明研究をめざすならば，そのプロセスに関与していると想定される多様な変数をいかに選定するか，また生態学的妥当性の高い日常性の文脈をいかに作るか，さらには，どれくらいの時間的なスパンの中で縦断的なアプローチを試みていくかの判断が求められる。あるいは，厳密に変数を操作した実験室的文脈においては，ある現象の発達変化過程を詳細に分析できるような微視発生的アプローチの仕方が求められる。それに伴い，いかに発達変化のプロセスに関わる定性的なデータを収集するかが重要になる。

第4には，第3とも密接に関係するが，発達段階を非常に構造化されたハードなものとしてみなすか，それとも「多様性や揺らぎ」特徴とするソフトなものと見なすかという，発達段階そのものに対する認識の仕方の変化である。

認知発達の変化過程を捉えるセーレンらのダイナミックなシステムアプローチやシーグラーらの重畳波モデルが提唱されるようになった1990年代半ばまでは，少なくとも，多くの認知発達研究者は「ある発達段階にはある特定の解決方略がドミナントであり，他の方略を使わない」かのように捉えていた。ところが，1990年代半ばになって，ダイナミックなシステムアプローチや微視発生的アプローチのもとに，子どもが変化過程で示す多様な行動特性や解決方略のパターンが詳細に解明されていく中で，子どもは唯一の資源を使っているのではなく多様な知的資源を，しかも同時に利用していることがわかってきた。すなわち，子どもは，常に課題解決に有効な唯一のものを意図的に選択しながら使い分けているのではなく，多様なものを使っているし，その中のどれが有効そうであるかは状況が知らせてくれる，といった状況に埋め込まれた行動ないしは思考パターンを示すという。

こうした新たな知見が私たちに教えていること，それは，少なくとも，次の2つである。その1つは，"ある特定の発達段階にある子どもは，その発達段階特有の唯一

の認知的資源を利用しているのではなく，複数の認知的資源を利用している"ということである。もう1つは，"その認知的な資源の働きを強度（ないしは確率）の変化として捉えていくべきではないか"ということである。

　いま認知発達の最前線はどうなっているか，またそれはどのような歴史的変遷をたどって，現在に至っているかについて，私は，ごくごく簡単に振り返ってきた。そうした歴史的変遷を「コンパクトに理解したい」という期待をもっている若手研究者は多い。実際に，私も，しばしば，"コンパクトに捉え理解するためのテキストがあったら紹介してほしい"と，認知発達を講義担当する同僚から相談されていた。しかし，これといって自信をもって推薦できるテキストを目にしたことがない。そのような状況の中で，偶然に出会ったのが，子どもの「認知発達を探る」というこのガートンの本である。本書は，"他者との社会的相互作用を体験する中で，子どもは何を学び，発達していくのか"の解明に取り組んでいる最近の研究動向を，一冊の本にしたものである。内容を読んでいく中で，他者との協同構成による子どもの問題解決過程の特徴について，さらには発達過程の特徴について，これまでの認知発達研究者がどのように捉えてきたか，その歴史的な変遷がよくわかるように描き出してあるな，という実感を得た。そこで，日頃から相談を受けていた同僚と一緒に，翻訳することを思い立った次第である。

　翻訳の作業を進めるにあたっては，各章に割り振りされた訳者が下訳をまず行なった。そして，その下訳を監訳者である丸野と加藤が全体的視点から読み通したうえで，適切に情報を補完しながら意訳した方が良い所は大幅に加筆・修正し，推敲を図るという工程で行なっていった。章によっては，原文自体が非常にわかり難く具体的でない所があったので，かなりの情報を補完しながら監訳者の方で意訳した所が多々ある。したがって，もし文章表現上に不適切な表現があったり，意味不明な箇所があったとするならば，その責任の全ては，各章の担当者にあるのではなく，監訳責任者の丸野にあるということになる。

　最後になったが，この翻訳本を世に出すにあたっては，北大路書房の関　一明氏に大変お世話になった。作業が滞りがちな監訳者の丸野と加藤が，短期間の内に作業を遂行できたのも，各章の担当者の協力はもちろんのこと，それ以上に，関氏の心暖かい励ましと適切なアドバイスやモニタリングがあったからこそであると，心から感謝申し上げる。

2008年2月

丸野　俊一

■訳者一覧(執筆順)

丸野　俊一 ──────────────────────────── (監訳)
　　1975年　九州大学大学院教育学研究科博士課程途中退学
　　現　在　九州大学大学院人間環境学研究院教授

加藤　和生 ──────────────────────── (監訳, 1章)
　　1995年　米国ミシガン大学ラッカム大学院博士課程修了
　　現　在　九州大学大学院人間環境学研究院准教授

藤田　豊 ───────────────────────────── (2章)
　　1991年　九州大学大学院教育学研究科博士後期課程単位取得退学
　　現　在　熊本大学教育学部准教授

小林　敬一 ──────────────────────────── (3章)
　　1996年　九州大学大学院教育学研究科博士課程単位取得退学
　　現　在　静岡大学教育学部准教授

藤田　敦 ───────────────────────────── (4章)
　　1993年　九州大学大学院教育学研究科博士後期課程単位取得退学
　　現　在　大分大学教育福祉科学部准教授

假屋園昭彦 ──────────────────────────── (5章)
　　1995年　広島大学大学院教育学研究科博士課程後期修了
　　現　在　鹿児島大学教育学部准教授

笠原　正洋 ──────────────────────────── (6章)
　　1990年　九州大学大学院教育学研究科博士課程単位取得退学
　　現　在　中村学園大学准教授

■監訳者紹介

丸野　俊一（まるの　しゅんいち）
　1948年　鹿児島県に生まれる
　1975年　九州大学大学院教育学研究科博士課程途中退学
　現　在　九州大学大学院人間環境学研究院教授（教育学博士）
　主　書　心理学の世界（編著）　有斐閣　1994年
　　　　　討論で学習を深めるには（編訳）　ナカニシヤ出版　1996年
　　　　　心理学の中の論争［1］認知心理学における論争（編著）　ナカニシヤ
　　　　　　出版　1998年
　　　　　子どもが「こころ」に気づくとき（編著）　ミネルヴァ書房　1998年
　　　　　0歳～5歳児までのコミュニケーションスキルの発達と診断（監訳）
　　　　　　北大路書房　2004年

加藤　和生（かとう　かずお）
　1995年　米国ミシガン大学ラッカム大学院博士課程修了（Ph. D., 心理学）
　現　在　九州大学大学院人間環境学研究院准教授
　主　書　心理学の中の論争［1］認知心理学における論争（共著）　ナカニシヤ
　　　　　　出版　1998年
　　　　　児童虐待の発見と防止：親や先生のためのハンドブック（訳）　慶應
　　　　　　義塾大学出版会　2003年
　　　　　Functions and structure of amae: Personality-social, cognitive, and
　　　　　　cultural psychological approaches.（著）　Kyushu University Press
　　　　　　2005年
　　　　　対人相互作用過程における社会的メタ認知の特徴—甘え行動・交流の
　　　　　　分析を通して—　心理学評論50巻3号（特集：メタ認知研究のその後
　　　　　　の展開）　心理学評論刊行会　2008年

認知発達を探る
問題解決者としての子ども

| 2008年3月10日 | 初版第1刷印刷 |
| 2008年3月20日 | 初版第1刷発行 |

定価はカバーに表示してあります。

原 著 者　A. F. ガートン
監 訳 者　丸　野　俊　一
　　　　　加　藤　和　生
発 行 所　㈱北大路書房
　　　　　〒603-8303　京都市北区紫野十二坊町12-8
　　　　　電　話　(075) 4 3 1 - 0 3 6 1㈹
　　　　　F A X　(075) 4 3 1 - 9 3 9 3
　　　　　振　替　01050-4-2083

©2008　制作／ラインアート日向　　印刷・製本／㈱太洋社
検印省略　落丁・乱丁本はお取り替えいたします。
ISBN978-4-7628-2593-4　Printed in Japan